经典·新阅读

读懂尼采的第一本书
查拉图斯特拉如是说

［德］尼采◎著　　庞小龙◎译

中国华侨出版社
北京

图书在版编目(CIP)数据

读懂尼采的第一本书:《查拉图斯特拉如是说》/ (德)尼采著；庞小龙编译.—北京:中国华侨出版社,2012.3(2024.2 重印)

ISBN 978-7-5113-2211-1

Ⅰ.①读… Ⅱ.①尼… ②庞… Ⅲ.①超人哲学
Ⅳ.①B516.47

中国版本图书馆 CIP 数据核字(2012)第029797号

读懂尼采的第一本书:《查拉图斯特拉如是说》

著　　者：[德]尼采
编　　译：庞小龙
责任编辑：黄振华
责任校对：孙　丽
经　　销：新华书店
开　　本：787 毫米×1092 毫米　1/16 开　印张:19　字数:254 千字
印　　刷：河北省三河市天润建兴印务有限公司
版　　次：2012 年 6 月第 1 版
印　　次：2024 年 2 月第 10 次印刷
书　　号：ISBN 978-7-5113-2211-1
定　　价：33.00 元

中国华侨出版社　北京市朝阳区西坝河东里 77 号楼底商 5 号　邮编:100028
发 行 部:(010)64443051　　　　　　传　真:(010)64439708
网　　址:www.oveaschin.com　　　E-mail:oveaschin@sina.com

如果发现印装质量问题影响阅读,请与印刷厂联系调换。

目录

1 查拉图斯特拉的开场白
16 查拉图斯特拉的言论
16 论三种变形
18 论美德的讲坛
21 论背后世界的人
25 论身体的蔑视者
27 论欢乐与激情
29 论苍白的罪犯
32 论读写
34 论山上的树
37 论死亡说教者
39 论战争和斗士
41 论新偶像
44 论市场之蝇
48 论贞操
49 论朋友

52 论一千零一个目标
54 论爱邻人
56 论创造者之路
59 论年老和年轻的小女人
61 论毒蛇咬的伤口
63 论孩子与婚姻
65 自由的死神
68 论馈赠者的美德
73 持镜子的孩子
75 在幸福之岛上
78 论同情者
81 论教士
84 论有德者
87 论恶棍
90 论毒蜘蛛
93 论著名的智者

1

- 96 夜之歌
- 98 舞之歌
- 101 坟之歌
- 104 论自我克制
- 108 论崇高者
- 110 论有教养之邦
- 113 无瑕疵的认识
- 116 论学者
- 119 论诗人
- 122 论伟大事件
- 126 预言家
- 130 论解脱
- 135 论人类的精明
- 138 最安静的时刻
- 141 漫游者
- 145 论幻觉与谜
- 150 论违背意愿的极乐
- 153 在日出前
- 156 论让人渺小的美德
- 162 在橄榄山上
- 165 论从一旁走过去
- 168 论背叛者
- 172 回家
- 176 论三件恶事
- 180 论重力之神

- 184 论新旧牌匾
- 202 新愈者
- 208 论大渴望
- 211 另一首舞之歌
- 214 七印记（或者：赞同之歌）
- 217 蜜糖祭品
- 220 呼救声
- 224 和国王们的谈话
- 228 水蛭
- 231 巫师
- 236 退职者
- 240 最丑之人
- 245 自愿的乞丐
- 248 影子
- 252 晌午
- 255 问候
- 260 晚餐
- 262 论更高之人
- 270 忧郁之歌
- 273 论知识
- 276 在荒漠之女中间
- 279 顿悟
- 282 驴子的庆典
- 286 梦游者之歌
- 292 征兆

查拉图斯特拉的开场白

查拉图斯特拉在而立之年，离开了自己的故乡，住进了深山。在深山里，他潜心思考，不辍不怠，毫不厌倦地过了十年。

一天早上，查拉图斯特拉在黎明时分，朝着刚刚升起的太阳大声呼喊道："啊！伟大的太阳！假如这世间的人没有被你照耀，你的幸福又在哪里呢？

这十年来，你每天都会把你的光辉洒进我的山洞，所以我每天清晨都会等着你的到来，希望得到你的光明。所以，我们赞美你，祝福你，并且向你学习。我也要将我的智慧洒向世界，传给每一个人。

你瞧，我多像那采了太多蜂蜜的蜜蜂，我的智慧已经积累得太多了，我需要人们伸出手来领受我的智慧，我愿意将我的智慧给予他们。所以，我应当走下山去，就好像你在夜晚时穿过大海，把光明送到另一个世界一样，我也要像你一样地'下山'。祝福我吧，我查拉图斯特拉又开始重新做人了。"

于是，查拉图斯特拉一个人从山上往下走，路上没有碰到任何人。

但是当他走进一片森林时，突然遇到了一位老人。这老人是离开了他自己神圣的茅舍，在森林里寻找树根的。

老人对查拉图斯特拉如是说：

"我看你这位旅行者并不陌生，我想我应该与你有过一面之缘，你叫查拉图斯特拉。几年前，你因为孤独、悲观而来到山上，曾经路过这里。不过，现在的你已经变了模样。

那时候,你把你的灰运到山上去。今天,你要把你的火带到山下去吗?你是要去播撒你的智慧吗?难道你不怕受到对'纵火犯'的惩罚吗?

是的,我确认这就是查拉图斯特拉。他的眼睛清纯,嘴上也没有隐藏着厌恶。他不是像一个舞者一样在前进着吗?

查拉图斯特拉是变了,他变成了一个孩子,他已经是一个觉醒者了:可你现在要到沉睡的那些人那里去做什么呢?

你生活在孤独和悲观里时,就像在大海里一样,大海载着你。那现在,你是想要登上陆地了吗?哦,你又想要让自己拖着这沉重的躯体吗?"

查拉图斯特拉回答说:"我爱人类,我要给人类带去一件礼物!"

老人说:"那我为什么跑到这森林里来了呢? 当初不也是因为我太爱人类了吗?而现在,我爱上帝,我不爱人类。在我看来,人是一种太不完美的东西,对人类的爱会毁掉我的。

什么也不要给他们,你宁可从他们那里带走一些负担,与他们一起分担——只要你乐意,这对他们而言就是最大的善举,他们会非常欢喜的。

即使你要给他们礼物,给的东西也不要多于布施给乞丐的,并且,你还要让他们为此而恳求你!"

查拉图斯特拉回答说:"不,我不会施舍给他们。要这样做我还不够贫穷。"

老人听完,朝查拉图斯特拉笑笑,说道:"那么你就尝试着让他们接受你的礼物吧!他们不信任隐居者,不相信我们会前来赠送。在他们眼里,隐居者就像是盗窃贼。他们在深夜躺在床上,若是听到一个人在街上的脚步声,他们就会自问:这个盗窃贼要去哪里呢?

所以,不要到那些人中间去,还是留在山上吧!你为什么宁可到动物那里去,也不想和我一样呢?要知道,熊归熊群,鸟归鸟群。"

"那您在森林里都做些什么事情呢?"查拉图斯特拉问。

老人回答:"我作歌、唱歌呀!作歌时,我就会大笑、大哭、尽情地咆哮,我

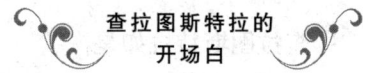

就是这么赞美上帝的。可是,你给我们带来了什么礼物呢?"

查拉图斯特拉听到这句话时,便向老人致意,说道:"我会有什么礼物给你们呢?还是让我快快离开吧,否则,我会拿走你们的东西的!"

于是,查拉图斯特拉和这老人互相告别,笑着分开了。

查拉图斯特拉独自一人走着,他对自己的内心说:"难道这真有可能?这位老人在他的森林里还没有听说,上帝已经死了吗?"

查拉图斯特拉走着走着,来到了一个离森林最近的城市。

他在广场上发现这里聚集了许多人:因为有人预告,这里将会有一个走软索者的表演。

查拉图斯特拉见此地人多,便趁此机会对众人说道:

"现在,我来教教你们什么是超人。人是应该被超越的,你们曾做过什么努力来超越他呢?

直到今天,一切生物都创造了超越自己的东西。难道你们要做这大潮中的落潮,宁可返于动物,也不肯超越人类吗?

对人类而言,猿猴是什么东西呢?只不过是一个笑柄或是一个痛苦的耻辱罢了。而人类对于超人来说,也是如此,也不过是一个笑柄或是一个痛苦的耻辱而已。

你们完成了由动物到人的进化过程,但是你们身上有许多东西仍然属于动物。你们从前曾经是猿猴,而现在,你们这些人比任何猿猴更像猿猴。

你们当中的最聪明者,也只不过是植物与幽灵的矛盾与同体。但是你们要我要求你们变成幽灵或植物吗?

现在,我要教你们什么是超人!

超人是大地之意义。让你们的意志说:超人是大地的意义吧!

我的兄弟们,我恳求你们,忠实于大地吧!不要相信那些向你们谈论超越大地之希望的人!无论他们有意与否,他们都是投毒者。

他们是生命的轻蔑者，垂死者，他们本身就是中毒者，大地已经对他们厌倦了，所以让他们逝去吧！

从前，亵渎上帝是最大的亵渎；但是现在上帝死了，那些亵渎上帝者也随之死去。现在最为可怕的是亵渎大地，是将那无知的心看得比大地的意义还高！

灵魂曾经很是轻蔑肉体，而这种轻蔑在当时还被认为是最高尚的轻蔑——灵魂要肉体消瘦、丑陋、饥饿。它认为这样便可以逃避于肉体和大地。

啊，其实这灵魂自己更是消瘦、丑陋、饥饿；而残忍便是这灵魂的淫欲！

但是，我的兄弟们，请你们说说：你们的肉体证明你们的灵魂是怎样的呢？你们的灵魂不是贫乏、肮脏与可鄙的自满吗？

真的，人是一条污水河。你必须是大海，才能接受一条污水河，而且不至于因这条污水河而变得不纯洁。

现在，我教你们什么是超人：超人便是这大海，你们的种种大轻蔑可以沉没在这大海里。

你们体验到的最伟大的经历是什么？那便是大轻蔑的时刻。在那样的时刻，你们的幸福，以及你们的理性和德性，都会令你们感到厌恶。

那时候你们说：'我的幸福有什么用？它是贫乏、肮脏，以及可鄙的自满。但是我的幸福应该证明生存本身是合理的！'

那时候你们说：'我的理性有什么用？它渴望知识不就像狮子渴望食物一样吗？它是贫乏、肮脏，以及可鄙的自满！'

那时候你们说：'我的德性有什么用？它还没有使我狂热起来。我多么厌倦我的善与我的恶，所有这一切都是贫乏、肮脏，以及可鄙的自满！'

那时候你们说：'我的正义有什么用？我不觉得我是炭火与煤炭。但是正义者应当就是炭火与煤炭！'

那时候你们说：'我的同情有什么用？同情和怜悯不就是爱人类者被钉在

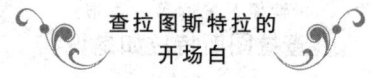

十字架上吗?但是我的同情和怜悯不是一种钉死在十字架上的刑罚.'

你们已经这样说了吗?你们已经这样喊过了吗?啊!我似乎已经听见你们在这样喊叫!

这不是你们的罪恶——而是你们的满足在对天呼喊,甚至是你们罪恶中的吝啬在对天呼喊!

那用舌头来舔舐你们的闪电在哪里呢?那必须给你们注射的疯狂又在哪里呢?

现在,我教你们什么是超人:他便是这闪电,便是这疯狂!"

查拉图斯特拉刚刚说完这些话,人群中的一个人便大喊道:"关于那走软索者,我们已经听够了,现在让我们看看他吧!"

这时,所有人都笑起了查拉图斯特拉。而那位走软索者以为大家是要他出场,便开始登台表演了。

查拉图斯特拉看着周围这群人,很是惊奇。然后,他又这样说道:

"人是一根系在动物与超人之间的绳索——一根悬于深渊之上的绳索。

向前进是危险的,停在中途也是危险的,向后张望也是危险的,战栗和停留都是危险的。

人的伟大之处就在于:他是一座桥梁而非一个目的;人的可爱之处就在于:他是一个过程,也是一个沉沦。

我爱那不懂得生活的人,因为如果他们不是沉沦者,那就是超越者;我爱那些大轻蔑者,因为他们是大崇拜者,是射向彼岸的渴望之箭。

我爱这样的人:他们不会到星星背后去寻找沉沦和牺牲的理由,而是会为大地牺牲,使大地有朝一日也能成为超人的大地。

我爱那为认识而生活的人,他们要求认识,为的就是有一天会过上超人的生活。因为他也要求他自己的沉沦。

我爱那为了给超人建造住宅,为给超人准备好大地、动植物而工作和创造的人。因为这些,他也要求他自己的沉沦。

我爱那爱自己德性的人,因为德性是渴求沉沦的意志和一支渴望之箭。

我爱那不给自己保留一点精神,而要整个儿地成为自己德性的精神的人。因为他在精神上跨过了桥梁。

我爱那依据自己的德性来构成自己的喜好和宿命的人,因为这样的人可以为了自己的美德或生或死。

我爱那不想有太多德性的人,因为一种德性比两种德性更能成为德性,它更是连接宿命的纽带。

我爱那浪费灵魂、不接受感谢、也不感谢别人的人,因为他始终赠与别人,而什么都不给自己留存。

我爱这样的人——当骰子落定并给他带来幸运时,他却为此而感到羞愧,然后他自问:我是一个作弊的赌博者吗?因为,他愿意毁灭。

我爱那先有承诺,后有行动,并且坚持做的比承诺更多的人,因为他追求着自己的沉沦。

我爱那为未来者奋斗,并拯救过去者的人,因为他愿意作为现在者而毁灭。

我爱那因为爱自己的上帝而惩罚上帝的人,因为他在上帝发怒时必须毁灭。

我爱这样的人——灵魂即使在受伤害时仍然深沉,而且一个很平凡的经历就能使他毁灭的人。因为这样的人,会很乐意越过桥梁。

我爱这样的人——由于灵魂过于丰富而忘却自我,集万物于一身的人。因为在这样的人眼里,万物已变成了他的沉沦。

我爱这样的人——具有自由的精神和一颗自由之心的人。因为这样的人的脑袋只是他的心之内脏,但是他的心却驱使他走向沉沦。

我爱这样的人——所有像沉重的雨点一样一滴滴从乌云中朝人类头顶上落下的人。因为他们宣告着闪电的到来,然后作为宣告者而毁灭。

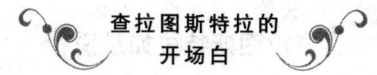

看吧,我就是闪电的宣告者,是那乌云中的一滴沉重的雨点。这闪电的名字就叫超人。"

查拉图斯特拉说完这些话后,重又看着人群,一声不发,沉默不语。

"他们站在那里,"他对自己的心说,"他们在那里开始发笑了。因为他们完全不理解我,我无法让他们听我的话。

难道我非得先撕掉他们的耳朵,让他们学会用眼睛来听话吗?难道非得像打鼓那样叮叮咚咚或者如牧师一般絮絮叨叨地喧哗吗,还是他们只相信口吃者呢?

他们有令他们感到骄傲的东西,那他们怎样称呼令他们骄傲的东西呢?他们称之为教养。正是教养使他们显得比牧羊人更为突出一些。

所以,他们不愿意听到别人用'轻蔑'一词来形容他们,那么我就诉诸他们的骄傲。我要告诉他们最可轻蔑的东西就是最后的人。"

随后,查拉图斯特拉对众人如是说:

"人类应该为自己确立目标了,是他们种下他们最高的希望之芽的时候了。

现在,他们的土壤还相当肥沃,可以种植。但是有朝一日,这土壤会变得贫瘠无力,这上面便不会再长出参天大树。

哦!人类不再抛出他的渴望之箭,使之超越人类,人类的弓弦也不再发出呼呼之声,这样的时候越来越近了!

我跟你们说:你们得包含着混沌,才能生出一颗跳着舞的星星。我跟你们说:你们仍然包含着混沌。

哦!人类不再产生星星的时候即将来临了。哦!不再能轻蔑自我的最可轻蔑者的时代即将来临了。

快看!我把最后的人给你们看看。

最后的人眼睛一眨一眨地问:'爱是什么?创造是什么?渴望是什么?星星是什么?'

那时候,大地变得比现在要小,最后的人在它上面跳跃着,他把一切都变小了。他的族类像跳蚤一样消灭不尽,不可断绝;最后的人活得最长久。

最后的人眨巴着眼睛,说道:'我们发明了幸福。'

他们离开了生活艰难的地方,因为他们需要温暖。他们还爱邻人,并和邻人摩擦着,因为他们需要温暖。

在他们眼中,生病和怀疑是罪恶的。他们像个沙子一样小心翼翼,十分谨慎地走动着,就怕绊上石头或者人!

偶尔来一点毒品,因为这能让人做些美梦。最后是许多毒品,在享受中死去。

他们仍然工作着,因为工作是一种消遣。但是他们很是小心,绝不让消遣损害到他们。

他们变得不再贫穷或富有:因为这两者都是辛苦的事。谁还愿意统治呢?谁还愿意服从呢?这两者也都太费力了。

没有牧羊人,仅有一群羊!人人都希望平等,人人都平等:谁要是有其他的想法,那就自愿到疯人院去。

他们中间最聪明的人一边眨巴着眼睛,一边说:'从前,整个世界都疯了。'

他们非常聪明,知道发生的一切事情:所以他们不断地互相讥讽。他们偶尔也会起争执,但不久便会言归于好——否则会伤了自己的肠胃。

不论白天还是夜晚,他们都会有自己小小的快乐。不过,他们十分珍爱自己的健康。

最后的人眼睛一眨一眨地说道:'我们发明了幸福。'"

被人们称为"开场白"的查拉图斯特拉的第一次发言终止于此:因为这时候,人群的呼喊声和狂欢声打断了他。

"哦,查拉图斯特拉!那把最后的人给我们吧,"他们叫喊着,"把我们做成最后的人吧!我们把超人赠给你!"一群人欢呼着,狂叫着。

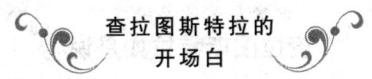

查拉图斯特拉伤心透了,十分难过,他对自己的心说:

"他们没有一个人了解我,全然听不懂我的话。

也许是我在山上生活得太久,听惯了树木之呼啸声与溪流之潺潺流水声:我要想同他们讲话,就得像牧羊人对他们说话一样。

我的灵魂异常平静豁达,就像清晨的山上一样豁亮。可是他们却感觉我很冷漠,是一个讲可怕笑话的讥讽家。

现在,他们正在看着我笑:他们的笑里满含怨恨;他们的笑冷酷无情。"

这时,走软索演员开始表演了,每个人都瞪大了双眼,紧紧盯着表演者。

走软索演员从一扇小门里走了出来,走上了软索。这软索系在两个塔楼之间,也就是说,软索就悬在人群的头顶上。

当走软索者走到软索中间时,塔楼上的小门又一次打开了。一个穿着彩色衣服的小伙子,犹如丑角儿演员一般跳了出来,他快速而轻快地走上软索,跟在走软索演员的后面。

"快点往前走,瘸腿子,"少年用可恶的声音喊道,"快点走,懒鬼,笨蛋,投机分子,死面孔!别让我用脚给你抓痒吧!你说你在软索上做什么呀?你应该乖乖地待在塔楼里,真应该把你关进去,你挡住了比你本领更高者的去路!"——他每说一个字,就离走软索演员更近一点。

眼看着,他离走软索演员越来越近了。当他在离走软索演员只有一步之遥的时候,发生了一件令所有人都目瞪口呆的事情——小伙子突然像魔鬼一般发出一声尖叫,从走软索演员的头上一跃而过。

而走软索演员看见他的对手如此获得胜利,顿时六神无主,头晕目眩,身体一倾,从软索上掉了下来;他手中的平衡棍溜出了他的手心,他像一个由胳膊和腿组成的圆球一般往下面滚。

市场上的群众立刻慌乱起来,就像是暴风雨来临时的大海一样,波浪翻滚,一浪高过一浪。人们毫无秩序地四处乱逃,尤其是走软索者的躯体将要坠落的地方。

但是查拉图斯特拉却十分镇静,他站在原地丝毫不动,走软索者的躯体恰巧就坠落在他的身旁。走软索者面目全非,肢体不全,但是尚留一丝气息。

一会儿后,四肢不全的走软索者苏醒过来,看见查拉图斯特拉就跪在自己旁边。他便问道:"你在这里做什么?我早就知道魔鬼会来对我使绊的。现在,他要把我拖到地狱去,你是要阻止他吗?"

查拉图斯特拉回答说:"朋友,我以我的荣誉发誓,你所说的这一切都不存在:没有魔鬼,也没有地狱。你的灵魂将比你的躯体死得更快,现在你什么也不要怕了!"

走软索者用他那双满是怀疑的眼睛看着他,问道:"如果你说的都是真理的话,那么我即使现在死去,也是什么都没有失去了!其实我跟一只被人们揍,并用少量食物来喂养使其来跳舞的动物差不多;我也是在人们的抽打下和少量食物的喂养下,才学会走软索表演的。"

"不!并非如此,"查拉图斯特拉说,"你把危险的走软索表演作为你的职业,这本就没有任何轻蔑之处。现在你为了你的职业而失去生命,所以我会亲手将你埋葬。"

当查拉图斯特拉说完这些话时,走软索者没有再说话;不过他移动了一下手,好像在寻找查拉图斯特拉的手,以表示他的感谢之意。

这时,夕阳已经西下,天色渐渐暗了下来,市场上的群众也渐渐散去,因为现在,连好奇心和惊恐都已经疲倦了。

但是,查拉图斯特拉却坐在地上的死者身边,陷入自己的思绪中,忘记了时间。

渐渐地,夜深了,一阵寒风吹过,这位孤独者才醒过神来。

查拉图斯特拉站起身来,他对自己的心说:

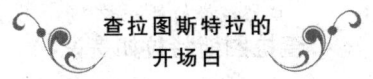
查拉图斯特拉的
开场白

"真的,查拉图斯特拉今天捕捉的结果不错:他没有捕捉到人,却捕捉到一具尸体。

人的一生是恐惧的,是多灾多难的,而且大多是毫无意义的:一个滑稽的丑角儿演员就能够把它变成灾难。

我要教给人类他们存在的意义是什么:那便是超人,从人类的乌云中射出的光亮的闪电。

但是我仍然还离他们很远很远,他们的意识还不能接纳我的意识。在那些人的眼中,我不过是介于疯子与尸体之间的一个不知名的东西罢了。

夜是黑暗的,查拉图斯特拉的道路也很黑暗。来吧,你这僵硬冰冷的朋友!我要背上你,把你带到我亲手埋葬你的地方去。"

查拉图斯特拉对自己的心说完这些话,便扛起了这具尸体,开始上路。

他还不曾走百步,就有一个人悄悄走到他的身边,贴近他的耳朵,小声地说:"离开这个城市,查拉图斯特拉,"说话者正是那个从塔楼里跳出来的滑稽丑角儿,他说,"在这个地方,恨你的人实在是太多太多了。就连善良者和正直者都恨你,他们说你是他们的仇敌和轻蔑者;还有那些真正信仰的信徒也恨你,你就是他们心中的害群之马。你的幸福就是人们冲你发笑:不错,你说话时就像一个滑稽的丑角儿演员一样。你的幸福就是和这死狗结为同伴;当你这样降低自己身份的时候,就像今天这样,你倒是救了你自己。不管怎样,赶紧离开这个城市——否则的话,明天我就从你头顶上跳过去,这样的话,明天就又要死一个人了。"说完这些话,这个人便消失在了黑夜里。

而查拉图斯特拉则继续在这黑暗的路上前进着。

在城门口,他遇见了掘墓工人。工人们用火把照亮他的面部,认出他是查拉图斯特拉,便用刻薄的语言对他大加挖苦:"查拉图斯特拉背着这条死狗,真是了不得啊。看来,查拉图斯特拉又要变成掘墓者了!我们的手太干净,沾不得这肉腥味。查拉图斯特拉想要从魔鬼口中偷走一口烤肉吗?哈哈!

那就赶紧去吧!祝你用餐愉快!但愿魔鬼不是一个比查拉图斯特拉更高明的小偷!他可是两者都偷,两者都吃的!"他们把脑袋凑到一块儿,冲查拉图斯特拉讥笑着。

虽然他们的言语刻薄,极为难听,但查拉图斯特拉却对此一言不发,只管走自己的路。

又走了两个小时,他走到了森林和沼泽里,听到了狼群的饿嚎声,顿时觉得自己也饿了。他向周围看了看,发现前面有座孤零零的房子,屋里还散发出灯光来。

"饥饿像强盗一般袭击着我,"查拉图斯特拉对自己说,"在这森林和沼泽地里,在这深深的夜里,我的饥饿袭击着我。

我的饥饿脾气古怪,经常在我刚吃过饭之后就会到来,但是今天它却一整天都没来,它究竟滞留在什么地方了呢?"

他边说边走到房子前,叩响了那房子的大门。

一位老者端着一盏灯为他打开了房门。

老者举着火把问:"是谁在敲我家的房门?害得我睡不好觉。"

"一个活人和一个死人,"查拉图斯特拉说,"请给我一些吃的和喝的吧,我白天竟然忘记这事了。哲人曾说:招待饿人吃饱饭的人,就是在给自己的灵魂增添活力,积福积德。"

老人听完他的话,便转身走进房间,不大会儿就又回来了,手里拿着面包和酒,并将这些食物递给查拉图斯特拉。

"这里对饥饿者来说真是一个坏地方,"老者说,"所以我选择住在这里。不管是动物还是人,都会到我这个隐居者这里来。但是,你也让你的同伴吃点喝点吧,他好像比你还饥饿呢!"

查拉图斯特拉回答说:"我的同伴死了,我实在没有办法让他吃喝。"

"这和我没有丝毫关系,"老人阴郁地说,"谁敲我的房门,谁就得接受我

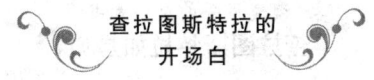

给他的食物。赶紧吃吧喝吧,祝你们一路顺利平安!"

查拉图斯特拉吃好喝好后,又借着星光,顺着道路走了两个小时。因为他是一个习惯走夜路的人,他喜欢直面这夜间熟睡的一切。

但是,到天刚破晓之时,他发现自己已身处一片森林的深处,他找不到任何道路。于是,他把死者放在一个空树洞里,这树洞有他那么高——把死者放在这里面很好,因为这样,狼就不会找到他。

放好死者后,查拉图斯特拉就疲倦地躺在地上的苔藓上。他很快就睡着了,躯体虽然疲惫,但灵魂却仍旧无动于衷,十分平静。

也许是太累了,查拉图斯特拉睡了好久。美好的清晨,以及整整一个上午,都从他的睡梦中溜走了。后来,他终于睁开了双眼。

查拉图斯特拉惊奇地向寂静的森林望去,又惊奇地看到了自己的内心。突然,他像发现新大陆一样,"噌"地一下站了起来,并大声欢呼起来:因为他发现了一个新的真理。

于是,他对自己的心这样说道:"我明白了一个真理:我需要同伴,是活的同伴,而不是死的同伴和我整日背负着的死尸。

的确,我需要的是活的同伴,他们愿意跟随我,因为他们想要跟随自己,和我一起前往我要去的任何地方。

我明白了一个真理:查拉图斯特拉不应该对所有的人说话,而应该对同伴说话!查拉图斯特拉不应该做羊群的牧羊人或者牧犬!

诱惑许多羊离开羊群——这才是我来的目的。众人和羊群会因此而冲我发怒:查拉图斯特拉要称强盗为牧羊人。

我称他们为牧羊人,但是他们却自称为善良者与正义者;我称他们为牧羊人,但是他们却自称是有着真正信仰的信徒。

快来看看这些善良者与正义者吧!快来看看那些所谓的有真正信仰的信徒吧!他们最恨的人是谁呢?是破坏他们价值牌的人,他们视那些人为破坏者和罪犯,而那些人正是创造者。

创造者所寻找的是同伴,而不是死尸,也不是羊群,不是信徒。创造者所寻找的是共同创造者,他们要把新的价值写在新的牌上。

创造者所寻找的是同伴和共同收获者:因为在他那里,一切都已成熟,只等着收获了。但是他还少一百把镰刀,他没办法去收获,所以他异常愤怒地拔去那些麦穗。

创造者寻找的是同伴和那些会把镰刀磨得锋利的人,可是,人们却视这些人为毁灭者和轻蔑善恶者。而事实上,他们才是真正的收获者和庆祝丰收者。

查拉图斯特拉寻找的是共同创造者、共同收获者和共同庆收者:那些羊群、牧羊人,还有尸体又与他何干!

而你,我的第一个同伴,你就安息吧!祝你好运!我已经把你妥善地埋葬在这空树洞里,我已经把你藏好了,这儿是安全的,你不用担心会受到狼的侵害。

但是,现在时间到了,我不得不跟你告别了。在黎明和黎明之间,我得到了一个新的真理的诏示。

我不应该做个牧羊人,不应该做个掘墓者。我以后再也不愿与众人说话了,哪怕是一次也不行;而且,这也是我最后一次同死人说话。

从今以后,我要与那些创造者、收获者、欢庆者结为同伴:我要给他们指引方向,让他们看看彩虹和超人的阶梯。

我将把我的歌唱给隐士和双重的隐士听;谁还有耳朵听不曾听过的东西,我就会让他的心里充满我的幸福,变得沉甸甸的,十分充实。

我要实现我的目标,达到我的目的,我会继续走我自己的路;我将跃过那些犹豫不决者和迟疑不定者。但愿我的前进之路会成为他们的沉沦之路!"

查拉图斯特拉对自己的心说完这些话后,太阳已经正挂高空,已是晌午时分了。

查拉图斯特拉的开场白

突然,一声尖锐的鸟叫声划破这寂静的天空,他循着鸟叫声抬头向高空望去——看呀!一只雄鹰正在高空翱翔,它的飞行路线划成一个硕大的圈子。再看!雄鹰身上悬着一条蛇,不像是捕获物,倒像是一位缠绵的女友,因为这条蛇的身子正缠绕在鹰的颈上。

"这是我的动物,这是我的鹰,我的蛇!"查拉图斯特拉满心喜悦地说道。

"一个是太阳底下最高傲的动物!一个是太阳底下最聪明的动物——它们是为侦察而来。

它们是想知道,查拉图斯特拉是否还活在这个世界上。是的,那我现在还活着吗?

现在我才发现,在人类中间比在动物中间还要危险,查拉图斯特拉走着险途。现在,就让我的动物——我的鹰和蛇来为我指引路向吧!"

查拉图斯特拉说完这些话时,猛然想起了森林里那位老人的劝言。他深深地叹了一口气,对自己的心这样说:

"我希望我更加聪明一些!我希望我从内心深处就是聪明的,就像我的蛇一般!

但是我知道我的要求过高,这是不可能的事情。所以,我就要要求我的高傲,让它一直陪伴着我的智慧,两者同行!

假如将来的某一天,我的智慧舍弃了我——啊,它喜欢舍弃我,离我而去!那么,就让我的高傲与我的愚蠢做伴吧,让两者一起飞行!"

于是,查拉图斯特拉凭借高傲的鹰与聪明的蛇的指引,继续前行。

——查拉图斯特拉的沉沦就此开始。

查拉图斯特拉的言论

论三种变形

我现在告诉你们精神的三种变形：一是精神如何变骆驼，二是骆驼如何变狮子，最后是狮子如何变小孩。

忍辱负重的强健精神，背负着许多重负：因为它强健，所以它渴望有重的和最重的负担。

什么是重的负担？负重的精神这么问；它就是跪下，如同满载十足重量的骆驼一般跪下。

你们这些英雄们，那什么是最重的负担？负重的精神这么问；我承载得起，并且我为我的强健而高兴。

贬低自己是为了刺痛自己的高傲，表现出愚钝是为了嘲弄自己的智慧，事实上不就是这样吗？

也许是：为告退于当我们为事业而庆祝之时？登上高山去诱惑诱惑者之时？

也许是：以食用知识的果实、知识的草叶为生，为了寻求真理而让灵魂饱受饥饿。

也许是：生病时却将安慰自己的人打发走，却去结识那些永远也听不见你的心声的聋聩？

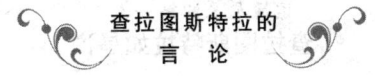

也许是:即使那污秽的水是真理之水,也会毫不犹豫地跳入水中,而不拒绝、不嫌弃那冰冷的青蛙和热烫的蟾蜍?

也许是:对于那些轻蔑我们的人,我们要去爱他们;对于那些想要使我们敬畏的鬼怪,我们要向他们伸出援助之手。

具有负重精神的人,会独自担负起所有这些最重的重负:就像骆驼驮着重重的担子匆忙地走入沙漠一样。

然而,就在这最寂寞的沙漠中,发生了第二次变形:就在这里,精神变成了狮子,它要争取到自由,统治这片沙漠,成为这片沙漠的主人。

在这里,它在寻求着最后的主人,它要敌对于这最后的主人,敌对于它最后的上帝,它要与巨龙争战到底,一决雌雄。

那条精神不再喜欢称其为主人和上帝的巨龙是什么呢?那条巨龙就是"你应该"。但是狮子的精神却高呼:"我要。"

"你应该"这条巨龙,是一条浑身长着鳞甲的动物,它金光闪闪地躺在自己的路上,每一个鳞片上都闪烁着这样的金色字样——"你应该"。

这些闪烁的鳞片上都透露着千年的价值,所有龙当中最强大的那条龙说道:"万物之一切价值就在我的身上闪烁着。"

巨龙这么说:"一切价值都已创造,一切创造的价值——那就是我。哪里还需要再有'我要'啊?"

我的兄弟们,那精神的狮子又有什么作用呢?它能做什么呢?那具有忘我精神而忍辱负重的动物难道已不够用了吗?

创造新的价值——甚至连狮子都做不到这一点。不过,为自己创造新的自由——这却是狮子力所能及的事情。

我的兄弟们,需要狮子做的是这一点:为自己创造新的自由,在义务面前坚决地拒绝,坚定地说"不"。

对于一个忍辱负重的精神来说,最可怕的获取就是获取创造新价值的权利。的确,这对它来说,是一种掠夺和一种凶恶的猛兽行为。

它曾经视"你应该"为最神圣之物,并深爱着这个神圣之物。可是现在,它不得不从最神圣之物中找到猖狂和专横,从而在它的爱中找到自由。而这种掠夺,需要狮子来实现。

可是,我的兄弟们,你们说,连狮子都做不成的事情,小孩子怎么可能做成的?猛兽狮子为何还要变成小孩呢?

小孩是天真、无辜与健忘的,就如一个新的开端,一场游戏,一个自转的轮子,一个最初的运动,一个神圣的肯定。

是的,我的兄弟们,就如小孩子创造一个新的游戏一样,人们需要对自己的生命价值进行一个神圣的肯定。

精神现在要有它自己的意志,失去了世界的人,却赢得了自己的世界。

我向你们讲述了精神的三种变形:一是精神如何变骆驼,二是骆驼如何变狮子,最后是狮子如何变小孩。

——查拉图斯特拉如是说。

而这时候,他正停留在一个叫做"彩牛"的城里面。

论美德的讲坛

人们向查拉图斯特拉夸赞一位智者,说此人非常擅长谈论睡眠与美德的关系。为此,这位智者深受人们的尊敬与赞扬,许多年轻人都会坐到他的讲坛前聆听、受教。

这天,查拉图斯特拉也到了这位智者那里,和所有年轻人一起坐在他的讲坛前。

然后,智者这么说道:

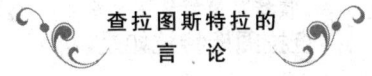

"尊敬睡眠,并谦虚地对待睡眠吧!这是首先要做的事情!远离所有那些没有好的睡眠、夜间还醒着的人吧!

盗窃贼在睡眠面前尚且是谦虚的:他在黑夜间的脚步总是很轻。而守夜人却是无耻的:他总是无耻地拿着他的号角。

睡眠不是件简单易掌握的艺术,只有在整个白昼保持清醒,夜晚才会得到好的睡眠。

你必须在白日里自我克制十次:这可以使你十分地疲劳,是麻醉你的灵魂的麻醉药。

你必须一再地自我宽恕十次:因为自我克制是痛苦的,不宽恕自己,夜间也不会睡好觉。

你必须在白日里寻得十条真理:否则的话,你在夜间还会寻求真理,你的灵魂也会因此而饥饿难耐。

你必须在白日里开怀大笑十次:否则的话,你的胃——这个痛苦之父,就会在夜里扰乱你,使你不得安宁。

很少人知道这一点:不过人们要想睡好觉,就必须得拥有全部美德。

我将作假的佐证吗?我将犯奸淫罪吗?我将贪恋于我邻家的女婢吗?这一切都与好的睡眠不相和谐。

即使你具备了所有的美德,你还得要做好一件事:在适当的时间也让美德去睡眠。

你得让这些小乖乖女们不至于相互争吵!而且是为了你这个不幸之人!

要服从上帝,与邻居和睦相处:这是好的睡眠之意愿。并且还要与邻居的魔鬼和睦相处!否则的话,它就会在夜间在你身边捣鬼。

要敬重并且服从于统治者,甚至服从于那些跛脚的统治者:好的睡眠也有这样的意愿。权力喜欢跛着脚走路,我有什么办法呢?

我认为,凡是那些把自己的羊带到最葱郁、最茂盛的河谷草地去的人,他们一定是最好的牧羊者:因为只有如此,才和好的睡眠相和谐。

我不要太多的荣誉和巨大的财富:因为那会使脾脏发炎,是自寻烦恼。但是,若是没有荣誉与一小笔财富的人也是没有好睡眠的。

聚会虽小,但是比起那令人不高兴的聚会,会更受我的喜欢:不过它必须在适当的时间举行。这样,也必须要有良好的睡眠。

我甚至喜欢那些精神贫困者:因为他们能促进睡眠。特别是如果人们对他们的建议表示同意时,他们就快乐了。

于是,在有美德之人的那里,白昼随着时间而流失。现在黑夜来临了,我是不会去召唤睡眠的!这美德的主人——睡眠,它也是不愿被召唤的!

但是,我又反复地想起白天的所作所为和所想,然后我像一头母牛一般耐心地扪心自问:你的十次克制都有哪些?你的十次宽恕、十条真理、十次开怀大笑又有哪些?

如此这样反复沉思着,这四十种念头在脑中闪烁着。忽然,这美德的主人——睡眠,像不速之客一般,猛地侵袭到我头上。

睡眠轻轻敲打我的双眼,双眼慢慢地就变得越发沉重。睡眠轻轻地抚摸我的嘴巴,嘴巴就慢慢地张开了。

真的,这位盗窃贼中的最为乖巧的贼,它轻手轻脚地溜到我的跟前,偷走了我的思想:我就像我现在身处的这个讲坛一样,傻傻地伫立在那里。

可是,当时我站不了多久,便会倒下去,躺下。"

查拉图斯特拉听完智者的这些话,便在心中偷偷自笑。因为这时候他悟到了一些道理。他对自己的心这样说道:

"我觉得,那位有四十个念头的智者就是一个傻气十足的笨蛋,不过我倒是相信,他一定很善于睡觉。

谁要是住在这位智者的附近,那他可就幸运了!因为这种睡眠具有传染性,即使中间隔着厚厚的墙壁,它都会传染过去。在他的讲座里甚至还有一

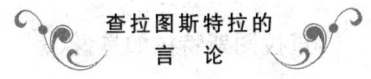

种魔法。这些年轻人坐在这里听这布道者讲美德,也并非是徒劳的。

这位智者的讲座是在告诉他们:白日的清醒是为了夜间的安睡。真的,如果生活没有意义,如果我不得不选择一个谬论,那么我认为这就是最值得选择的谬论了。

现在我十分清楚地知道了,以前人们在寻求美德的教师时,特别注重的是什么了。人们注重的是安睡与促进安睡的麻醉药!

对于讲坛上所有这些被赞美的智者们来说,智慧就是无梦的睡眠:因为他们不知道生活还有什么更高的意义。

甚至到今天,像这位美德的布道者一样的人还有几个,而且他们还不像这位智者这么诚实,不过他们的时代已经过去了。他们再也站不了多长时间,他们已经倒下去了。

这些昏昏欲睡者有福气了:因为在不大会儿之后,他们就该打鼾了。"

——查拉图斯特拉如是说。

论背后世界的人

正如所有背后世界的人一样,查拉图斯特拉曾经也将他的幻想扔到了人类的彼岸。那时候,在我看来,世界就是一个多灾多难的上帝的作品。

那时候的我认为,世界就像是一个梦,像是一位上帝的作品;一位不知足的上帝眼前的彩色烟幕。

善与恶、苦与乐、你与我——在我看来,这些全都是造物主眼前的彩色烟幕。造物主要把目光从自己身上移走——于是,他创造了世界。

对于受难者来说,不看见自己的苦楚而忘却自我,这是一种陶醉的快乐。曾经的我也以为,世界就是陶醉的快乐和忘却自我。

这个世界,这个永不完美的世界,一个永恒矛盾的、不完美的映像——这一切对于其不完美的造物主来说,是一种陶醉的快乐;我曾经以为,世界便是如此。

于是,曾经的我也像所有背后世界的人一样,将我的幻想扔到了人类的彼岸。可是,真的抛到人类的彼岸了吗?

啊,我的兄弟们,我创造的这位所谓的上帝,其实如所有的神灵一样,是人类的作品,是人类的疯狂!

上帝也是人,只不过是人和自我的一块可怜的残片罢了。对于我来说,他是出自于我自己的灰烬与炭火的幻影!真的,我觉得,他不属于人类的彼岸!

我的兄弟们,当时发生了什么事情?我这受苦受难者克服了痛苦,我带着我自己的灰烬来到山上,我给自己发明了一种更明亮的火焰。看!那上帝的幻影便与我分离开了!

当初相信上帝的幻影,于现在的我看来,则是痛苦的,是对刚刚病愈者的一种折磨。现在,上帝对我而言就是痛苦与羞辱。我对背后世界的人如是说。

他曾经是痛苦与无能的——这造就了所有背后世界的人,以及那短暂幸福中的疯狂。这只有痛苦至深的人才能完全体会到。

是那种想要一蹴即至的疲惫,是那种可怜而无知的疲惫,连索要都懒得伸出手去:正是这种思想创造了所有的神灵和背后的世界。

我的兄弟们,请相信我吧!这是对肉体绝望的肉体,它用鬼迷心窍的手指,沿着最后的墙壁触摸着。

我的兄弟们,请相信我吧!这是对大地绝望的肉体,它听到存在之腹的诉说。

这时候,它要和脑袋一起穿过最后的墙壁,不,不仅仅只带着脑袋,它要整个儿地到那"世界的彼岸"去。

可是,"世界的彼岸"是个去人性化、非人性的世界,是人类完全看不见

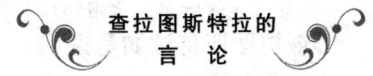

的世界,它是一个无上的空虚;而对于存在之腹,除非是作为人类的身份,否则是完全不会对人类说话的。

真的,一切存在都是难以证明、难以使它发言的。兄弟们,告诉我,难道你不认为万物中最奇特的事物,就是已经被证明的最好的事情了吗?

是的,这个自我,以及自我的矛盾与混乱,是给自己的存在最正直的谈论,这创造中、要求中、评判中的自我,是万物的尺度和价值。

而这最正直的存在,这自我,即使在构思、痴迷地谈论、用折断的双翅上下拍打的时候,它还在谈论肉体,要求肉体。

那自我,它总是学着越来越正直地谈论;而学习得越多,它便越有更多的话语来谈论肉体和大地,从而越来越尊敬肉体与大地。

我的自我教给我一种新的高傲,而我又将这种高傲教给人们:不要再把脑袋埋在天之产物——沙子里,而要自由地、勇敢地扛起它——这个创造了大地之意义的脑袋!

我教人们一种新的意志:有意识地遵循着人类自然地走过的老路,并在心里肯定它,不再像病人和将死之人一样悄悄从这条路上溜到他处!

是病人和将死之人蔑视肉体和大地,发明出所谓的天国、上帝及救赎之血滴;但是,即使是这些甜蜜而不吉利的毒药,也是由他们取自于肉体和大地!

他们要摆脱不幸,逃离苦难,然而星星却离他们太过遥远。这时,他们就叹息道:"真是不幸,为什么没有上天之路呢?若是有的话,便可悄悄带着我到另一种存在和幸福之中!"

于是,他们便为自己发明了种种的诡计和小小的血腥饮料!

现在,他们误以为自己已脱离了肉体和大地,真是一群忘恩负义的家伙!可是,他们超脱时的痉挛和快感又是谁的功劳呢?还是他们的肉体和大地。

查拉图斯特拉对病人是很温顺的。真的,他并没有因为他们自慰的方式和忘恩负义的态度而感到愤怒,而是希望他们能痊愈,能克制,并为自己创造出一个更高级的肉体！

不过,有些痊愈者仍旧依依不舍地目送着自己的妄想,有些还在半夜时分在自己上帝的墓前默默转悠,而查拉图斯特拉却也没有因为这些人的做法而生气;不过这一切在我看来,病和有病的身体仍然是痊愈者之眼泪的根本所在。

在从事虚构和寻求上帝的人当中,总是有很多病态之人;这些人视认知者为仇敌,他们仇恨最新的美德——正直。

他们总是喜欢回顾那已逝的黑暗时代:那时候,妄想和信仰无疑是另外一回事;同上帝一样理智地昏乱,并视别人的怀疑为罪恶。

我太了解这些与上帝相似的人了:他们要别人相信他们,一旦遭到怀疑便认为是罪恶。我也太知道他们自己最相信什么了。

真的,那真不是相信背后世界和救赎之血滴;而是连他们也最相信肉体,他们的肉体对他们而言,便是他们的绝对之物。

可是,对他们来说,他们的肉体是有病之物,他们很想脱去这躯壳。所以,他们倾听传授关于死亡的说教者,并且他们自己也在宣教着背后世界。

我的兄弟们,还是来好好地倾听一下来自健康身体的声音吧,因为那才是一种更正直、更纯洁的声音。

那是健康、完美而方正的肉体,它在更为正直和健康地谈论着大地的意义。

——查拉图斯特拉如是说。

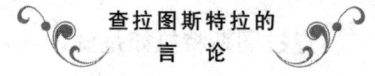

论身体的蔑视者

对于那些蔑视肉体的人，我有几句话要说。我并不是要他们改变学习和教学，而只希望他们能与自己的身体告别，从而缄口不言。

"我是肉体和灵魂。"小孩如是说。可是，为什么他们连小孩子也不如呢？

而大彻大悟者与智者则说："我整个儿都是肉体，除此之外，什么也不是；我的灵魂只是肉体上某一部分的名称。"

肉体是一个大理性，是一种纯粹意义上的复合体，它是战争与和平，羊群与牧羊者。

我的兄弟，被你称之为"精神"的是你的小理性，是你肉体的工具，是你的大理性的一件小工具与小玩偶。

你常说"我"，并以这个字而自豪。但是，你不愿意相信的，更伟大的事情是——你的肉体和你的大理性：它虽然不说"我"，但是却实行"我"。

所有五官所感觉到的，精神所认知到的，本身绝无终点。可是，感官和精神想要使你相信，它们是万物最终的目的。他们真是够虚荣的。

感官和精神是工具和玩偶：在它们的后面，还存在着"自己"。"自己"也使用感官的眼睛来找寻，用精神的耳朵来谛听。

"自己"不断地找寻和谛听着：它比较着、战胜着、克服着、破坏着。它统治着，甚至还统治着"我"，是"我"的主人。

我的兄弟，在你的思想和感情的后面，站立着一位强有力的主宰者，一位未被认识的、无名的智者——它就是"自己"。"自己"住在你的肉体里，他就是你的肉体。

在你的肉体里的理性要比你的最高智慧中的理性多得多。到底谁知道你的肉体正好需要你的最高智慧的原因呢？

你的"自己"在嘲笑着你的"我",还有那高傲的跳跃。它自言自语:"这些思想的跳跃和飞行对我而言,意味着什么呢?是通过走弯路、走旁道来达到我的目的的方法。我就像是引着'我'前进的绳子,是'我'的思想的诱导者。"

"自己"对"我"说道:"在这里体验痛苦吧!"于是,"我"就痛苦着,并想着如何能不再这么痛苦。其实,它本就应该来思考这个问题。

"自己"对"我"说道:"在这里体验快乐吧!"于是,"我"就高兴着,并想着如何才可以经常高兴。其实,它本就应该来思考这个问题。

我有一句话要对那些蔑视肉体的人说。正是因为他们对肉体的敬重,才使得他们轻蔑肉体。是什么创造了敬重、轻蔑、价值与意志呢?

创造性的"自己"为自己创造了敬重与轻蔑,快乐与痛苦。创造性的肉体为自己创造了精神,并把精神作为它的意志之手。

你们这些蔑视身体的人,即使你们在愚蠢和轻蔑中,那也是服务于你们的"自己"。我跟你们说:你们的"自己"本来就愿意毁灭,抛下生命而离去。

它已经不再能做它最想做的事,超越自己,创造高于自己之物,这才是它最想得到的,这才是它最强烈、最热诚的愿望。

然而,现在它这样做已经太迟了。所以,你们这些蔑视肉体的人啊,是你们的"自己"自愿毁灭、自愿死亡。

你们的"自己"自愿毁灭,所以你们就变成了肉体的蔑视者!所以你们再也不能超越自己,创造出高于你们之物。

所以现在,你们会把怒气撒向生命与大地,你们怨恨着生命与大地。在你们那种邪恶的轻蔑的目光中,透露着一种你们都不曾察觉的,但的确是发自内心的妒忌。

我不会重蹈你们的覆辙,你们这些肉体的蔑视者!对于我来说,你们绝对不是走向超人的桥梁!

——查拉图斯特拉如是说。

论欢乐与激情

我的兄弟,如果你有一种美德,并且这是你独有的美德,那你就不要和其他人共同拥有它。

当然,你一定会给它起个名字,并且还会和它亲热,扯它的耳朵,和它一同玩耍、一同游戏。

那么,你看吧!一旦让别人知道了你给它起的名字,大家就会和你共同拥有它。如此一来,你的美德就变成了大众共有的美德!

所以,为了不让你的美德为大家共有,你最好说:"使我的灵魂既痛苦又快乐,并且还是我内心所渴望的东西,它是没有名字的,是无法用言语来表达的。"

让你的美德高贵得不容许任何名字来称谓它吧!如果当你不得不谈到它时,那你就吞吞吐吐地,并且不要为这吞吞吐吐而羞涩。

所以你就可以这么吞吞吐吐地说:"我所需要的我自己的善正是如此,所以,它才令我一心一意地珍爱它,我只想要这样的善。

我需要它,不是把它当作上帝的律法,也不是把它当作一种人类的律条和人类生计的必须:它对我而言,不是通往超越大地,走向天堂的方向标。

它是一种我珍爱的世间的美德:它里面没有什么大智慧,最为缺少的便是人的理性。

可是这只鸟却在我身边建造了它的巢,所以,我爱它,抱着它。现在,它就正在我的身边,孵在金色的蛋上。"

因此,你应该结结巴巴、吞吞吐吐地来赞颂你的美德。

曾经,你有过许多的激情,并称它们为恶。但是现在,你只有你的美德,而这些美德都是从你的激情中诞生而来。

你把你的最高目标寄予这些激情中,于是它们变成了你的美德与欢乐。虽然你性情暴躁,或者奢靡淫乐,或者狂热地迷信上帝,或者只想着复仇,但是,你的所有的激情最终都变成了美德,你的所有的魔鬼最终都变成了天使。

从前,你的地窖里有过疯狗,但是,它们最终都变成了鸟儿和美丽的歌唱者。

你用毒药为自己制成了润肤膏;你挤奶的奶牛便是你的痛苦,而现在,你喝下了从奶牛乳房中挤出来的香甜的奶汁。

除非从你美德与美德之间的争斗中滋生出恶,否则,今后便不会再有恶从你的身上滋生出来。

我的兄弟,如果你是幸运儿的话,那你就需要有一种美德,仅仅一种就够了:这样的话,你过桥的时候才会更容易些。

固然,如果能有许多美德,自然会让你觉得脸上有光,但是你的命运便会比较坎坷;有些人之所以走到沙漠里而自杀,就是因为他们不堪忍受多种美德之间的争斗,他们讨厌作为多种美德之间争斗的战场。

我的兄弟,是不是战争、争斗都是恶呢?其实,这种恶是必然的,在你众多的美德中,它们必然会相互争斗,所以,妒忌、猜疑和诽谤都是必然要产生的。

看吧,你的每一种美德都有着最强烈的贪欲,他们最贪求的是什么呢?它要你把你全部的精神都作为它的先驱,它贪求能拥有你七情六欲中的全部力量。

美德之间是相互妒忌的,每一种美德都妒忌另一种美德,妒忌是可怕的。甚至,美德也会因妒忌而丧命。

被妒忌之火所包围的人,最终的下场只会如蝎子一般,将有毒的针刺向自己。

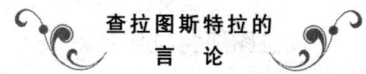

啊,我的兄弟,你还从未见过一个因拥有多种美德,而最后却因美德互相妒忌,最后导致自我刺杀的吗?人最终是必须被超越的。所以,你应该珍爱你自己的美德,因为你也会因这些美德而死。

——查拉图斯特拉如是说。

论苍白的罪犯

你们这些法官和祭祀者,在动物没有低头以前,你们还不想杀戮吧?你们看,这苍白的罪犯已经低头了,但是,他的眼中透露着他的大轻蔑。

这轻蔑的眼睛似乎在说:"我的'我'是应该被超越的,我的'我'就是我对人类的大轻蔑。"

他作了自我判断,这是他最为崇高的时刻,那就莫让这崇高的人再坠落到他的从前低微的地位中!

对于为自己而伤心痛苦的人,除了立即死亡外,没有其他任何得救的办法。

啊!你们这些法官,杀人时应该怀有一颗同情之心,而不是在复仇。而且你们在杀人时,还要留意为生命而辩护!

你们只和你们杀死的人和解是远远不够的,你们还要让你们的悲哀化为对超人的爱。这样一来,你们才为你们的存在作出了合理的解释!

你们应该称罪人为"敌人",而不是"恶棍";你们应该称他们为"病人",而不是"无赖";你们应该叫他们"傻子",而不是"罪人"。

而你,这个红色的法官,如果你大声地说出在你脑中思想过的那一切,那么每个人都会大叫:"滚开,你这垃圾和毒虫!"

但是,思想与行为是截然不同的两回事,行为的意识又是另外一回事。

它们之间并没有很直接的因果关系。

一个意识使这个苍白的罪人的脸色更加苍白。在他正在犯罪之时，他显得很有能力；但是在他做完罪行之后，行为的意识却让他难以承受，所以，他的脸色会变得苍白。

他总是认为自己是某一行为的实干者。我称这为疯狂：在他身上，特例会变成法则。

就像是抚摸可以让母鸡受到迷惑一样，他的那些罪行也迷惑了他那可怜的智慧——我称这为事后的疯狂。

好好听着，你们这些法官！除了事后的疯狂，还有一种疯狂：那就是事前的疯狂。啊，你们还没有深深地透视到我这灵魂！

红色的法官如是说："这个罪犯为什么要杀人呢？因为他要抢劫。"但是，我要告诉你们的是：他的灵魂需要的是血，而不是抢劫的赃物：他渴望的是拿起刀来杀人的快感！

可是他那少得可怜的理智却控制不住那事前的疯狂，它说服他："那点血算什么？难道你就不想，或者至少就在这里做这么一次抢劫吗？或者报复一下也是不错的。"

他在他那可怜的理智面前屈服了：它的话如重锤一般在他的头上压着，如此的沉重。于是，他在杀人后进行了抢劫。他不想为他的疯狂而感到羞愧。

可是现在，他的负疚感又像重锤一样压在他的头上，他那可怜的理智又变得如此的麻木、如此的瘫软、如此的沉重。

而此时，他只要摇摇他的头，否定他的意识，他的重负便会掉落下来，可是谁会摇这个头呢？他不会。

这个人是什么呢？他就像是疾病的聚集。疾病通过精神向世界蔓延开来：它们想得到它们的猎取之物。

这个人是什么呢？他就像是一堆聚集在一起，但是很难以和睦相处的猛

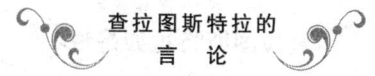

蛇,它们想自己出去,到世界各处找寻猎物。

看吧!这可怜的肉体!这可怜的灵魂已将肉体的痛苦与渴望向自己作了解释——它认为这就是一种欲望,杀人的欲望和享受那种用刀来杀人时的快感的欲望。

现在,谁要是得了病,他便会被现在的恶所侵袭:他要用使他痛苦之物来致使别人痛苦。但是,在从前的时代,也曾有过别的善恶。

在从前,怀疑是恶,"自己"的野心也是恶。当时,被恶侵袭的病人变成了异教徒和女巫:他作为异教徒和女巫而受尽痛苦,便也使别人痛苦。

然而,我知道你们根本就听不进去我讲的这些,你们会认为这会对你们中间的那些好人不利,那你们告诉我,你们中间的好人对于我来说又有何意义呢!

你们中间的好人身上有许多东西都令我生厌,真的,使我生厌的并不是他们的恶。我只希望他们有一种疯狂,希望他们如这个苍白的罪犯一般因这种疯狂而死!

真的,我希望他们的疯狂就是真理,或者是忠诚,或者是正义,可是他们有自己的美德,一心想的只是怎样才能长寿和勉强苟活。

我是大河岸边的栏杆:谁能扶住我,那就请扶住我吧!但是,我不是你们的拐杖。

——查拉图斯特拉如是说。

论读写

在一切写作读物中,我只喜欢一个用自己的心血写出来的作品。用你的心血写作吧,你将体验到心血便是精神。

理解别人的心血或许并不是一件容易之事,我很是厌恶那些由于无聊而用读书来消遣的人。

了解读者的人,是不会只为读者而写作的。这样的读者再过一个世纪便会随着精神的腐烂发臭而消失了。

为了让每个人都能读书而写作,长期下来,不仅会毁掉写作,而且还会损害了其思想。

精神在以前的时候是上帝,后来它变成了人,现在它竟然变成了普通大众。

用心血而写作出来的格言不是要被人阅读,而是要被人背诵和领会的。

在两座山之间,最近的距离是从一个山巅到另一个山巅。可是你若想走此路,就必须得有一双长腿。格言就如同这山巅,那些能背诵和领会这格言的人应该是高贵而伟大的。

纯净的空气会过于稀薄,危险随时都有可能发生,精神中充满着快乐,也伴随有恶意,这一切都要求相互之间互相配合,互相辅助。

我希望小鬼怪会围在我的身旁,因为我是勇敢的人。而吓走魔鬼的勇气本身却制造出许多小鬼怪,勇气要求嘲笑。

我不再和你们有相同的感觉,我嘲笑我在脚下看到的这云,这沉重的乌黑的云,这正孕育着雷雨的云。

如果你们渴望提升,那你们就往上看。而我则往下看,因为我已经被提升。

你们中间有谁能大笑,同时又能被提升的呢?

只有那登上最高山巅的人,才能嘲笑生命中所有真假游戏的悲哀。

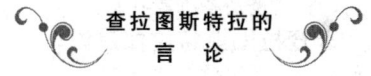

勇敢、不在乎、嘲笑、残暴——这就是智慧所教给我们的。智慧像是一个女人，始终只爱一个战士。

你们跟我说："生命比承受要更艰难。"可是，那你们为什么会在清晨高傲，而在夜晚顺从呢？

生命比承受更为艰难。那就不要在我面前假装温顺柔弱的样子，我们都是坚强的，就如那满载重负的雌雄驴子一样。

那我们和玫瑰的花蕾有什么共同的地方呢？它因为身上的一滴露水就会不停地颤抖起来。

真的：我们热爱生命，并不是因为我们习惯于生命，而是因为我们习惯于爱。

爱里总是会有某种疯狂，但是疯狂中也总是还有某些理性。

而在我这个热爱生命的人眼中，蝴蝶、肥皂泡和人间的类似它们的东西好像最懂得什么是幸福。

一看到这些轻飘飘的、愚蠢的、小巧的、活泼的小精灵在翩翩起舞——查拉图斯特拉不禁潸然泪下，他又歌唱起来。

我应该只信仰一个懂得跳舞的上帝。

而当我看到我的恶魔时，我看到他专注、周全、深沉、严肃：这是沉重的精神——万物皆因他而倒下。

人们不是通过愤怒，而是用笑来杀戮。来吧，让我们来杀死这个沉重的精神吧！

我学会了走路，以后我还要让自己奔跑起来。我要学会飞行，以后我就不需要借助于推的力量才移动位置。

现在我已经很轻很轻了，我飞起来了，我看见我在我自己的下面，有一个上帝在我身体的上下舞动着。

——查拉图斯特拉如是说。

论山上的树

查拉图斯特拉发现，一个年轻人总是在回避他。一天晚上，当他一个人在那个叫"彩牛"的城市周围的山中散步时，他看到这个年轻人正背靠一棵树坐着，那满含疲倦的目光凝望着山谷。查拉图斯特拉抱住那个年轻人背靠着的那棵树，说道：

"如果我想用我的双手去摇这棵树，使它晃动的话，我想我是办不到的。

但是，我们看不见的风却在摧残着它，可以随意地将它刮得歪曲，甚至折断。同样的道理，我们最痛苦的也是受到看不见的双手的摧残和歪曲。"

年轻人突然站立起来，满脸的惊愕，他说："我听到查拉图斯特拉在说话，我刚刚还正想着他呢。"

查拉图斯特拉回答说：

"你为什么因为我说的话而如此惊讶呢？其实，人和树的情况是相同的。

他越是想生长到高处、光明处，他的根就越是深深地扎入土地里，越是向下生长，越是长到黑暗的深处，甚至进入到恶里面。"

"甚至进入到恶里面！"年轻人大喊起来，"你是怎么发现我的灵魂的呢？"

查拉图斯特拉笑着回答说："有些灵魂是永远也不会被人发现的，除非是先发明出了灵魂。"

"甚至进入到恶里面！"年轻人又一次大喊起来。

"查拉图斯特拉，你说出了真理。自从我想到高处以后，我就对自己不再信任了，也没有其他人相信我，可是，这是什么原因造成的呢？

我的改变实在是太快了，我的今天与我的昨天相背驰。当我向上攀登的时候，我经常会跃过一些台阶。正因为如此，所以没有一个台阶肯原谅我。

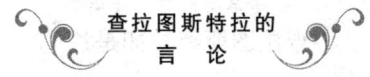

我在上面之时,总觉得自己是孤孤单单的。没有人与我聊天,那寒冷的冰霜也令我颤抖。我到底要到高处做什么呢?

随着我的升高,我的轻蔑与渴望也随之而增;我攀登得越高,就对登高之人越是蔑视。他到底要到高处做什么呢?

对于我的登高和狼狈,我感到非常羞愧!我嘲笑我的急喘声,我憎恨那能飞行之人!我在高处真的好累,好疲惫!"

说完这些,年轻人开始沉默起来。查拉图斯特拉上下看了看立在他们旁边的那棵树,说道:

"这棵树孤零零地生长在这山上,它高高地在高山上生长,高过了人与动物。

假如它想说话的话,它是碰不到能理解它的人的,因为它长得实在是太高了。

现在它等待着,等待着,可是,它在等待什么呢?它住的地方离云太近了,那它肯定是在等待第一道闪电吧?"

当查拉图斯特拉说完这些话后,年轻人的表情非常激动,他喊道:"是啊,查拉图斯特拉,你说出了真理。当我要向高处攀登的时候,我心中就在渴望着毁灭,而你就是我等待的那道闪电!看,自从你在我们这里出现以后,我又算得了什么呢?我知道,是我对你的妒忌毁了我!"

年轻人说完后,大哭了起来。查拉图斯特拉用手臂搂住他的肩膀,带着他一起走开了。

他们走了一会儿后,查拉图斯特拉如是说:

"我的心都要被撕碎了。你的目光比你的诉说更好地告诉了我你所有的危险。

因为你还不是自由的,所以你还在追寻着自由。你的追寻让你夜不能寐,头脑过于清醒。

你要往自由的高处去,你的灵魂渴望着满天的星空。甚至你恶劣的本能也渴望着自由。

你的狂犬想要自由。当你的精神在为废除所有的监狱而努力时,它们在地窖里兴奋地狂叫。

在我看来,你就是一个为自己幻想着自由的囚犯。啊,在这种囚犯那里,灵魂变得机智,但同时也变得狡诈和邪恶。

精神自由的人仍然不得不净化自我,因为他的身上仍残留有许多禁锢和污垢。他的眼光仍然需要变得清澈纯净。

不错,我知道你的危险所在。但是凭着我的爱与希望,我向你恳求:千万别把你的爱与希望抛弃!

如果你仍然觉得自己很高贵,那些仇恨你、敌视你的人也会仍然觉得你很高贵。这时,你要知道,任何一个人都会把一个高贵的人当作是挡着他们道路的障碍物。

一个高贵的人甚至也是好人道路上的障碍物,即使好人也称这个高贵的人是好人,但是他们还是会把他丢到一边去。

高贵的人要创造新事物和新美德,而好人却需要那些古旧的东西,他们要求一直保留着那些古旧的东西。

高贵的人的危险,并不是因为他变成好人,而是他变成了一个狂妄之徒、一个愤世嫉俗者、一个破坏者。

啊,我了解那些丧失了最高希望的高贵之人。于是,他们开始诽谤一切崇高的希望。

现在的他们在短暂的欢乐中得过且过。

'精神也是一种淫乐。'他们如是说。这时,他们的精神的双翼已被折断;这时,他们在向周围爬行着,在咬啮中弄得杂乱不堪。

从前,他们想成为英雄,可是现在,他们却成了一介荒淫、享乐之徒。在

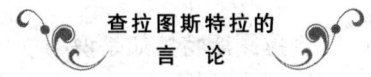

他们的眼中,'英雄'只会让他们伤心、害怕。

但是,凭着我的爱和希望,我向你恳求:莫要将英雄从你的灵魂中抛弃!神圣地维护和追求你的最高希望吧!"

——查拉图斯特拉如是说。

论死亡说教者

世上有死亡说教者的存在,因为世上充满了一些需要被劝告结束生命的人。

世上充满了许多多余的人,生命遭到了这些多余的人的败坏。真希望有人会用"永生"的诱饵,来诱导他们抛弃生命!

人们称死亡的说教者为"黄颜色"或者"黑颜色",可是我还要给你们看看他们的其他颜色。

他们中间有一些可怕的家伙,他们的体内包藏着兽性,除了满足兽欲或自残以外一无所有。甚至可以说,连他们的满足兽欲的方式也是自残。

这些可怕的家伙,甚至连人都不是:真希望他们给自己宣讲抛弃生命的说教,自己去奔赴黄泉!

有那么些精神已病入膏肓的人,他们刚一出生就已经开始死去,因为他们追求的是厌世与放弃的学说。

既然他们喜欢死亡,那我们就应该成全他们!我们千万不要去叫醒这些死人,不要损坏了这些活者的棺材!

若一个病人,或一个老者,或一具尸体遇见他们,他们会立即说道:"生命是被反驳了的!"

事实上,只有他们自己,还有他们的眼睛才是被反驳了的,因为他们看到只是生存的一个方面。

生活在浓厚的忧郁中,渴望着有一些小小的祸患能带来死亡,于是,他们就这样咬紧牙关,一天天地等待着。

或者,他们就伸手去拿甜点,同时又嘲笑自己太孩子气。他们抓住那根拯救自己性命的稻草,却又嘲笑自己居然会为这根小小的稻草而不放手。

他们的生活教训是:"仍然活着的人就是傻子,从这点来看,我们就都是傻子!这的确是最愚蠢的活物!"

"活着是饱受苦难的。"很多人都认为他们说得没错。那么,就设法使你们自己停止生活吧!设法使你们那饱受苦难的生命停止吧!

而你们的美德教条如是说:"你应该自杀!你应该悄悄地消灭自己!"

一个进行死亡说教者说:"淫乐就是罪恶。让我们远离淫乐,不要生孩子了!"

另一些人说:"生孩子是一件很辛苦的事,那为什么还要生孩子呢?人们生下来的只是不幸者而已!"而这些人也是死亡说教者。

第三批人说:"同情心是必须得有的。那就接受我所有的东西吧!把我也接受了吧!这样,我被生命的约束就更少点了!"

如果他们真的怀有同情心,那他们就会使他们的邻居也对生命没有兴趣。其实他们真正的善——那便是作恶。

但是只是他们想抛弃生命。那他们为什么要用链索和礼物牢牢地束缚住别人呢?别人与他们又有何关系呢?

还有你们,你们认为生命就是劳苦和焦灼,你们不是对生命已经非常厌倦了吗?你们不是已经成熟得来领受死亡的说教了吗?

你们所有这些喜欢劳苦工作,喜欢快速、新奇与陌生事物的人,你们忍受不了艰难的生命,你们的勤劳只是逃避,是自己都遗忘了的意志。

如果你们对生命还有信仰,你们就不会自弃于当前短暂的一刹那。但

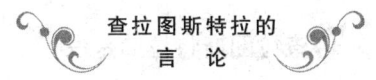

是,你们的能力与涵养还不足以使你们等待下去——甚至都没有能力供你们偷懒!

死亡说教者的声音到处都回响着,而世间则到处充满着必须劝其抛弃生命的人。或者说,到处充满着劝告其追求"永生"的人。

这对于我来说都是相同的,只要让他们赶紧结束生命,奔赴黄泉去吧!

——查拉图斯特拉如是说。

论战争和斗士

我们不愿意让我们强劲的敌人来宽容我们,也不愿意被我们真正热爱的人们来关照我们。就让我把这真实的缘由告诉你们吧!

我的那些作战的兄弟们!我从内心深处爱着你们,我现在是你们的战友,曾经也是你们的战友,但我同样也是你们的强劲的敌人。就让我把真实的缘由告诉你们吧!

我很清楚你们内心的怨恨和妒忌,那就变得足够伟大,而不用为你们自己而感到羞愧吧!

如果你们不能成为学富五车的圣贤,那我就请你们至少做个有知识的战士吧。有知识的战士是圣贤的同伴和先驱。

我见过很多的士兵,但愿他们是很好的战士!他们清一色的穿着,人们叫这为"制服":只希望这些清一色的制服下面,掩盖的不是清一色的内心!

在我看来,你们应该是这样的人:你们的眼睛应该时时都在仔细地找寻敌人——找寻你们的劲敌。而你们中间的有些人,应该显露出一种一眼就能看出来的仇恨。

你们应该仔细找寻你们的敌人,你们应该去战斗,为着你们的思想而战！如果你们的思想被打败了，那这时，你们的信念仍然应该高呼胜利！

你们应该视和平为导致新战争的手段，并热爱这种手段。而且相比于长期的和平，你们更应该热爱短期的和平。

我劝你们不要工作，而要去战斗。我劝你们不要要求和平，而要要求胜利。而你们的工作就是战斗，你们的和平就是胜利！

假如你有弓箭，你也只能默默地坐着；或者你就乱扯和骂人。因为和平就是一种胜利！

你们说，是好的动机使战争神圣化吗？我告诉你们：是好的战争使每一件事都神圣化了。

战争和勇气比大爱做了更多伟大的事。到目前为止，不是你们的怜悯，而是你们的勇敢拯救了受苦受难者。

你们问："什么是善？"勇敢就是善。如果让小女孩来回答，那她们会说："善就是既美丽又动人。"

人们会指责你们冷漠无情，但其实你们的心是真诚的。我爱你们那发自内心的羞愧，你们因为自己的涨潮感到羞愧，而别人因为他们的退潮而感到羞愧。

我的兄弟们，你们是丑陋的？那好吧！那你们就给自己披上那丑陋之物的外衣——也就是崇高吧！

而假如你们的灵魂变伟大了，那它自然也会变得高傲，在你们的崇高中也会有恶毒。我太了解你们了。

高傲的人与胆小怕事者会在恶毒中相遇，但是他们却彼此误解。我很清楚你们。

你们只可以有被憎恨的敌人，而不是被蔑视的敌人。你们还必须得为你们有这样的敌人而自豪，那么，你们敌人的成功也就是你们的成功了。

反抗——这是奴隶的高贵。你们的高贵则是服从！让你们的命令本身也

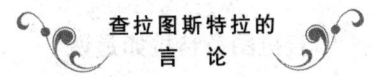

成为一种服从吧!

在一个好战士听起来,"你应该"比"我要"更为舒服。而只有在接到命令后,你们才能去做你们爱好的那一切事情。

让你们的生命之爱成为你们的最高希望吧!让你们的最高希望成为生命的最高思想吧!

但是,应该由我将你们的最高思想下达给你们,那就是:人类是应该被超越的。

所以,你们就过着服从命令与战斗的生活吧!长命百岁又有什么意义呢?哪个战士愿意被宽容呢?

我在战争中的兄弟们,我不宽容你们,我从内心深处热爱你们!

——查拉图斯特拉如是说。

论新偶像

我的兄弟们,其他地方都有民族和人群,但是我们这里有的,却是国家。

国家?什么是国家?那好,现在就竖起你们的耳朵,因为我现在要给你们说说我的"关于人民之死"的言论。

国家就是所有冷酷怪兽中的最冷酷者。它冷酷地撒着谎:"我,国家就是人民!"这就是从它的嘴巴里爬出来的谎言。

这是一个谎言!真正的创造者是创造了人民,并且给人民树立了爱和信仰的人:他们是为生命而服务的。

而真正的毁灭者就是为很多人设立了陷阱,并且还称之为国家的人:他们给人民树立的是剑和各种各样的情欲。

但凡有人民的地方,那里的人民就不理解国家,他们把国家视为邪恶魔鬼的目光和反对法律与美德的罪恶，他们因此而憎恨它。

我给你们这个标记：每个民族都有它自己的特殊的善恶语言；其他邻族根本不懂这种语言。每个民族从它的美德和法律中自制出了他们自己的语言，而国家却用各种各样的善恶语言来说谎。但是不管它说的是什么，它都是在骗人的；不管它有什么，那些东西也都是它盗窃而来的。

它身上的所有的东西都是假的，它很喜欢咬人，它还用它盗窃来的牙齿来咬人。更甚者，它的内脏都是假的。

善恶语言的混杂——我把这个作为国家的标记送给你们。真的，这个标记表示的是死亡的意志，它招引着那些死亡说教者！

世上的人真是太多了：国家就是专为这些多余的人而创建的！

你们看看吧，看看国家是怎样把这些多余的人吸引过来的！看看它是怎样吞噬他们，是怎样咀嚼再咀嚼他们的吧！

"在这个世界上，什么东西都没有我大，我就是上帝那整理世间万物的手指。"这个怪兽这样吼叫着。而跪拜在地的，又何止是那些长耳短视的家伙呀！

啊，它甚至在对着你们这些伟大的灵魂吼叫着它那心怀鬼胎的谎言！唉，它猜出了甘愿糟蹋自己的富有的心！

是的，它甚至猜透了你们的心，你们这些打败了古老上帝的胜利者！你们因为战斗而变得疲倦，可是现在，你们的疲倦又要服侍于新的偶像！

那新的偶像，它正想找一些英雄和崇高的人服侍于它的左右！它很喜欢在良心的阳光中沐浴，这个冷酷无情的怪兽！

假如你们朝拜这个新的偶像，它就会给予你们想要的一切。于是，它就从你们那里买到了它所需要的——你们的美德和尊严。

你们被它拿去用来诱导更多的人！不错，这里发明了地狱的花招——一匹死神之马，它被神圣荣誉死亡外表所装饰，还发出叮叮当当的声响！

是的，这里发明出一种可以决定许多人的死亡的东西，它还自夸为生

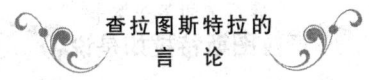

命。真的,这对于所有的死亡说教者来说,无疑是一种最诚挚的服务。

国家,那是所有善人、恶人喝着毒药的地方;国家,那是所有善人、恶人自取灭亡的地方;国家,那是所有人进行慢性自杀,却被称为"生命"的地方。

你们给我看一看这些多余的人吧!他们盗走了发明家的作品和智者的财富,他们却还为他们的偷盗美其名曰"文化"。对于他们而言,无论什么东西都变成了疾病与祸患。

你们给我看一看这些多余的人吧!他们总被疾病缠身,他们吐出毒汁,却美其名曰"报纸"。他们相互吞噬着彼此,但却不能将其消化。

你们给我看一看这些多余的人吧!他们虽然得到了财富,但却因此而变得更加贫困。他们追求权力,首先是要权力的杠杆,要许多金钱——真是一群无能之辈!

你们看,他们上蹿下跳,像是敏捷的猴子!他们互相跃过对方向上攀爬,却被互相拉扯到了泥淖里、深渊里。

他们人人都想登上王位的宝座:这就是他们的疯狂,就好像王位上端坐着幸福似的!而实际上,王位上经常是脏污的泥浆——而且,王位经常都在泥浆中。

我觉得,他们所有的人都是疯子,包括那些努力攀爬的猴子和过于狂热的家伙。他们的新偶像,那个冷酷无情的怪兽,散发的气味真是令我恶心。所有这些崇拜新偶像的人,他们一起散发出令我作呕的臭味儿!

我的兄弟们,你们竟然要在他们那满是血腥味儿的大口和情欲的臭味儿中窒息?那还不如赶紧将窗户敲碎跳出去呢!

赶快离开这污浊的臭味吧!远离那些多余的人的新偶像崇拜吧!

赶快离开这污浊的臭味吧!远离这些用人肉来作祭品的烟雾吧!

现在,大地依然向那伟大的灵魂敞开着大门,对于孤独者和两人世界的人来说,还有许多地方为你们保留着,在这些地方的四周,到处都轻吹着静谧之海的气息。

自由自在生活的大门依旧向那伟大的灵魂敞开着。真的,一个人占有得越少,他便更少被占有:让那些清贫者得到赞美吧!

在消灭了国家的地方,才会有不多余的人。必要的人的歌唱,那美妙绝伦、独一无二的旋律,才会从此开始。

在国家消失的地方,我的兄弟们,你们快朝我这边看啊!难道你们没有看见它,那彩虹和超人的桥梁吗?

——查拉图斯特拉如是说。

论市场之蝇

我的朋友,逃到你的孤独中吧!我看到你由于大人物的喧哗而头晕目眩,由于小人物的恼恨而伤痕累累。

在你的孤独中,森林和岩石会庄严地和默默地陪着你。还是再像你所爱的枝粗叶大的大树那样静静地、专注地伸展在大海之上吧!

市场开始于孤独消失的地方;表演者的喧哗和毒蝇的嗡嗡声开始于市场开市的地方。

在世界上,即便是最好的事情,但若没有人去表演就没有丝毫的意义:大众把这些表演者叫做大人物。

大众对伟大,即创造性的理解少之甚少,但是他们却很欣赏那些大人物和表演者。

世界围绕着那些创造新价值的发明者旋转,它在无形地旋转;大众和荣誉围绕着表演者转——这就是世界的规律。

表演者有精神实质,但没有精神实质的良心。他对于他让人最强烈地相

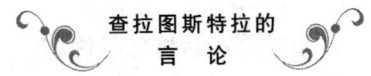

信他的东西,一直很是坚信。

明天他将有一个新的信仰,后天他又有一个更新的信仰。他同大众一样,有着敏锐的感知和变化不定的气味。

对他来说,所谓的证明就是推翻;所谓的说服就是让人发疯;最令人信服的理由便是鲜血。

他认为,只能钻进灵敏耳朵里的真理就是虚无的谎言,他只相信在世间大声喧哗的各种上帝!

市场上充满了正色庄容的玩闹者——然而大众却以这些大人物而备感骄傲!这些人对他们而言,就是当前备受瞩目的先生们。

可是当时间逼迫他们时,他们就会逼迫你,甚至逼你指出孰是孰非。哎呀,你要把你的凳子放在赞成与反对之间吗?

由于这些绝对而迫不及待之人,而不要有所妒忌吧,你这位爱好真理的人!真理是从来不会光临一个绝对者的。

为了避免与这些唐突者相遇,还是回到你的宁静中吧!只有在市场上,你才会突遇这种是或否的问题。

在所有深井看来,体验事物是一个漫长的过程,它们必须要等待很久,才能知晓是什么东西掉到了它们的深处。

只有远离市场与荣誉的地方才能诞生伟大,创造新价值的人也一直在远离市场和荣誉的地方。

我的朋友,逃到你的孤独中去吧!我看到毒蝇将你蜇得遍体鳞伤。逃到那刮着刺骨劲风的地方去吧!

逃到你的孤独中去吧!因为你生活的地方距离卑微者和不幸者实在是太近了。对于你,他们只有复仇。所以,还是在他们无形的复仇面前赶快逃走吧!

不再举起手臂与他们抵抗!因为他们数不胜数,而你的使命并不是要做蝇拍。

这些卑微者和不幸者数不胜数,可是对于那高耸入云的建筑来说,雨点和杂草也会将其摧毁。

你不是石块,可是许多雨点的侵袭已经使你深凹了进去。在我看来,还有许多的雨点会来侵袭你,使你破碎与爆裂。

我看见毒蝇已将你弄得筋疲力尽,千疮百孔,鲜血直流;而你的高傲却使你甚至都不屑于发泄一下心中的怒气。

他们更加肆无忌惮地要拥有你的鲜血,因为他们贫血的灵魂十分渴望鲜血。因此,他们更加肆无忌惮地蜇咬着你。

可是你这位深沉者,即便是很小的伤口,你也会剧痛;而在你尚未痊愈之前,同样的毒蝇又爬到了你那满是伤口的手上。

我知道,你是太高傲了,所以你不会杀死这些爱吸血的家伙。但是你要小心,千万不要让承受他们的一切罪恶成为你的厄运!

他们甚至会嗡嗡地表示赞美来围着你转悠,这种纠缠不休的赞美为的就是接近你的皮肤和你的鲜血。

他们奉承你,就如同奉承一位上帝或魔鬼;他们在你面前哀泣,就如同在一位上帝或魔鬼面前哀泣一样。真够无聊的!这不过就是奉承者和哀泣者罢了!

他们在你面前,也常常显得态度和蔼。但是这毕竟是怯懦者的小聪明。不错,怯懦者是很聪明!

他们总是会用小人之心来揣测你的思想,你在他们眼中始终是可疑的!只要稍微多点考虑,他们就会觉得这变得可疑。

最后,他们会因为你的全部美德而惩罚你,而只有你的错误做法才可以得到他们的原谅。

因为你为人善良而正直,所以你会说:"他们如此卑贱地生存着,实在是无辜的。"可是他们的小人之心却在想:"一切伟大的生存都是罪恶的。"

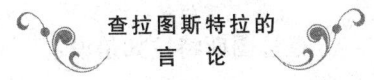

即使你很温和地对待他们,他们也总是视你的温和为蔑视;他们在暗地里对你以怨报德。

你沉默的高傲总是与他们的趣味相背驰,一旦你谦虚而显得肤浅时,他们就会异常兴奋。

我们在一个人身上辨认出来的东西,也会在他的身上反映出来。所以,一定要当心卑微之人啊!

他们在你面前感觉自己很是卑微,但是他们的卑微会化作无形的仇恨,向你闪烁和燃烧。

难道你没有看出来吗?当你在和他们接近时,他们往往都是闭口不言,保持沉默?难道你没看出来,他们的力量又是怎样如熄灭之火的烟雾一般离开他们的吗?

是的,我的朋友,你令你的邻人感到愧疚:因为他们愧对你对他们的好。所以他们憎恨你,他们想要吸你的血。

你的邻人永远是那些毒蝇:

你身上伟大的东西——这本身便必会使他们变得更为恶毒,越来越像飞蝇。

我的朋友,逃到你的孤独中去吧,逃到那刮着刺骨劲风的地方去吧!你的命运并不是要做蝇拍的。

——查拉图斯特拉如是说。

论贞操

我爱森林。在城市里生活是很糟糕的。因为，在那里，到处充满着情欲强烈之人。

落入一个谋杀者的手中，难道不比落入一个情欲强烈的女人的梦中更好些吗？

看看这些男人的嘴脸吧：他们的眼睛好像在说——他们不懂得世间还有什么事情会比和一个女人躺在一起更美好了。

他们的内心深处烂如污泥。唉，只希望他们的污泥还有精神！

但愿你们至少作为动物是完美的！可是动物也有纯真的一面。

我要劝告你们将你们的感官都杀死吗？我要劝告你们在感官上变得无邪吗？

我要劝高你们禁欲吗？禁欲对于有些人来说是一种美德，但是在另外许多人眼里几乎是一种罪恶。

是的，有许多人或许是能节制的，但是他们的所作所为中，却都闪着淫荡母狗的妒忌的眼光。

这动物一样的肉欲跟随着他们，抵达他们美德的高峰，直至进入他们冷冰冰的精神里。

如果淫荡的母狗的肉欲遭到拒绝后，它也会懂得用温柔的态度去乞讨的。

你们喜欢悲剧和一切令人伤心的东西吗？可是我不相信你们那如母狗一样的肉欲。

我觉得，你们的眼睛太过残酷，那么淫荡地看着受苦者。你们不是要将欲望伪装起来，自称为同情吗？

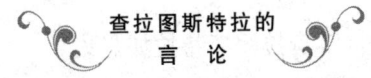

我给你们打了这么一个比喻:许多人想要驱逐他们的魔鬼,自己却干起了魔鬼的勾当。

对于难以控制肉欲的人就要劝告他,不要让禁欲变成走向地狱之道,也就是说导致灵魂污秽与淫荡。

我是在说肮脏污秽的事情吗?我觉得这不是最为糟糕的。

求知者之所以不愿意跨入真理之水,不是因为真理之水很肮脏,而是因为真理之水很浅薄。

真的,有一些本性就是贞洁的人,他们的内心比你们更为温和,他们笑起来比你们更加可爱、更加丰富。

他们还会嘲笑贞操,并问道:"禁欲算什么!禁欲难道不是很愚蠢的吗?但是,正是这种愚蠢来找我们,而不是我们去找它。

它既然来了,那我们就为这位客人提供住宿,敞开心怀接纳它。现在,他和我们住在一起,它想待多长时间就待多长时间吧!"

——查拉图斯特拉如是说。

论朋友

"在我身边,就是一个人也总是多余的。"隐居者这样想着。"本来只是'一'——但是久而久之,它就变成了'二'!"

主体的我和客体的我经常进行热烈的交谈:如果没有一个朋友,我如何才能过下去呢?

朋友对于隐居者来说,永远是第三者。第三者就像是个软木塞,它会阻止两人的谈话向更深层次进行。

唉,所有的隐居者都有太多的深层次。所以,他们非常渴望能有一位朋友来引导他们向高层次上升。

我们信任别人，却表示出这正是我们喜欢相信自己的地方。我们需要一位朋友，这就暴露了我们的秘密。

我们常常想用爱来超越忌妒，我们常常攻击一个敌人，并彼此成为彼此的敌人，为的就是掩盖我们可受攻击之处。

"你至少做我的敌人吧！"敬畏如此说，它不敢求取友谊。

如果你想要得到一个朋友，你就必须也去为他而战斗；而因为战斗，你就必然要有做敌人的魄力。

一个人仍然应该关注他的朋友作为敌人的那一面。你能与你的朋友密切接触而不投靠他吗？

一个人应该在他朋友身上找到他的劲敌，当你抵抗他的时候，你的内心应该最接近于他。

你愿意在你朋友的面前毫不掩饰吗？你若以你的本来面目来面对你的朋友，在我们看来，这应该是尊重自己的朋友吧？但是你的朋友却不这么认为，他会因此而让你去见鬼！

不知道掩饰自己的人很是恼怒：你们就那么害怕将自己的真面目裸露在外吗？是的，如果你们是上帝的话，你们就会为你们的掩饰而备觉羞愧了！

你没有办法为你的朋友将自己装饰得过于漂亮，因为对于他来说，你应该是一支箭和一种对超人的渴望。

你曾经看到过你朋友的睡态，所以你了解他的长相如何？你朋友的脸往往是什么样子的呢？是你自己的脸在一面粗糙而残缺的镜子上的影子。

你已经看到你朋友的睡态了吗？难道你不为你朋友的相貌而吃惊吗？啊，朋友，人类是必须被超越的。

朋友应该是善于推测和保持沉默的行家，你没有必要想看见一切。你的梦会把你朋友清醒时的所作所为都告诉你的。

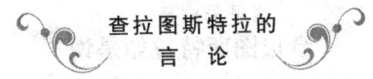

让你的怜悯变成一种推测,首先知道你的朋友是否愿意接受你的怜悯,也许他喜欢的是你那种意志坚强的眼力和永恒的眼神。

把你对朋友的怜悯隐藏起来吧!藏在一层连牙齿都咬不动的坚硬的外壳下面吧!这样的话,你的怜悯才会充满精美和甜蜜。

对于你的朋友而言,你是纯净的空气、孤独、面包和良药吗?有些人不能解除自己的痛苦,但却是朋友的大救星。

你是一个奴隶吗?所以你无法成为一个朋友。你是一个暴君吗?所以你无法得到朋友。

女性身上一直隐藏着一个奴隶和一个暴君。所以,女性尚且无法了解友情,她们只知道爱情。

在爱情中,女性对她们所不爱的一切事物都怀有偏见与盲断,甚至在拥有爱情的女性中,也总是有着突发奇想、闪电和忽明忽暗的情况。

女性尚且无法了解友情,女性始终还是小猫与小鸟。或者用最好的说法,仅是母牛罢了。

女性尚且无法了解友情,但是请告诉我,你们这些男人中,又有谁真的了解友情呢?

啊,你们这些男人,你们的灵魂既贫穷又吝啬,实在是可怜至极!你们给朋友的,正是我要给我的敌人的,而且我一点也不会因此而少了什么。

现有已经成为同伴的,但愿会拥有友情!

——查拉图斯特拉如是说。

论一千零一个目标

查拉图斯特拉曾看到过许多国家和民族,并且,他从中发现了许多民族的善与恶。在这世间,查拉图斯特拉没有发现比善与恶更为强大的力量了。

一个民族若是不先进行价值判断,就无法生存下去;但是一个民族若想自我生存,就不能用别的民族的善恶标准来进行判断。

在这个民族被称为好的东西,在另一个民族却被称为是讽刺和耻辱:我所看到的就是如此。我还发现,在这里被称为是坏的东西,在那里却被装点得至高无上。

一位邻居从来都不理解其他的邻居:他的灵魂总是会因为邻居的妄想和恶劣而惊讶无比。

在每个民族的头顶上都悬挂着一块标志着财富的匾额。你看,这匾额是它胜利的标志;你看,这是它那强力意志的呐喊声。

对于一个民族来说,来之不易的正是那可赞美的;既不可避免又来之不易的正是善;而稀有罕见、来之不易、又等着从最大困境中拯救出来的,它称之为神圣。

它称霸一方、克敌制胜、至高无上,它的左邻右舍因为它而感到恐惧和忌妒,而它称这为崇高,称这为万物之首领、万物之尺度、万物之意义。

真的,我的兄弟,如果你了解一个民族的需求、疆域、天空、邻邦,你就会想到它取得胜利的法宝,还有它向着其希望发展的原因。

"你应该永远是第一,超过其他人。除了你的朋友之外,你那忌妒之灵魂,不应该再爱任何人。"——这就是希腊人灵魂颤抖的原因。从此,他走上了伟人的道路。

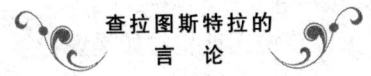

"讲真话和擅长使用弓箭"——这对于我那既感觉亲切又感到棘手的名字之由来的那个民族来说,好像也感到既亲切又棘手。

"尊敬父母,从内心深处顺从他们的意愿"——另一个民族把这块战胜敌人的匾额悬挂于自己的头顶上,并因此变得长盛不衰。

"要始终忠诚,为了忠诚而不惜把荣誉和鲜血投入险恶的事业上。"——另一个民族用此原则来教导自己,由于谨守这个原则,它的前途充满了无穷的希望。

真的,人类的善与恶都是自己所给予的;真的,他们没有去取,也没有去察看,善与恶更不是顺从天意而降到他们身上的。

人类为了自我生存而使万物有了价值,他创造了万物的意义,一种人类的意义!因此,他自称为"人",也就是:评价者。

评价就是创造:你们这些创造者,听着吧!评价对于一切被评价之物来说是最宝贵的。

你们这些创造者,听着吧!只有先通过评价,才会有价值,若是没有评价,生存就只是一个空壳的坚果。

价值的改变,就是创造者的改变。谁破坏掉旧价值,谁就一定是创造者。

创造者首先是各个民族,后来才是个人;真的,个人本身也只是新创造出来的。

以前,每个民族都在自己的头顶上悬挂一块善行的匾额;想要统治和想要服从的爱共同为自己创造了这块匾额。

对群体的夸夸其谈比对自我的夸夸其谈更为久远,若问心无愧指的是群体,那么愧疚指的就是自我了。

真的,自我是狡猾的,他是个在多数人的利益中谋求自己利益的无情之人:这不是群体之源,而是群体之沉沦。

往往都是爱者和创造者创造了善与恶,不管是爱火还是怒火,都在为美德的名义而燃烧。

查拉图斯特拉看到过许多国家和民族,在这世间,查拉图斯特拉没有发现比爱者的作品更为伟大的力量了。这些作品就叫作"善"与"恶"。

真的,这种赞扬和贬斥的力量是一种怪兽。兄弟们,请告诉我,谁可以帮我制伏它?请告诉我,谁可以用锁链套住这怪兽的上千根脖颈?

迄今为止,因为有一千个民族,所以有一千个目标。但是还没有那能套住上千根脖颈的锁链,还缺少这"一个"目标,人类还没有目标。

我的兄弟们,那你们告诉我:如果人类还没有目标,那是不是就相当于也没有人类自身呢?

——查拉图斯特拉如是说。

论爱邻人

你们成群结队地追逐过去,围在你们邻人的周围,说尽各种好话与之相处。但是,我告诉你们,你们对邻人的爱,其实就是对你们自己的不爱。

你们为了自我躲避而逃向邻人,想因此而成就自己的美德,但是我已经将你们的"无私"看得无比透彻了。

"你"比"我"年长;"你"被人视为圣人,而"我"却并非如此,所以人们都成群结队地跑向邻人。

我劝你们爱邻人吗?我还是劝你们远离邻人,去爱那远方的人吧!

对最远者与未来者的爱,要高于对邻人之爱;对事物之爱与对幽灵的爱,是高于对人类之爱的。

兄弟呀,跑在你面前的这个幽灵要比你更美,你为何不将你的肉和骨头都给予它呢?然而,你很怕你自己,跑向了你的邻人。

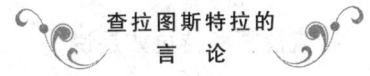

你们不能忍受你们自己,也不能足够爱你们自己,所以,现在你们要诱惑邻人去爱,用邻人的错误来掩饰自己。

我愿你们忍受不了所有的邻人与其邻人,那么你们就必须得把你们自己培养成你们的朋友,让他的热烈的心来源于你们自己。

当你们想要赞美自己时,就为自己找来一位证人;当你们诱导他,让他认为你们很好时,你们也会赞美自己很好。

他不仅违背自己的认识而撒谎,甚至还违背自己的良心而撒谎。所以你们在交流中彼此谈论着自己,用你们自己也欺骗了邻人。

"与人交往会破坏一个人的刚强个性,特别是在你还没有刚强个性之时。"傻子如是说。

一个人去邻人那里,为的就是找回自我,而另一个人去邻人那里,为的却是丧失自我。由于你们不爱自己,所以将孤独变成了你们的监狱。

而那较远者却为你们对邻人的爱付出了代价。假如你们相互之间是五个人,那第六个人往往就得死去。

我甚至也不喜欢你们的庆祝会:因为那里的表演者实在是太多了,甚至那些观众的行为也常常像在表演一样。

我讲授给你们的不是邻人,而是朋友。让朋友成为你们在世间的节日和一种超人的预感吧。

我讲授给你们的是朋友及其漫溢之心,可是,你若想被朋友的漫溢之心所关爱,就必须得知道怎样才能成为一块海绵。

我讲授给你们的是内心存在着完美世界的朋友,一个有善的内涵的外表,那种总是有完美世界来赠与的创造者朋友。

就像是世界在为他而旋转着展现又聚拢,这就是由恶演变成善,偶然达到目的。

让未来者和最远者成为你现在的动因吧!在你朋友的身上,你应该爱那成为你动因的超人。

我的兄弟们,我不会劝你们爱邻人,我劝你们爱最远者。

——查拉图斯特拉如是说。

论创造者之路

我的兄弟,你愿意变得孤独吗?你愿意寻找走向自我的道路吗?稍等一会儿,请听我来说。

群体说道:"追求者很容易迷路。所有的孤独都是罪恶。"而你,早就是群体的一员了。

群体的声音还总是萦绕在你心间,但是假如你说"我和你们再也没有一样的良心了",这时你的内心一定充满抱怨,是非常痛苦的。

你看,这相同的良心造成了这痛苦,而这良心的残余仍然会使你哀伤。

可是你还要走那条通向自我的哀伤之路吗?那么,就表现出你的权力和魄力给我看看吧!

你有新的权力和魄力吗?一种第一运动?一个自转之轮?你甚至能使星星都围绕你而旋转吗?

啊,对高处的渴求是如此之多!对野心家的忙乱是如此之多!请向我表现出,你不是有众多贪欲的野心家!

啊,有这么多伟大的思想,它们的所作所为也不过像是一只不断膨胀的风箱,当它们鼓起来,里面却更加空虚了。

你说你自己是自由的?那我便要听听你的主导思想,而不是听你逃离了束缚那样的话。

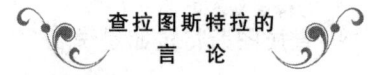

你是一个可以逃离束缚的人吗?有些人,当他们摆脱束缚的同时,也失去了他们最终的价值。

什么是摆脱呢?这与查拉图斯特拉又有何干?很清楚,但是你的眼睛应该告诉我:为什么而摆脱?

你可以给自己定下善恶的标准,把你的意志像法律一样高挂于自己的头顶吗?你可以做有自己法律的法官和复仇者吗?

独自一人和有自己法律的法官和复仇者相处是恐怖的,就像一颗被抛入荒漠的太空和孤独的冰冷气息中的星星。

你一个人,今天仍然受尽了许多人的刁难,今天你仍然保持着自己的勇气和希望。

但是终有一天,你会因孤独而疲惫,你的高傲也会屈服,你的勇气也会瞬间烟消云散。终有一天,你会大喊:"我很孤独!"

终有一天,你会再也看不到自己的崇高,而会很近地看到你的卑微;你的崇高会像鬼魅一样令你恐惧。

终有一天,你会大喊:"一切都是假的!"有想要毁灭孤独者的感情。

如果它们失败了,那么它们就必须自己消亡!可是你能当凶手吗?

我的兄弟,你知道"蔑视"这个词语吗?你的正义的痛苦就在于,即使对蔑视你的人,你也得公正。

你迫使许多人改变对你的看法,为此,他们会要你付出巨大的代价。你和他们接近,但却又远离他们。因为这个,他们是绝不会原谅你的。

你超越了他们:但是你攀登得越高,他们那满是妒忌的目光就会把你看得越小。而那些飞行的人是最遭忌恨的。

你必然说:"你们怎么会对我公正呢!我要把你们对我的不公正归于我的那部分。"

他们将不公正和污秽扔向了孤独者。然而,我的兄弟,如果你想要做一颗星星,那你必须照样将他们照亮!

对善和公正保持警惕吧!它们很愿意把那些自创美德的人送上十字架,因为它们憎恨孤独者。

也对那淳朴的神圣保持警惕吧!因为在它看来,一切不淳朴的东西都是不神圣的;它还很喜欢玩火呢——火刑柱子。

还要对你的爱之发作保持警惕!因为孤独者也会将手伸向外界。

对于有些人,你切不可向他们伸出手,而只能伸出你的爪子,而且我还要求是利爪。

不过,你能遇见的最危险的敌人永远都是你自己;在洞穴里、树林里总有暗伏的你自己。

孤独者,你走通向自我的道路吧!你的道路途经你自己这里,也途经你的七个魔鬼那里!

你将成为和自己相悖的人,成为巫师、算命者、笨蛋、怀疑者、亵渎者、恶棍。

你必须在自己的火焰里将自己烧毁,如果你没有焚为灰烬,你又如何能得到新生?

孤独者,你通往创造之路,你要用你的七个魔鬼为自己创造一位上帝!

孤独者,你通往爱者之路,你因为爱你自己而蔑视自己,就好像只有爱者蔑视一样。

爱者因为不得不蔑视自己所爱之物,所以他要创造!关于爱,他又知道些什么呀!

我的兄弟,带着你的爱、你的创造,进入你的孤独中去吧,正义远远地落在你的身后。

我的兄弟,带着我的眼泪进入你的孤独中去吧。我爱那些为了超越自己而进行创造,并因此而毁灭的人。

——查拉图斯特拉如是说。

论年老和年轻的小女人

有人问查拉图斯特拉:"你为什么要在这朦胧之色中如此羞怯地行走呢?你把什么东西藏在你的大衣里面了?

是别人送给你的宝贝,还是你的刚刚出生的婴儿?或者是你现在已经变成了一个盗窃贼,成了恶人之友?"

查拉图斯特拉说:"真的,我的兄弟!这是一件别人送给我的珍宝:我藏着的是一个真理。

但是它像个调皮的孩子一样难以管教,若是我不捂住它的嘴,它就会大声喊叫的。

当我今天独自漫步,在太阳即将落山之时,我碰到了一个年老的女人,她对我的灵魂这样说:

'查拉图斯特拉曾经跟我们女人讲过许多东西,但是他从未向我们谈过有关女人的话题。'

我反驳她说:'人们应该只对男人谈有关女人的话题。'

年老的女人说:'那你也和我谈论一下女人吧,我已经如此老了,听过后很快就忘记了。'我答应了那位年老的女人,对她如是说:

'女人的一切都是一个谜,女人的一切都只有一个谜底:那就是怀孕。

对于女人来说,男人只是一个手段:最终的目的始终是孩子。那对于男人而言,女人又是什么呢?

一个真正的男人需要两件事:危险与娱乐。所以,女人就成为了男人最危险的娱乐品。

男人应该接受战斗的训练和教育,而女人应该受使战士恢复健康的教育：其他的一切都是愚蠢的。

战士不喜欢太甜的水果，所以，他们喜欢女人。因为再甜的女人也是有苦味的。

相较于男人，女人则更了解孩子，而男人比女人更像个孩子。

在真正的男人身上都藏有一个孩子：孩子要玩了。那么，来吧，你们这些女人们，去男人身上找出那个孩子吧！

让女人成为一件如宝石一样纯洁而精致的娱乐品，为一个尚未来到的世界之美德所照耀。

让一颗星星之光在你们的爱中闪耀吧！让你们的希望高喊：'希望我孕育出超人！'

让你们的爱中拥有勇敢吧！你们应该用你们的爱冲向令你们害怕的人！

让你们的爱中充满你们的荣誉吧！否则，女人不会懂得荣誉的问题。让这成为你们的荣誉吧！始终要让你付出的爱比得到的爱更加强烈吧！绝不要做亚军！

在女人爱的时候让男人害怕她吧！这时的她会为爱牺牲一切，其他任何东西对她来说都是毫无价值的。

在女人恨的时候让男人害怕她吧！因为男人的灵魂深处只有恶，而女人在灵魂深处则是坏。

女人最恨谁？

铁对磁石这样说：'我最恨你，因为你有吸引力，但却不够强大，不足以将别人吸引到你那里。'

男人的幸福是：我要。女人的幸福是：他要。

每一个女人在用全部的爱服从时，都会这么想：'看啊，现在整个儿世界都变完美了！'

女人必须服从，并为她的表面找到一个深度。女人的表面是气质，一层浮在浅水上面的来回涌动的动态薄膜。

而男人的气质则是深邃,是藏在水底深处涌动的洪流:女人虽然能察觉到他的力量,但却不理解它。

这时,那个年老的女人对我说道:'查拉图斯特拉说的这些东西都太美好了,特别是对那些年轻的,完全能接受这些东西的人来说。

不过令人奇怪的是,查拉图斯特拉对女人并不了解,可他说的那些关于女人的话很有道理!这种事情的发生是因为在女人那里,万事皆有可能吗?

而现在我请你接受一个小小的真理,就算是当作感谢吧!我已经太老了,不在乎了!

把它藏好了,捂紧她的嘴,否则的话,这小小的真理就会大声喊叫。'

'女士,把你小小的真理给我吧!'我说。

那年老的女人这么说:'你是要去女人那里吗?请不要忘记带鞭子!'"

——查拉图斯特拉如是说。

论毒蛇咬的伤口

有一天,天气很是炎热,查拉图斯特拉便坐靠在一棵无花果树下睡着了,他用胳膊遮住脸。

这时候突然出现一条毒蛇,在他的脖子上咬了一口,查拉图斯特拉痛得尖叫起来。他迅速把胳膊从脸上拿开,看着毒蛇:这时,毒蛇一下认出了查拉图斯特拉的眼睛,它慌忙转过身,准备逃走。

"别走,"查拉图斯特拉说,"我还要谢谢你呢!我的旅途还长着呢,多亏你及时叫醒了我。"

毒蛇悲伤地说:"你的旅途已经很短了,因为我的毒液是可以使人致命的。"

查拉图斯特拉笑了笑,说道:"一条龙怎会死于一条蛇的毒液呢?你见过这种事情吗?不过你还是将你的毒液取回吧!因为你并不富裕,又怎可以拿来送给我呢?"

这时,毒蛇再一次抱住他的脖子,将他的伤口舔干。

当查拉图斯特拉将此事讲给他的徒弟们时,他们便问道:"啊,查拉图斯特拉,这个故事到底有什么道德寓意呢?"查拉图斯特拉回答道:

那些善者和正义的人们说我是道德的破坏者,我的故事是非道德的。

可是,若你们有个敌人,那么不要以德报怨:因为这样做只会令人羞愧。你们不如向他证明,他为你们做了件好事。

宁可生气,也不要令人羞愧!如果你们被人诅咒,那么我也不赞成你们去祝福别人,不如也和他一起诅咒吧!

若是你们遭遇了一个巨大的不公,那就赶快制造五个小的不公吧!看着独自承受不公压迫的人是很恐怖的。

你们知道吗?不公被分担是半个公正。能够承担不公的人应该将其承担起来!

一个小报复比丝毫不报复更为人道。若惩罚对于违法者而言,既不是权利,也并非荣誉,那我就不喜欢你们的惩罚。

承认自己不公比极力维护公正更高尚,特别是当你正确之时。只是,你必须要足够富裕。

我不喜欢你们冷酷的正义。我总感觉,你们法官的眼中满是刽子手的寒光和他那冰冷的刀剑。

你们说,何处有这样的正义?它就是那可以明辨事理的爱吗?

那你们就给我创造出这样的爱,它将会承受所有的惩罚与过失!

那你们就给我创造出这样的正义,除了法官之外,它将赦免所有的人!

你们也希望听听这个吗?对于从内心深处渴望公正的人来说,即使谎言

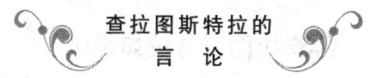

也能变成博爱。

可是我如何才能从内心变得公正呢？我怎样才能将每个人应得的给他呢？对于我来说，这种做法便足够了吧：我把我自己的给予每一个人。

最后，我的兄弟们，不要对所有隐居者不公！一个隐居者又怎能忘记！他怎会回报！

隐居者好比一口深井！向里面扔块石头很简单；但等它沉入井底，那你们告诉我，谁又能把它取出来呢？

不要伤害隐居者！不过，假如你们已经伤害了他，那就干脆将其杀死吧！"

——查拉图斯特拉如是说。

论孩子与婚姻

我的兄弟，我有一个问题，这问题只让你一人来答：我把此问题扔进你的灵魂，如一个测锤一般，这样便可知道你的灵魂有多深。

你很年轻，渴望有孩子和婚姻。但是我问你：你有资格拥有孩子吗？

你是胜利者、自我克制者吗？你能主宰你的意识、掌控你的美德吗？我如是问。

或者你的意愿是动物的本性，是生理的需求？又或者是因为你太孤独，还是你内心的冲突？

我希望的是，是你的胜利和自由渴望拥有孩子。你应该为你的胜利和解放建造活的纪念碑。

你应该超越自己来建造，但是你首先得建造出来你自己，造出棱角分明的肉体和灵魂。

你不仅应当繁衍后嗣，而且应当努力向上！让婚姻来帮助你如此做吧！

你应该创造一个更高级的肉体,一个第一运动,一个自转之轮,你应该创造一个创造者。

我称婚姻为成双意志,这种意志要创造出比创造者更高的一。我称婚姻为怀着成双意志的人之间的彼此敬畏。

让这成为你的婚姻的意义与真理吧!但是,那些太多的多余之人所称的婚姻——唉,我该称它什么才恰当呢?

啊,成双成对灵魂的贫困、污秽和那可怜的惬意!

他们称这些为婚姻。他们说,他们的婚姻是天作之合。

咳,我可不喜欢这多余之人的天国!我不喜欢他们这些被天国之网所缠住的动物!

让上帝也远离我吧,他步履蹒跚地走上前来祝福他没有撮合的事情!

我让你们不要嘲笑这样的婚姻!哪个孩子会无由头地为其父母哭泣呢?

这个男人看上去似乎很可尊敬,非常成熟,可以理解大地之意,但当我看到他的妻子时,这大地好像成了一个疯人院。

是啊,若圣贤之人同蠢女人互结连理,我宁愿要大地猛烈地震动。

这个人像英雄一样去寻找真理,结果却为自己找到了一个被装饰的谎言。他叫它婚姻。

那个人难以相处,精挑细选。可是仅仅这一次就永远毁坏了他的交往,他称这为他的婚姻。

另一个人寻求一个有天使般美德的女仆,但是他一下子竟成了一个女人的女仆,现在他也有必要变成一个天使。

现在,我发现所有的购买者都十分谨慎,所有的人的眼睛都充满狡诈。可是就连那最狡诈的人在购买他的妻子时都盲目糊涂。

你们所谓的爱,也就是那许多短暂的愚昧。而你们的婚姻结束了短暂的愚昧,而变成了长期的愚笨。

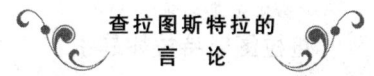

你们对女人的爱和女人对你们的爱:啊,希望它是对受尽苦难、被遮蔽的各个神灵的怜悯!但是,他们彼此多半是互相猜透的。

即便是你们最好的爱情,也只是一种着迷的比喻和一种痛苦的火焰。它仿佛是个火炬,可以照亮你们通往更高处的道路。

以后,你们应当超越自己去爱!所以你们要先学会怎样去爱!为此,你们就必须喝下你们爱情的苦酒。

在最好的爱情中也有苦涩,所以它激起你这位创造者对超人的渴望!

创造者的渴望,是爱欲之利箭,是对超人的向往:我的兄弟,你说这就是你的婚姻意志吗?

我称这样的意志、这样的婚姻为神圣。

——查拉图斯特拉如是说。

自由的死神

许多人死得很晚,有一些人死得很早。"适时而死",这样的格言听起来还真是新奇。

而"适时而死":查拉图斯特拉就是这样教导的。

可是,从未有过适时而活的人,又怎会适时而死呢?希望他从来就没出生!我这样劝说那些多余的人。

然而,即使那些多余的人在死的时候也会炫耀,就如空心的坚果在被砸开之时发出清脆的声响一样。

每个人都视死亡为重要之事,但死亡并非庆典。人类还没有学会如何使最美好的庆典变得神圣。

我把成功者的死亡说给你们听,那是对生者的一种激励和许愿。

成功者死于胜利中,四周是希望者和许愿者。

因此,人应该学会死亡;若垂死者在死前不能将其神圣的誓言兑现,那他就不该有这样的死亡庆典。

这是最好的死;第二好的死是战死,为伟大的灵魂而死。

但是,你们那奸笑的死神却令战士和胜利者厌烦,它像个盗窃贼似的偷偷地靠近——像是主人来到了一样。

我向你们赞美我的死神,我那自由的死神,它向我走来,因为我想要。

而我将在何时想要它到来呢?一个人要是有了目标和继承人,他就希望死神恰好在目标和继承人出现的时候到来。

出于对目标和继承人的敬重,他将不会在生命的圣地悬挂已经枯萎的花环。

真的,我不想和做绳索的工人一样:将绳索做长,而自己却总往后退。

有些人甚至过于年老,难以承受他们的真理和成功;一张空无牙齿的嘴已失去了拥有每条真理的权利。

想拥有好名望的人,必须及时放弃荣誉,学习适时而离开的高难度本领。

即便你有再好的味道,你也得及时停下,不让别人吃掉你:那些想要长久被人爱的人都很清楚这一点。

当然,酸苹果总是有的,其命运要在秋季结束之时:而在此时,它们成熟了、发黄了,粗糙而不再光滑了。

或是心先老,或是神先衰。更有少年白头者:可是晚来的青春,却能使青春保持长久。

或者生命失败至极:犹如毒虫在心中乱咬。这时,死反倒是一种成功。

更有一些永不变甜的果实,在夏季时便已腐烂。是怯懦使它们牢牢挂在枝头。

活着的太多太多,它们长时间地挂在枝头。但愿一场暴风雨及时到来,

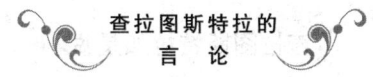

把树上所有腐烂的、满是虫眼的果子摇落!

希望讲授速死的说教者到来!对我而言,这将是真正的暴风雨和摇晃生命之树者!可是我只听见讲授悠悠而死,和容忍这个"尘世"。

啊,你们是在讲授容忍尘世吗?你们这些诋毁者,这尘世便是容忍你们太多的那个世界!

真的,备受那些讲授悠悠而死的说教者尊敬的那位希伯来人死得太早:从此以后,他死得太早就成了许多人的不幸。

当时,他还只知道眼泪和希伯来人的忧伤,以及那些善者与正义者的仇恨,这位希伯来人耶稣:于是,他突然对死有了强烈的渴望。

但愿他远离善人和正义者,永远待在沙漠里!也许他能学会生活,学会热爱尘世,学会笑!

我的兄弟们,请相信我!他死得实在是太早了;他若能活到我这个年纪,便高贵得足以使他收回他的信条!

但是他还不成熟。年轻人不成熟地爱着与恨着人类和大地。他的性情和精神的翅膀仍被束缚着,十分笨重。

可是成年人比年轻人更像个孩子,更少悲伤:他更理解生与死。

自由地死去,死去便会自由,如果没有时间说"是",那就神圣地说"不":他对生与死的理解即是如此。

我的朋友们,你们的死不会是对人类与大地的亵渎:那是我向你们甜美的灵魂中讨来的。

你们虽已死去,但你们的精神和美德仍像夕阳一样通红:否则,你们的死就不可取。

所以是我自己想死,这样,你们这些朋友便会因为我的死而更爱大地;我要重返大地,栖息在那生我的大地中。

真的,查拉图斯特拉曾有一个目标,他将他的球抛出。现在,我目标的继承人就是你们这些朋友,我将我的金色的球抛向你们。

我的朋友们,我特别想看到你们抛出你们的金球!所以我还要留在大地上一会儿,请谅解我吧!

——查拉图斯特拉如是说。

论馈赠者的美德

当查拉图斯特拉离开那座常挂于他内心的名为"彩牛"的城市时,许多自称为他门徒的人来为他送行。当他们走到一个十字路口时,查拉图斯特拉对他们说,现在他想一人独行;因为他是独行者。临别时,门徒们递给他一根手杖,手杖的金手柄上雕刻着一条缠绕太阳的蛇的图案。查拉图斯特拉非常喜欢拄着这根手杖,他对门徒如是说:

"请告诉我:金子是怎样实现最高价值的?因为它不普通,没有用,闪闪发光而且光泽柔和;它总是在用自己来馈赠。

金子要有最高价值,只有作为最高美德的写照。馈赠者的目光如金子一般闪光,金子的光泽如日月之辉。

最高的美德不普通,没有用,闪闪发光而且光泽柔和:馈赠者的美德就是最高的美德。

真的,我的徒弟们,我完全了解你们:你们和我相同,追求馈赠的美德。你们与猫和狼会有什么共同点呢?

你们渴望自己成为牺牲品和礼品:因此,你们渴望你们的心灵中积累有全部的财富。

你们的心灵对于金银财宝和稀世珍品的追求是没有满足的,因为你们的美德有不知足的馈赠愿望。

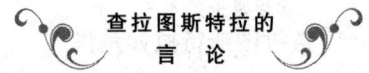

你们吸收世间的万物,以便有一天万物又从你们的源泉回流出来,作为你们爱的礼物。

真的,这种馈赠者的爱一定会变成所有价值的占有者,但我称这种自私为完好与神圣。

还有一种自私是太过于贫困的、饥饿的、有着偷盗心理的自私,一种病人特有的病态的自私。

它用贼一样的眼光扫视所有的发光物;它用饥饿的贪婪目光打量食物富足之人;它总是悄然溜到馈赠者的桌子四周。

在这种渴望中表达了疾病和看不见蜕化,这种病体谈论的则是自私所具有的窃贼渴望。

兄弟们,请告诉我:坏的和最坏的都是什么呢?这是不是蜕化?而我们却总是猜想,在没有馈赠者心灵的地方就会有蜕化。

我们在步步高升,从物种走向超物种。但那种蜕化的意识却令我们恐惧,它说的是:"一切全为了自己。"

我们的意识在提升:所以它是我们身体提升的比喻。这种提升的比喻便是美德。

于是,身体穿过历史,一位生成者和一位战士。而对于身体来说,精神是什么呢?是它的斗争和胜利的告知者、同伴和共鸣。

比喻是善与恶的名称:它们并不直说,只是暗示。傻子才想要知道它们是什么呢!

兄弟们,你们给我当心了,当你们的精神要用比喻来说话时:就是你们美德产生的根源。

你们的身体在提升,得以复活;随之,你们的精神也异常欣喜:他变成了创造者、评价者、施爱者和万物的造福者。

若你们的心像河流一样宽阔豪迈,汹涌而来,对邻近的人来说,既是福又是祸:那么,这就是你们美德产生的根源。

若你们超越了赞美与谴责,你们的意志要向万物发出命令,就如一个施爱者的意志一般:那么,这就是你们美德产生的根源。

若你们蔑视柔软舒适的睡床,但却难以在远离温柔乡的地方安睡:那么,这就是你们美德产生的根源。

若你们怀有一种转变全部困境的意愿,而且这种意愿对你们不可或缺:那么,这就是你们美德产生的根源。

真的,这是一种关于善恶的新观念!真的,这是一种崭新而深沉的泉涌之声!

这新的美德,它是一种力量,是一种主导思想,围绕它的是一颗智慧的灵魂:一轮金黄色的太阳,知识的长虫缠绕在太阳周围。"

说到这儿,查拉图斯特拉突然停住了说话,慈祥地看着他的门徒,然后又继续说道(他的声音此时已有所改变):

"兄弟们,你们要用你们美德的力量来忠实于大地!使你们馈赠者之爱与知识为大地之意义而服务!我真诚地恳求你们。

你们别让它离开尘世,用翅膀拍打永恒之墙!啊,总有这么多迷失方向的美德!

像我一样,把迷失方向的美德领回到大地。是的,将它们领回到身体与生命:让它赋予大地其意义,一种人的意义!

到现在为止,精神和美德早已迷失过上百次方向,抓错过上百次东西。啊,现在,所有这些妄想和失策仍然存在于我们体内,它们已变成了身体和意志。

到现在为止,精神和美德早已尝试过上百次,误入歧途上百次。是的,人类就是一种尝试。啊,许多无知和谬误也已从我们身上体现了出来!

不只是上千年的理性,而且还有上千年的疯狂,都从我们身上爆发了出

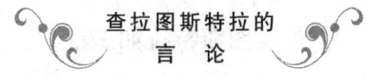

来。做继承人是非常危险的。

我们仍然一步一步地同偶然性在争斗,到现在为止,统治着整个人类的仍然是荒诞、无意义。

兄弟们,让你们的精神和美德为大地之意义服务吧:万物的价值将由你们重新来定!因此,你们应该是战士,是创造者!

身体有意识地净化自己,使自己崇高;对于认知者,其所有的本能都使自己神圣化;对于崇高者,其灵魂变得快活了。

医生啊,帮助你自己吧,这样一来,你也就帮助了你的病人。对于病人来说,最好的帮助莫过于让他亲眼目睹一个自己恢复健康的人。

有上千条尚未有人走过的小路;有上千种健康和隐藏的生命之岛。人类以及人类的大地是永远没有穷尽的未知世界。

你们这些孤独者,醒一醒吧,好好听着!从未来传过来一阵阵拍打翅膀形成的气流,向耳聪者带来了好消息。

你们这些今天的孤独者,你们这些隐居者,你们应该有朝一日成为一个民族:你们选择自我,应当在你们中间形成一个被精心挑选的精良民族,然后再从此民族中产生出超人。

真的,大地应成为一个痊愈之大地!大地四周已经被一种幸运之气味,以及一个新希望所布满!"

查拉图斯特拉说完这些话后,就像一个还没有为这些话结尾的人那样,沉默了许久,他很困惑地掂量着手中的那根手杖。最后,他说道:

"我的徒弟们,我现在要一人行走!你们现在也各自走开吧!我喜欢这样。

真的,我劝你们离我而去,我劝你们提防着查拉图斯特拉!最好还要为他感到羞愧!或许,他欺骗了你们。

有知识之人一定能够做到:既能爱他的敌人,又能恨他的朋友。

如果你一直是徒弟,那你就不会报答老师。为什么你们不想扯下我头上的花环呢?

你们敬重我,但是,假如某天你们的敬重突然改变了,你们又会如何呢?注意啦,千万别让丰碑倒下将你们砸死!

你们说,你们相信查拉图斯特拉?但是查拉图斯特拉有什么要紧的?你们是我的门徒:但是门徒又有什么要紧的?

你们还没有寻找自我,而此时,你们却找到了我。所有的门徒都是这样。因此,所有的信仰才这么无关紧要。

现在我命令你们抛却我,找到你们自我;只有当你们全然否定我之后,我才会回到你们身边。

真的,兄弟们,到那时,我将用别的眼光来寻找我所丢失的;到那时,我将用另一种爱来爱你们。

你们会再次成为我的朋友,成为拥有相同希望的孩子:到那时,我要第三次和你们在一起,与你们共庆那伟大的晌午。

这是伟大的晌午,这时候人类正站在动物和超人之间,处于他历程的中途,庆祝他前往夜晚的最高希望之行:因为这是通向新的清晨之路。

这时候,没落者会祝福自己成为跨越者,他的知识的太阳将在晌午适合于他。

最后,希望这一天在伟大的晌午时分成为我们的遗愿——诸神皆死,超人能活着。"

——查拉图斯特拉如是说。

持镜子的孩子

查拉图斯特拉又回到山里的洞穴中,回到他的寂寞里,远离人群:如同一个播了种,静等收获的人一样等待着。然而,他的灵魂却变得很烦躁,心中满是对他所爱之人的渴望:因为他还要给他们好多东西。也即是,这是难以实现的:出于爱,合上张开之手,作为馈赠者留下了羞涩的面容。

于是,他如此月复一月,年复一年地度过了一些孤独的岁月;但是他的智慧增长了,丰富的智慧让他痛苦。

一天清晨,他在天色未亮之前醒来,躺着沉思好久后,对自己的心说:

"为什么我在梦中惊醒?难道不是有一个持一面镜子的小孩向我走来吗?

孩子对我说:'哦,查拉图斯特拉,照照镜子,看看你自己!'

可是,当我在照镜子时,我大叫了起来,我的心为之一震:因为镜子里的影子并不是我自己,而是魔鬼的嘴脸和冷笑。

真的,我很清楚这个梦的警示:我的教义十分危险,杂草都想自称小麦呢!

我的敌人变得很强大,歪曲了我的教义,以至于我的最爱者以我给他们的礼物而感到羞愧。

我的朋友都离我远去;我现在该去寻找他们了!"

说完这些话,查拉图斯特拉跳了起来,可不像一个寻求苟且的胆小者,而更像一个才智突发的预知者和歌手。他的鹰和蛇用诧异的眼神望着他:因为他的面容神采奕奕,预示着一种未来的幸福。

"我的动物们,我发生了什么事?"查拉图斯特拉说,"但愿我没有改变!幸福不是像雨点一样降临在我头上吗?

我的幸福是蠢笨的,它将会说出蠢笨的东西。它还太年轻,所以,你们耐心对它吧!

我的幸福伤害了我,对我而言,所有的痛苦者都应该是我的医生!

我可以再次下山,回到我的朋友们中间,也回到我的仇敌中间!查拉图斯特拉可以再次演讲、馈赠、为所爱之人做最亲爱的事情!

我的急躁的爱如同那奔涌的河流,流向日出日落之地。我的灵魂叫嚣着,冲出沉寂的群山和痛苦的暴风骤雨,奔向山谷。

我太久地渴望,太久地眺望远方,太久地被孤独所属:于是,我忘记了沉默。

我完全变成了嘴巴,一条溪流从高山岩石中倾泻而下:我要把我的言论全部倒入山谷中。

让我的爱河注入那没有道路的地方!一条河流怎会找不到汇入大海之路!

真的,我的心中有一个隐居的、自足的湖泊;但我的爱河带着它倾泻而下,直至大海!

我踏上新的征程,我有新的言论;我和所有的创造者相同,厌倦了老调重弹。我的精神不愿再踩着破鞋行走。

对于我来说,所有的演讲都显得太慢。风暴啊,我跳上你的战车!我甚至要用我的鞭子抽打你!

像一阵呐喊和欢呼,我要驶向辽阔的大海,直至找到我的朋友们逗留的那座幸福岛,还有混在他们中间的我的敌人!我现在非常热爱我能与之交谈的每一个人!就连我的敌人也是我的幸福。

当我想跨上我的烈马时,我的长矛总会助我上马,它是随时准备服务我的脚的仆人。

我那投向敌人的长矛!我太感谢我的敌人,我终于可以投掷它了!

我的云层过于紧密,在闪电的大笑声中,我要把冰雹投入深潭。

我的胸口上下起伏,它将风暴强烈地吹向山顶,于是它松快了。

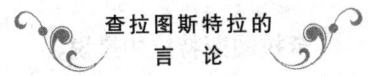

真的,我的幸福和自由像风暴一样来临!但我的敌人应该认为,在他们头顶上咆哮的正是恶。

是的,我的朋友们,甚至你们也会因我的野性智慧而慌乱;或许你们和我的敌人一起逃走。

啊,但愿我会使用引诱你们回来的牧人之笛!啊,但愿我的母狮——我的智慧会满含柔情地大叫!我们已相互学到了很多!

我的野性智慧在孤寂的山上孕育了孩子;在粗石上诞下了她的最年幼的孩子。

现在,她蠢笨地跑入荒芜之地,寻了又寻,寻找我那古老而又野性的智慧!

朋友们,在你们内心的和平安静的草地上,她喜欢把她的最爱放在你们的爱上!

——查拉图斯特拉如是说。

在幸福之岛上

无花果从树上落了下来,它们好甜美;当它们掉到地上的时候,裂开了皮。对于它们来说,我就是那阵使它们掉落的北风。

朋友们,像无花果一样,这些教义归你们。现在,你们喝它们的汁液,吃它们的果肉!

你们看,我们的四周是多么的丰盈啊!从这种丰盈望出去,眺望遥远的大海,真美!

当人们眺望遥远的大海时,他们曾说:上帝;但是,现在我要教你们说:超人。

上帝只是虚构的,可是我希望你们的虚构不超越你们的创造意志。

你们能创造一位神?否则,你们就给我对所有的神闭口不提!然而,你们真真正正能创造出超人。

兄弟们,也许不是你们自己,但你们或许就是超人的父辈和祖先:这是你们的最佳创造!

上帝是虚构的,可是我希望你们把虚构设定在可以虚构的范围。

你们想象出一个天神——这对于你们来说,便意味着你们有求真的意志,让一切都变成人可以想象、可以看见、可以感觉的吧!到最终,你们应该都思考你们自己的意义!

这个世界,应该首先由你们创造出来。你们的理性、形象、意志和爱,都应该成为这种世界本身!真的,你们这些有识之士,那些都应该成为你们的幸福!

你们这些有识之士,你们想要在毫无希望中生活吗?你们既不可以生来就是不可理解的,也不可以生来就是非理性的。

可是,朋友们,我向你们敞开整个心扉,若是有神的话,那我怎么能忍受自己不是神呢!所以,根本就没有神。

上帝是虚构的,可是谁能喝下这虚构的苦酒而不死呢?难道应该剥夺创造者的信仰,阻止老鹰在高空飞行吗?

上帝是一种观念,它是在颠倒黑白。怎么了?时间会不复存在,一切短暂的只会是谎言?

想及于此,整个人都会感到天旋地转,只想作呕:真的,我称这样的假设为眩晕病。

所有这些关于唯一、绝对、静止、饱和、不朽的学说:我都称其为邪恶和反人类。

诗人说谎太多了,他们称一切不朽的东西只是一种比喻!

然而,最好的比喻应该是谈论时间和生成,应该是一种赞美,是一种对

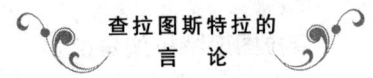

所有短暂性的辩解!

创造——这是摆脱痛苦的最好办法,生存也会因此而变得轻松。可是,为了让创造者出现,必须要经历痛苦和改变的过程。

是的,创造者,你们的生存中肯定有许多痛苦的死亡!也就是说,你们是所有短暂性的代言人和申辩者。

要让创造者自己成为新生儿,他就必须要成为产妇,要承受产妇分娩的痛苦。

真的,我在我这条路上,就曾经历过上百个灵魂,上百个摇篮和分娩的阵痛。我也有过很多次离别,我很了解那些令人心碎的最后时刻。

但是,我的创造意志,我的命运,就要求如此。或者,可以坦白地说:这样的命运正是我的意志所要求的。

所有感情都为我所苦,受到囚禁。但是在我看来,我的意愿却一直是我的解放者和愉悦者。

意愿带来解脱:这是意志和自由的真谛——查拉图斯特拉如是将它们教给你们。

不再想要、不再珍惜、不再创造!啊,但愿这种大疲乏永远离我远远的!

甚至在认识中,我也只感觉到我意志的生殖乐趣和生成乐趣;如果我的认识中有忠贞,那是它有生殖意志的缘故。

这意志驱使我远离上帝与各神,假如有各种各样的神,那我的创造又是怎么回事呢?

可是,我那炽热的创造意志却总是重新把我驱赶到人那里;就像大锤砸向石头一般。

啊,你们这些人,我觉得,我的塑像之塑像就睡在石头里!而且,它睡在最硬、最丑的石头里!

现在,我的大锤无情地猛烈地砸向它的监狱。石头的碎石乱溅,而这与

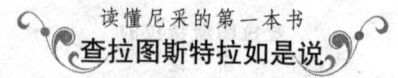

我又有何关系?

我要完成它,因为一切最安静、最轻盈的东西都来到了我这里!

啊!超人之美像影子一般来到我这里。兄弟们!这些神,又与我有何关系?

——查拉图斯特拉如是说。

论同情者

朋友们,你们的朋友说的这话也太过讽刺了:"你们看看查拉图斯特拉!他走在我们中间,不就像是走在动物中间似的吗?"

可是,这样说就更好了:"认识者走在人群中间,就是走在动物中间。"

但是,对于认识者来说,人本身就是有着红脸颊的动物。

为什么会这样呢?是不是因为他经常害羞呢?

认识者如此断言:人类的历史就是廉耻!

所以,高贵者不会让人在自己面前感到廉耻,他尤其要求自己在痛苦者面前感到廉耻。

真的,我很讨厌这些慈善者,他们以同情他们为荣,他们太没有廉耻。

若是我,在必须同情时,我就不会称之为同情;若是同情了,那我也定会远远地同情。

我甚至喜欢藏起脑袋,在别人认出我之前赶快逃走:所以,朋友们,我命令你们这样做吧!

我只希望我总能把像你们一样的无憾者,以及我可以与之分享希望、宴席、蜂蜜的人,引导到我的路上!

真的,或许我对痛苦者做了各种事情,但是当我懂得怎样才能更加高兴之时,我好像总是在改进自己。

自人类诞生以来,人类就很少高兴:兄弟们,这就是我们的原罪,也仅此而已!

若是我们懂得怎样才能更加高兴,那么我们最好将给别人造成痛苦和构想痛苦之事统统忘记。

所以,我将帮助过的痛苦者的手清洗干净,将我的灵魂擦拭干净。

因为当我看着痛苦者痛苦之时,我会由于他有廉耻之心,而对自己的所作所为感到廉耻;当我帮助他的同时,我也深深地伤害了他的自尊心。

伟大的帮助得不到他人的感激,却换来他人恶意的报复;若不忘记这小恩小惠,那由此产生的将是慢慢蚕食的小虫子。

"你们要对接受感到淡然!这样才足以显示你的与众不同之处!"我这样劝说那些无可施与之人。

可是,我是馈赠者,我喜欢在朋友间馈赠。可是,陌生人和穷困者喜欢自己采摘我树上的果子:这样更不让人感觉羞愧。

但是,人们应该将乞丐完全赶跑!真的,因为不管你是否给予他们,你都会生气。

同样,也应将罪人和愧疚者赶得远远的!朋友们,相信我,良心受到刺痛教人们去刺痛别人。

然而,最坏的是卑贱的思想。真的,即使做坏事也比有卑贱思想要强许多!

虽然你们说:"正是因为有小恶毒之事,才使我们不至于犯下大恶。"但是,人们不应该以此避免大恶。

恶行就像一个会痒、会烂掉的脓疮。恶行诚实地说:"瞧,我是疾病。"

而卑贱的思想就如不断爬行、蜷缩前进的真菌一样,他没有方向地乱爬——直到占据整个身体,使全身腐烂、萎缩。

对于着魔者,我会贴近他的耳朵说:"你最好将魔鬼抚养长大!对于你来说,也何尝不是一条通向伟大的道路!"

啊,兄弟们!人们关于每一个人的事情知道得太多了!有的人对于我们来说透明如镜,但是我们仍然不能将他们看透。

和人一起生活真是艰难,因为保持沉默是如此困难。

我们不会最不公平地对待让我们厌恶之人,而对同我们毫无瓜葛之人则不然。

可是,假如你有一个痛苦的朋友,那么就做他的痛苦之榻吧,差不多是一张硬邦邦的床,一张行军床:这样,你就对它有最大的作用。

假如一个朋友做了对不起你的事,那你就直接跟他说:"我原谅你对我所做之事;可是假如你对你自己也做了同样的事,我又如何能原谅你呢!"

一切大爱都如是说:它甚至克制住宽恕和同情。

人们应该牢牢握紧自己的心,因为一旦松开,你便会马上失去理智和判断力!

啊,世界上还有什么地方的蠢事比在同情者那里做更大呢?世界上有什么痛苦比因同情他们而酿成的痛苦更多呢?

所有还没有达到超越于其同情之上之高度的同情者都倒霉去吧!

魔鬼曾对我说过:"上帝也有他的地狱:那就是他对人类的爱。"

最近他又对我说了这些话:"上帝死了;死因就是他对人类的同情。"

所以你们要提高警惕,不要同情他人。否则,一块沉重的黑云便会压到人的心头!真的,我早已看出天气的征兆了!

你们也要记住这句话:一切大爱都超越于它所有的同情之上。因为它还要创造他所爱的一切!

"我将自己献于我的爱,也将我的邻人和我自己一样献于我的爱。"所有创造者如是说。

可是所有创造者都是无情的。

——查拉图斯特拉如是说。

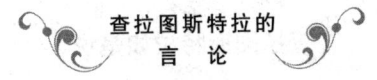

论教士

有一天,查拉图斯特拉向他的徒弟们打了个手势,并对他们说:

"这里有些教士:尽管他们是我的敌人,但我不允许你们对他们动刀,给我静静地从他们身边走过吧!

这些人中也有受尽苦难的英雄,所以他们也想使别人受苦受难。

他们是可怕的敌人,他们的谦卑充满了强烈的仇恨之心。谁要是接触他们,就极容易被玷污。

可是,我和他们血脉相连;我要知道我的血也受到他们的血的敬重。"

当他们从教士身边走过去后,查拉图斯特拉痛苦万分;但是他痛苦了没多久,就开始说道:

"这些教士让我同情,同时,他们与我的趣味相悖;但是自从我来到人们中间,这对我而言,只是最不屑一提的小事罢了。

然而我站在他们中间,无论何时都陷于痛苦中。在我看来,他们是囚犯和复制品,而他们却说这是拯救者给他们戴上的镣铐。

他们在虚伪的价值和妄言的禁锢中!啊,但愿有人能从他们的拯救者手中将他们拯救出来!

当他们被大海搞得晕头转向时,他们曾以为自己登上了一个小岛;但是,那只不过是一只熟睡的大怪兽!

对于凡人来说,虚伪的价值和妄言就是最坏的大怪兽,长久以来,命运在它们身上熟睡、等待。

但是,它终于还是醒了过来,大口大口地吞噬掉建筑在他们身上的小屋。

啊,你们快看看这些教士们为自己建筑的小屋吧!他们竟然称这洞穴为教堂。

啊,这光都是伪造的,这空气是多么污浊啊!在这样的环境里,灵魂是不能飞向它的顶峰的!

而他们的信仰却这样命令:'你们这些罪人,跪着爬上阶梯吧!'

真的,我宁愿看到厚颜无耻之徒,也不愿看到他们那被羞愧和虔诚而扭曲了的目光!

这洞穴和忏悔的台阶是谁创造的?难道不是那些羞于见到明净的天空而将自己躲藏起来的人吗?

只有当明净的天空再次穿透破碎的覆盖物投下它的目光,照亮断壁残垣上的草和红罂粟之时,我的心才会重新转向这上帝所在之处。

他们把反对他们、折磨他们,带给他们痛苦的东西称为上帝。真的,他们还具有英雄的气概!

他们除了把人钉到十字架上,不知道还有什么爱上帝的方法!

他们想做行尸走肉,将尸体隐蔽起来。我从他们的说教中闻到了停尸房里的香料气味,真是令人作呕。

在他们附近生活的人,就像是住在污臭的黑水潭边上,黑水中的蟾蜍还唱着甜美深沉的歌声。

他们还得唱更加好听的歌,我才会尝试着去相信他们的救世主。在我看来,他的徒弟们理应表现出更多地得到了拯救!

这种隐蔽起来的东西难以令人信服,所以,我想看见他们赤裸裸的身体,只有美才应该宣讲忏悔之说。

真的,你们的拯救者自己也不是从自由和自由的第七重天而来!真的,他们从未踏上过知识的地毯!

这些拯救者的精神是空白的;他们将他们的幻觉置入每一个空白中,用

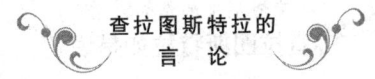

此来填补,他们称之为上帝。

他们的精神溺死在他们的同情里,当他们高涨起来,沉浸在同情中时,就会有更大的愚蠢游动在上面。

他们叫嚣着,拼命诱导那些羊群走上他们的小桥:仿佛只有他们的小桥是通向未来的唯一小桥!而事实上,他们自己也只是羊群中的一员!

他们的精神何其狭小,而灵魂又何其宏大。但是,兄弟们,直到现在,那些最宏大的灵魂也只是小国寡民!

他们在途经之处都留下了血的记号,他们的愚蠢教导人们说,用血才能证明真理。

但是,血是真理最坏的见证;最纯洁的信条正是被血毒化成的幻觉和仇恨。

假如一个人为了他的信条而甘愿赴汤蹈火,这能证明什么!真的,只有经过自己的火的洗礼才能得到自己的信条!

当抑郁的心和冷静的头脑相结合,就能产生出真正的拯救者。

真的,比人们称为救世主的人更伟大、更出身高贵的人何其多呀!

兄弟们,如果你们想要找到通向自由之路,你们就一定要被比所有救世主更伟大之人所拯救!

超人还从未出现。我看见两个赤身裸体的人:一个是最伟大的人,另一个是最卑微的人。

他们还是非常相像。真的,我发现那最伟大的人,也太过人性化了!

——查拉图斯特拉如是说。

论有德者

人们不得不用雷声和天上的烟火来对愚昧迟钝的感官讲话。

然而,美的声音话语轻盈,它只悄悄潜入最清醒的灵魂里。

今天,我的唇轻轻抖动,对我笑;这是美的神圣的抖动和笑容。

有德者,今天,我的美笑话你们了。它的声音向我这里传来:"他们还要求——给钱呢!"

你们这些有德者,你们还要求给钱?你们还为美德要求报酬,为地要求天作为报酬,为你们的今天要求永恒作为报酬吗?

你们对我发怒,是否因为我教导别人说没有付酬劳者和发薪者呢?真的,我也从未教导别人,美德是它自己的酬劳。

啊,我正为此而悲哀:人们将酬劳和惩罚的谎言扎入了万物的土壤——现在甚至都已扎入你们的灵魂之土壤!

可是,我的言论应该像猪嘴一样,将你们的灵魂之土掘之于众。我很乐意称你们为犁铧。

你们土中的一切秘密都应暴露于阳光下。若是你们被挖掘出来,裸露在阳光下,那么你们的谎言也就会从你们的真理中被排除。

因为这是你们的真理。你们如此纯洁,不能被复仇、惩罚、报酬、报答这些污秽所玷污。

你们爱你们的美德,就像母亲爱自己的孩子一样。但你何时听说过,一个母亲要求孩子用钱来报答她的爱呢?

这是你们最可爱的自我,你们的美德。你们渴望着圆,每个圆拼命转动,为的都是重新抵达自我。

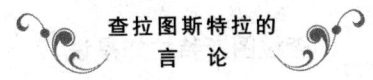

你们为你们的美德所做的一切就像划破长空的星星,它的光总是在途中,在游动,不知何时它才会终止。

因此,尽管你们对美德的追求行为已经完成,但你们的美德之光仍然在途中。尽管那种追求的行为已被遗忘,已经消失,但它的光束仍然在游动,仍旧存活。

你们的美德应该是你们的自我,不是其他外物,不是表面现象,不是装饰物:这是源自你们灵魂深处的真理!

不过,也有一些人认为,美德是鞭子下的扭曲;我觉得,你们是太多地听信了他们的吆喝!

还有一些人认为,美德是他们恶习的怠惰。当某一天,他们的仇恨与忌妒展开四肢之时,他们的"正义"就会揉着它惺忪的睡眼苏醒过来。

还有另外一些人,他们被他们的魔鬼拖下去。但是,他们越往下沉,两眼就越发明亮,就越是对上帝充满强烈的渴望。

啊,你们这些有德者,你们也听见了他们的叫喊声:"我所不是者,我都认为是上帝与美德!"

还有另外一些人,他们一边叫嚣着,一边笨拙地走过来,如同推着满载石头的大车行走在下坡路上,他们对尊严和美德高谈阔论,他们称制动器为美德!

还有另外一些人,他们像是绷紧发条的闹钟,发出滴滴答答之声,他们要求人们称这滴答声为美德。

真的,我对这些闹钟真感兴趣:不管在哪儿,只要我看到这样的闹钟,我就要嘲讽地给它们绷紧发条。在我看来,它们应该是在呼呼作响!

另外还有一些人,他们为他们的少量正义而骄傲,并为此目空一切。如此,世界便淹死在他们的不公之中。

啊,他们居然敢言"美德",听起来是多么的愚蠢啊!听他们说"我很公正",总像是在说:"我报了仇!"

他们要用自己的美德来挖掉敌人的双眼,他们抬高自己,目的只是贬低别人。

还有一种人,他们坐在泥地里的芦苇丛中,大言不惭地说:"美德——就是安静地坐在泥地里。

我们不咬别人,也避开要咬人的人;我们不管是在什么情况下,都没有自己的主见。"

还有一种人,他们喜欢搔首弄姿,并自认为:美德就是一种姿态。

他们总是双腿跪地,总是用双手来对美德大加赞美,但是他们的心却对美德丝毫不知。

还有一种人认为,"美德是必要的"就是美德;而实际上,他们只相信警察是必要的。

有的人看不到人们高贵的一面,却将人们卑微的一面看得很仔细,他们还将此称为美德,或者说,他认为他的恶毒眼光就是美德。

有些人想要发愤图强,想要受到鼓舞,于是,称这为美德;另有些人想要彻底改变自我,于是称这为美德。

这样一来,几乎所有人都自认为自己已具备美德;至少每个人都以为能自辨"善"与"恶"。

然而,查拉图斯特拉来到此地,并非是为了对所有这些说谎者和傻子说:"关于道德,你们知道些什么!你们又能知道些什么!"

他要说的是,你们,我的朋友们,也许对从那些说谎者和傻子那里学来的陈词滥调厌倦:比如那些"报酬"、"报答"、"惩罚"、"正义的复仇"之类的字眼;比如"一个行为若不自私,那它就是好的"的话语。

啊,朋友们!你们的自我在行动中,就像母亲在孩子心中一样:我将此看成是你们对美德的承诺吧!

真的,我夺去了你们一百个承诺,以及你们美德发出的八音盒一般最动

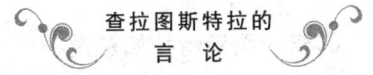

听的声音；现在你们就像孩子生气一样，向我发火。

他们在海边嬉笑打闹，突然一个浪头扑面而来，将他们的八音盒卷至深海；他们为此而哭泣着。

可是，那同一个浪头也会给他们带来新的八音盒，新的五颜六色的贝壳！

他们得到了安慰，停止了哭泣。朋友们，你们也应像他们一样，也应该找到你们的安慰，就如新的五颜六色的贝壳！

——查拉图斯特拉如是说。

论恶棍

生命是喜悦之泉，可是，如果恶棍喝了这水，那所有的井水便都成了毒水。

我爱一切纯净的东西，而厌恶看到不洁之人因干渴而裂开的大嘴。

他们俯视着井底，我看到从井底反射出来的他们邪恶的嘴脸。

他们的渴望毒污了这神圣之水，当他们称他们的污秽梦想为快乐时，这些话也就被毒污了。

当他们将湿的滴水的心靠近火边时，火焰陡然间愤怒地升腾；在恶棍靠近火边的地方，精神本身便沸腾和冒烟。

当他们手中的果子变得香甜，而且汁液饱满时，他们的目光会令果树禁不起雨打风吹，渐渐枯萎。

有些人抛弃生命，为的就是抛弃恶棍，因为他们不愿意和恶棍分享井水、火焰和果子。

有些人进入沙漠后，和野兽一起忍受干渴，就是因为他们不愿意和肮脏的驼夫一起围在蓄水池旁边。

有些人像是毁灭者，像是落到果园里的冰雹一样降临的人，他们只想用脚将恶棍的喉咙死死踩住,使他窒息而死。

我清楚,生存本身就免不了斗争、死亡和痛苦的十字架,这不会让我难以下咽。

难咽的是我自身的问题,我差点因我自身的问题而窒息。怎么?难道生存也需要恶棍?

难道有毒的井水,恶臭的火焰,污秽的梦,生命的面包里的虫子都是必须存在的吗?

拼命侵蚀我的生命的,并非我的憎恨,而是我的厌倦!啊,当我发现恶棍也富有精神时,我连精神都厌倦了!

统治就是同恶棍做权力的交易和讨价还价——当我发现现在的统治者就是如此来统治时,我就扭过头去,对统治者不予理睬!

我将耳朵堵住,住在有着不同语言的民族。这样,我就不会听懂他们做交易和对权力的讨价还价的语言了。

我塞住鼻子,心情忧郁地消磨了昨天与今天。真的,昨天与今天的一切都满含着文人恶棍的污臭!

我只有像一个又聋又瞎又哑的残疾人一样才能长寿,这样就不必和权力恶棍、文人恶棍、淫乐恶棍狼狈为奸了。

我的精神吃力且小心地登上阶梯,使它振作的动力便是喜悦给它的布施;而拄着拐杖的盲目者却渐渐没有了活力。

可是,我如何才能从厌倦中走出来呢?我的眼睛如何才能变得年轻?我如何才能飞向那没有恶棍坐在井边的高处?

我的厌倦本身为我创造了飞翔的翅膀,以及那泉涌般而来的预测力吗?真的,我必须得飞向最高处,才能重新找到喜悦之泉。

哦,兄弟们,我找到了它!这里就是最高处,喜悦之泉向我喷涌而来!有一种没有任何恶棍与我分享的活力!

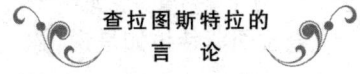

啊!喜悦之泉,你向我涌来的力量是多么猛烈啊!因为你要将水杯注满,但因力量过大却一次次地将杯子冲倒!

我要学着谦卑地靠近你,可我的内心是如此的激动,想向你飞奔而去。

这短暂、炎热、沉闷的夏天在我心中燃烧:我的夏天之心多么渴望你带来的清凉啊!

我的春天之犹豫不决的痛苦过去了,那六月雪花的恶毒也过去了!现在的我,完全就是夏天和夏天的晌午!

一个高处的夏天,那里有清凉的泉水和好似天堂般的宁静:朋友们,你们快来吧,让这宁静变得更加幸福!

这是我们高处的家园:对于所有不洁的人来说,我们住得太过险峻了。

朋友们,把你们纯净的目光投入我们的喜悦之泉中去吧!它又怎会因此而变得混浊呢!相反,它还会对你们报以纯净的笑脸呢。

我们在未来之树上建筑我们的巢;老鹰会用它的喙衔来一桌食物给我们这些孤独者享用!

友谊,这些食物不是不洁的人能分享的!但愿他们误以为可以食火,将自己的嘴巴烫坏!

真的,这里的家园中连一个不洁的人都没有!但愿我们的幸福就是他们肉体和精神的冰窖!

狂风与老鹰为邻、与雪为邻、与太阳为邻,我们想要如狂风一般在他们头顶上生活。

某天,我要似狂风一样吹到他们中间,用我的精神压得他们的精神难以喘息:我的未来就要这样。

真的,查拉图斯特拉就是那所有低洼处眼里的狂风。"当心点吧!不要朝风吐唾沫!"他如是劝说着他的敌人和吐唾沫的所有人。

——查拉图斯特拉如是说。

论毒蜘蛛

快看,那是毒蜘蛛的洞穴!这里有它的蜘蛛网:只要一碰它的网,它就会颤动起来。

毒蜘蛛高兴地走来:你好,毒蜘蛛!我知道你背上的黑色三角形是你的标志;我也知道你的灵魂中是复仇;只要是你咬过的地方,就会长出黑黑的痂;你的毒素和复仇使你的灵魂目眩神迷!

你们这些使灵魂眩晕的人,你们这些平等之说教者!你们对于我来说,就是毒蜘蛛和暗中复仇的复仇者!

不过,我要将你们的藏身之所曝之于光天化日,所以我以我高处的笑容冲你们笑。

因此,我要撕掉你们的网,使你们发怒,从而引你们走出那充满谎言的洞穴,让你们的复仇从你们的"正义"一词背后跳出来。

因为在我看来,让人类摆脱复仇是通向最高希望的桥梁,是漫漫雷雨后的七色彩虹。

然而毒蜘蛛所想却与我的所想截然相反,他们互相说道:"我们心中的正义就是让世界的每一天都是我们复仇的雷雨天。"

毒蜘蛛在心里暗自发誓:"我们要报复和辱骂所有的异己者。"

"平等意志——这在今后本就应该成为美德之名;针对拥有权力的一切,我们要提高嗓门喊叫!"

你们这些平等之说教者,无能暴君的疯狂,大声高喊"平等":你们隐藏最深的暴君欲望就藏在你们美德言辞的外衣里面!

也许是源自你们父辈的苦恼的自负和压抑的忌妒,从你们身上像疯狂的火焰一样爆发出来。

父亲秘密的东西往往会从儿子身上表现出来。我经常发现,儿子就是父亲被揭示的秘密。

他们如此的热情,但是使他们热情的不是他们的心,而是疯狂的复仇。假如他们变得冷静,心思缜密,那么使他们冷静的是忌妒,而不是精神。

他们的忌妒也会将他们引到思想家的道路,这是他们忌妒的标志——他们总是走得太远,最后导致他们过于疲乏,不得已,只好躺在雪上休息。

他们的抱怨之声好像都有复仇充斥其中,他们的赞美之声好像都有尖刻充斥其中;对他们来说,当法官就是天堂般的幸福。

但是,朋友们,我要劝说你们:千万别相信所有惩罚欲极为强烈之人!

这属于一个坏级别的,血统不好的民族,从他们脸上可以看出刽子手和密探的眼光。

千万别相信所有那些奢谈正义之人!真的,他们的灵魂所缺的不仅是蜂蜜。

如果他们自称"善人与正义者",那么你们不要忘记,他们除了权力之外,就可以成为法利赛人了!

朋友们,请不要将我和别人混为一谈。

有一些人到处宣扬我的生命学说:同时他们又是平等之说教者和毒蜘蛛。

这些毒蜘蛛,尽管他们窝在洞穴里,背离生命,但他们还是会大肆称颂生命:因为他们想以此刺痛那些现在握有权力之人:这些人的最在行之处便是进行死亡的说教。

要不然的话,毒蜘蛛的说教就会不一样:正是他们,从前曾是最大的世界诽谤者和焚烧异教徒之人。

我不想和这些平等之说教者搅和在一起。因为正义对我这样说:"人是不平等的。"

人甚至就不应该平等！若是我有别的说法，那么我对超人的爱又将置于何处呢？

人应该在上千座桥梁上挤向未来，在他们之间，应该有越来越多的战争和不平等之事：我的大爱让我这样说！

在他们相互间的敌视中，应该发明出幻象与幽灵，并用他们的幻象与幽灵在相互间作最后的斗争！

善与恶、贫与富、高与低，以及各种名目的价值，都应该被用作武器和过硬的标志，表明生命必须不断地克制自己！

生命本身用柱子和阶梯来构筑自己，抬高自己，它要眺望远方，直至看到天堂的幸福美景，所以它需要高度！

因为它需要高度，所以它需要阶梯，需要阶梯与攀登者的冲突！生命要提升，提升着克制自己。

可是我的朋友们，你们给我看一下，在这个毒蜘蛛的洞穴所在之处，矗立着一座古代寺庙的废墟，就用你们那受了启蒙的双眼朝那里看一眼吧！

真的，曾经在这里用石头高高垒起其思想的人，就是那懂得全部生命秘密的最有智慧的人！

他在这里用最浅显易懂的比喻教导我们：即使在美中，也有斗争和不公平，有权力和优势的争夺之战。

这里的拱顶和穹隆在拼搏中彼此映衬得多么神圣：这些神圣地抗争着的东西，它们是怎样以光与影互相抗争。

朋友们，那就让我们坚定地在美中成为敌人吧！我们要神圣地彼此抗争！

哎呀！我被我的凤敌——毒蜘蛛给咬了！它以神圣的坚定、神圣的美，咬了我的手指！

"必须有惩罚和正义——它如是想。它在这里为敌人唱赞歌应该不是徒劳的！"

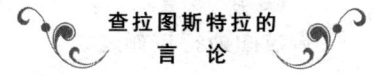

是的,它终于报仇了!现在它将用复仇使我的灵魂也眩晕!

但是,朋友们,不要让我眩晕,将我紧紧地捆在这根柱子上!我宁愿做柱子上的圣者,也不愿做复仇的旋涡!

是的,查拉图斯特拉不是旋涡,不是狂风;如果称他为舞者,那他也绝不是毒蜘蛛之舞者!

——查拉图斯特拉如是说。

论著名的智者

你们所有这些著名的智者,都曾是为人民和人民的迷信而服务的!但却从未服务于真理!正因如此,人们才敬重你们。

正因如此,人们甚至容忍你们的无信仰,因为对于人民来说,无信仰就是一个笑话和一种计谋。于是主人给他的奴隶自由,还以他们的放肆为乐。

可是,那种犹如狗讨厌狼一样令人民厌恶之人,是自由之精灵、枷锁之敌人、不信仰迷信的栖身于森林中的人。

在人民那里,将他从栖身处驱赶出来——这就是所谓的"正义感",人民经常会让他们最凶恶的狗去对付他。

空中总是回响着这样的声音:"人民在哪里,真理就在哪里!所以,让那追寻真理之人倒霉去吧!"

你们这些著名的智者,你们要让你们的人民有理由受到尊敬:你们称此为"求真之意志"。

你们的内心始终在对自己说:"我从人民中来,上帝之声也是从那里向我传来。"

你们充当着人民的代言人,始终倔犟而狡猾,像头毛驴一般。

一些想取得人民信任的统治者还在他们的马前面套一头小毛驴——一个著名的智者。

你们这些著名的智者,现在我想脱掉你们身上的狮子皮!

这兽皮,这色彩斑驳之皮,以及这位探究者、寻觅者、征服者的毛发。

啊,若要我学会相信你们在"求真",那你们必须先得打破你们的崇敬意志。

求真——我这样称呼那种进入无上帝的荒漠中,已打破其崇敬之心的人。

在烈阳高照的沙漠中,他十分渴望喷涌着清凉泉水的绿洲,那里是有生命存在的绿荫之洲。

然而,干渴无法说服他像那些舒舒服服者一样妥协:因为哪里有绿洲,哪里就有偶像。

狮子的意志就是:饥饿、残暴、孤独、无上帝。

赦免奴仆之快乐,摆脱上帝和崇拜,无畏而可怕,伟大而孤独:这就是求真者的意志。

自古以来,荒漠中就住着求真者,他们是荒漠的主人,是自由的精灵;而在城市中却住着享受美食,庸碌度日者,这些人就是那些所谓的著名的智者,真是一帮役畜们。

因为他们像毛驴一样,总是在拉着人民的大车!

并非我为此而责怪他们,但是我觉得,虽然他们的挽具金光灿灿,但他们终究是奴仆和被统治者。

他们常常是忠诚于主人的奴仆和被雇佣者。因为美德说:"如果你一定要做奴仆,那就去寻找最用得着你的服务的人吧!

因为你是你主人的奴仆,所以你主人的精神和美德会和你自己的精神与美德一起成长!"

真的,你们这些著名的智者,你们这些人民的奴仆!你们和人民的精神

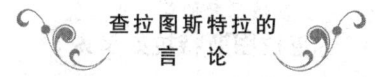

与美德一起成长——人民正是通过你们而成长!我向你们表示尊敬!

不过,在我看来,虽然你们有你们的美德,但你们终究是人民,而且是盲目的人民,不懂得究竟何为精神的人民!

你们可曾知晓?精神是本身像利刃一样插入生命之中的生命,它受尽磨难,增长了自己的知识。

你们可曾知晓?精神的幸福是:被涂上油膏,在人们的痛苦中被当作牺牲品贡献出去。

你们可曾知晓?盲人的盲目,以及他在寻求和行走中的摸索,就是他注意到的太阳之威力的最好证明。

你们可曾知晓?认识者应该学会用大山来建造房屋!因为用精神来移动大山是轻而易举之事。

你们只知道精神的火花,但你们不曾看见精神是怎样而来?它是通过铁砧和大锤的残酷磨砺而来!

真的,你们不懂得精神的高傲!一旦精神的谦卑想要表白的话,你们一定不能忍受!

你们尚未有足够的热量!所以,你们绝不能将你们的精神抛到冰窖里,你们也永远不懂得其寒冷之妙处。

总之,我认为,你们跟精神打得太火热了,你们常常用智慧建筑蠢笨诗人的贫民院和医院。

你们不是老鹰,所以你们根本感受不到精神处于惊恐之时的快感。不是鸟类的动物,就不应该在深渊上方栖身。

在我看来,你们不冷也不热,但是,所有深层次的知识都在清冷地流动着。最深处的精神是冰冷的,对于灼热的双手与行为有很好的清凉作用。

在我看来,你们这些著名的智者,你们腰杆笔直地直挺挺地站在那里,受到人民的尊敬,即使狂风和强大的意志也无法使你们动弹。

你们从未看到过穿越大海的扬帆之船在狂风暴雨中颠簸?像风帆一样,现在,我那疯狂的智慧也正在穿越大海,正在精神的狂风暴雨中颠簸。

可是,你们这些人民的奴仆,你们这些著名的智者,你们又怎会与我同行呢!

——查拉图斯特拉如是说。

夜之歌

夜已到来,现在所有的喷泉都在高声交谈,而我的灵魂也是一股喷泉。

夜已到来,现在所有爱者之歌已经苏醒,而我的灵魂也是一首爱者之歌。

在我身上,有一种不平静的、不可平静的东西,它将变得更加响亮;在我身上,有一种对爱的渴望,它自己在叙说着爱的语言。

我是光,唉,我多希望我是夜啊!因为被光所围绕才正是我的寂寞。啊,我希望我是黑暗和夜色!我是多么渴望吮吸光的乳房!

天上闪烁的星星与萤火虫啊,我愿意祝福你们!是你们赠与的光,才让我享受到了天国之乐。

然而,我生活在自己的光里,我要收回从我身上爆发出来的火焰。

我不知道索取者的快乐,我常常在梦中想,偷窃的快乐一定比索取更多。

这是我的贫困,因为我的双手总是在给予;这是我的忌妒,我看见被期待的眼光和星光所照亮的渴望之夜。

啊,所有给予者的不幸啊!我的太阳也会黯然无光,渴望也要追求渴望,饱食时也会有突然的饥饿!

他们从我这里索取,但是,我和他们的灵魂接触了吗?在给予和索取之间有一条深谷,而最小的深谷却要最后才架桥梁。

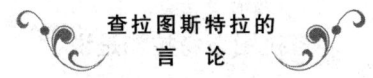

从我的美中产生出一种饥饿,我想伤害我给予的那些人,我想抢劫我给予的那些人。于是,我渴望着恶毒。

当别人向我伸出手来的时候,我却将手缩了回来,正如瀑布在飞流直下时停顿了一下。于是,我渴望着恶毒。

我的充裕想象出这样的复仇,从我的孤独中萌生出这些邪念。

我从给予中得到的快乐也因给予而亡,我的道德已对它自己的充裕感到厌倦!

总是给予之人的危险就是会丧失廉耻之心,他的手和心会由于总是在给予而生出老趼。

我不再为乞讨者的羞愧而流泪,那长满老趼的手也变得冷酷无情,感觉不到索取者的手在颤抖。

我的眼泪和我善良的心去哪儿了呢?啊,所有给予者的孤独,所有发光者的沉默!

许多太阳在荒芜的太空绕行,它们用它们的光与一切黑暗的东西说话。而对我,它们却保持沉默。

哦,这是光在憎恨发光者,它毫不留情地继续走它的路。

从内心深处不公平地对待发光体,冷漠无情地对待各种太阳——每个太阳都这么做。

太阳就如风暴般按照它们的轨道飞行——此乃它们的行。它们遵从其内心深处无情的意志——此乃它们的冷漠。

啊!只有你们这些黑暗与夜色,才从发光体那里获取温暖,才从光的乳房吮吸乳汁来得到慰藉!

啊,寒冰围绕着我,我的手被寒冷的东西而烫伤!啊,我的内心是如此的干渴,渴望着你们的渴。

夜已到来:啊,我竟然必须是光!我只能渴望夜色,渴望孤独!

夜已到来：我的要求如泉涌般从我身上涌出——要求我言语。

夜已到来：现在所有的喷泉都在高声交谈，而我的灵魂也是一股喷泉。

夜已到来：现在所有爱者之歌已经苏醒，而我的灵魂也是一首爱者之歌。

——查拉图斯特拉如是唱。

舞之歌

在一个傍晚，查拉图斯特拉和他的徒弟一起走在森林里去寻找水井。当他们走到一片被大树和灌木丛围绕的草地上时，看到一群姑娘在跳舞。姑娘们认出了查拉图斯特拉，便赶紧停了下来；但是，查拉图斯特拉却十分和善地走到她们面前，如是说：

"可爱的姑娘们，不要停下跳舞啊！我可不是什么恶棍之类的扫兴者，不是你们这些姑娘的敌人。

我是在魔鬼面前的上帝之代言：因为魔鬼是重力之魂。我怎么可能是你们这些神圣的轻盈，神圣的舞蹈，小巧玲珑的少女之足的敌人呢？

真的，我是一片森林，是一片有着幽暗树木的黑夜，但是只要你们不惧怕我的黑暗，就一定会在我的柏树下找到开满玫瑰的道路。

他也一定会找到姑娘们最爱的爱神：他正闭着眼睛，静静躺在井边。

真的，这家伙竟会在大白天睡觉！难道是他追蝴蝶追得太多了？

美丽的舞者们，如果我惩罚一下爱神，你们可不要对我发怒！当然了，他肯定会大喊、哭泣，但是，即使他哭泣，也还是很可笑的！

他会噙着泪水恳求你们跳一支舞；连我也要唱首歌为这支舞伴奏：这是一支舞蹈之歌，是一支嘲讽重力之神之歌，因为这重力之神就是我那最为强大的魔鬼，他号称'世界的主人'。"

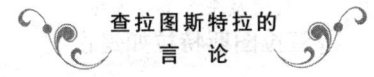

丘比特与姑娘们共舞时,查拉图斯特拉唱道:

"啊,生命!最近我时常注视你的眼睛,在那里,我好像跌落到无底深渊。

但是,你用金色钓竿将我拉住。当我说你深不可测时,你嘲讽地笑着说:'所有的鱼都这样说,它们不去探究的东西,它们便认为深不可测。

然而,我还只是可以改变的,尚未开垦的,总之,我是一个女性,一个无德的女性。

虽然我说你们男人深刻、忠诚、永恒或深奥莫测,但你们男人总是将你们的美德强加于我们身上——啊,你们这些所谓的有德者!'

于是,她笑了,这难以置信的家伙;然而,当她说自己不好时,我从不相信她和她的笑。

当我秘密与我的疯狂智慧交谈时,她对我发怒,说:'你仅仅是因为你要求,你渴望,你爱,所以你才赞美生命!'

我几乎恶毒地回答了这位愤怒者,将真相告知了她;最恶毒的回答莫过于向你的智慧'说出真相'。

这其实就是我们三者私下里的悄悄话。我内心深处只爱生命——真的,即使当我恨它的时候,也最爱它!

但是我也很喜欢智慧,非常喜欢。因为,她让我十分强烈地想到了生命!

智慧有生命的眼睛、生命的笑,甚至生命的金色钓竿。她们俩实在是太像了,我也毫无办法啊!

有一次,生命问我:'智慧,它到底是什么?'

这时,我急忙回答道:'啊,智慧!当人们渴望她时,会不厌其烦隔着面纱去看她,会伸出手去透过网眼去捉她。

她漂亮吗?我可不晓得!我只知道用她当鱼饵的话,即使最老的鲤鱼也会上钩。

她是能改变的,又是倔犟的;我常常看到她反咬自己的嘴唇,反梳自己的头发。

她总是个女人,或许是她恶毒又虚伪吧;但当她说自己不好时,也正是她最有魅力之时。'

当我向生命说完这些,生命狡猾地笑了,然后闭上双眼,说道:'你到底在说谁呀?是在说我吗?

即便你说得有理,可你怎么能当着我的面这样说呢!现在,还是说说你的智慧吧!'

啊,可爱的生命,现在你又重新睁开双眼!我好像觉得,我又跌入了无底深渊。"

查拉图斯特拉如是唱。

但是,当舞蹈结束,姑娘们都走开后,他却显得很伤心。最后,他说道:"太阳早已落山,草地潮湿得很,森林里也凉风阵阵。一种陌生的东西在我周围注视着我。怎么了!查拉图斯特拉,你还活着?

为什么活着?因为什么活着?何以活着?去向哪里?怎么活着?继续活着不是一件很愚蠢的事情吗?

啊,朋友们,黄昏在我心中这样考问我。原谅我的悲伤吧!到晚上了,夜晚已降临,请原谅我!"

——查拉图斯特拉如是说。

坟之歌

那里是坟墓的岛屿,宁静的岛屿;也是我的青春的坟墓。我要带一个常青的生命花环到那里。

我下定决心,穿越过大海。

在我看来,我的青春之幻觉,你们的那些爱的目光和神圣的时刻,简直是转瞬即逝!如今我怀念你们,就如同怀念我故去的祖先。

我最亲爱的死者从你们那里向我传来一缕芳香,使人肝肠寸断,泪如雨下。真的,孤独航海家的心都为之一颤,难忍激动。

我仍然是最富有的,是最被人忌妒的——我这个最为孤独之人!因为我拥有你们,你们也依然拥有我。请告诉我,这样的红苹果从树上落下,又有谁可曾像我一样幸运地接到手中?

啊,你们这些最亲爱的人!我一直都是你们的爱的继承者和土地,使你们的记忆盛开鲜艳的美德之花。

啊,你们这些可爱而稀有的奇迹,总是被放在距离很近的位置;你们不是像怯懦的鸟类那样靠近我和我的渴望,而是作为相互信赖的人一样来到我面前!

是的,和我一样,你们也是为忠诚和亲切的永恒而造就。现在我不得不根据你们的不忠来称呼你们这些神圣的目光和时刻,因为我还没有找到适合你们的其他名称。

真的,我觉得你们这些逃亡者真是死得太快了。但是,我们都逃避不了彼此,我们对彼此之间的不忠,都是无辜的。

为了杀死我,人们掐死了你们这些为我的希望而鸣叫的蝉!他们总是将恶意之箭射向你们，我最亲爱的人，为的就是击中我的心！

箭已射中！你们不得不很年轻就死去，过早地死去：只因你们一直是我最亲爱的人，是我的全部和迷狂！

人们把箭射向我最易受伤的地方——你们这些皮肤柔嫩，有着可爱微笑的人！

然而，我要对我的敌人说：比起你们对我所做的一切，那些对人类的屠杀又何足一提！

你们对我所做的行径，比所有对人类的屠杀都还要恶毒；你们从我这里掠夺的是无法挽回的东西。

我跟你们说，我的敌人们！是你们谋害了我青春之幻觉和我最爱的奇迹！是你们掠走了我的游伴——天堂的精灵！我给你们的记忆放下这花环和诅咒。

我的敌人们，我要诅咒你们！但愿你们能缩短我的永恒，就像一个声音被打破在寒夜里！只是不要只作为短暂的神圣之眼的闪烁来到我面前！

我曾天真地以为："一切事物对于我来说都是很神圣的。"

此时，你们突然驱赶着肮脏的鬼魂来纠缠我。啊，那纯真的想法去哪儿了？

我青春的智慧曾这样说："一切的时光对于我都应是神圣的。"真的，一种快乐智慧之言！

可是，你们这些敌人将我的夜晚偷走，换来的是那无尽的失眠之苦。啊，那种快乐的智慧跑哪儿去了？

我曾渴望喜悦的兆头，但你们却让我碰上了猫头鹰这个不祥之兆。啊，我那亲切的渴望跑哪儿去了？

我曾发誓不再有厌恶之物，但你们却让我最亲近的人浑身长满疖子。啊，我那最高贵的誓言跑哪儿去了？

我曾像盲人一样走过升天之路，但你们却将污秽的垃圾扔在盲人道上。

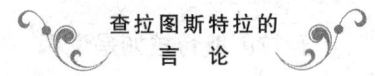

如今,他都厌恶了盲人的那条古老的道路。

当我执行最艰巨的任务或庆祝我战胜敌人之时,你们却让爱我的人大喊大叫。是我给爱我的人带来了痛苦。

真的,这些行径一直都出自于你们之手,是你们让我最好的蜂蜜,让我最好的蜜蜂的辛勤努力,对我变成了苦味。

你们总是驱使最无赖的乞讨者来接受我的善行;你们总是让坏到骨髓的无耻之流聚集在我的同情周围。所以,是你们伤害了我的美德忠诚。

假如我献上我最神圣的东西来做祭品:你们那所谓的虔诚就会立刻放上更为丰厚的祭品。于是,我最神圣的物品便被你们祭品的油烟味儿熏得窒息。

我曾想要跳舞,因为我还从未跳过,可当我要跳着穿越整个苍天时,你们却劝说我那最亲爱的歌手,让他唱一支恐怖、沉闷的歌曲。啊,我的耳朵里充满了他那嘟嘟的可怕之声,仿佛阴森森的号角声!

能杀死人的歌手,邪恶的乐器,本是最无辜的东西!当我正准备跳最好的舞蹈时,你却用你那痛苦的声音扼杀了我的热情!

只有在舞蹈中我才知道怎样说出最崇高的比喻,但是现在,我的最崇高的比喻却留在了我的四肢中沉默着!

我的最崇高的希望保持了沉默,始终没有摆脱痛苦!我青春的幻影和慰藉也都成了泡沫!

那么,我是怎样承受这一切的呢?我是怎样熬过并战胜这种伤痛的?我的灵魂是怎样从这些坟墓中复活的?

是的,我有一种不会受伤,不会被埋葬,可以摧毁岩石的东西:这便是我的意志。它默默地前行,永不改变。

我那古老的意志依靠我的脚来行走,它潜意识里是没有感情,是不会受伤害的。

而我，只是脚后跟不受伤害。你最有耐心，一直都生活在那里，从不改变！但愿你能冲破所有的坟墓！

我的青春未曾得到拯救的东西仍然活在你的心中，你作为生命和青春对未来充满了希望，坐在这些坟墓的黄色废墟上。

是的，在我看来，你是所有坟墓的毁坏者。我的意志，你是永存的！哪里有坟墓，哪里就有复活。

——查拉图斯特拉如是唱。

论自我克制

你们这些智者，你们称那些驱使你们、使你们万分激动的东西为"求真意志"吗？

在我看来，你们所谓的意志就是一切存在物都可以理解！

你们首先想要使一切存在物都可以理解：因为你们对它是否可以理解十分怀疑。

可是，你们的意志要求它适应你们，服从于你们！它应该顺从，臣服于精神，就像是它的镜子里的影子。

你们这些智者，这就是你们作为一种强力意志的全部意志，尽管你们谈论善恶和价值判断。

你们还要创造一个世界，你们可以在那里顶礼膜拜跪拜：这是你们最后的希望的寄托。

是的，无才无智的大众，就像不断有小船漂流的河流，小船上的乘客就是经过装扮的价值判断。

你们将你们的意志和价值放在河流之上，为我显露出一个古老的强力

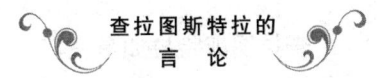

意志,而在大众眼里,这就是所谓的善与恶。

正是你们这些智者让这样的乘客上了船,并给他们冠以美轮美奂和高傲的名字,而这乘客就是你们和你们的统治意志!

河流不得不托载着你们的小船继续前行,不管是遇到暴风骤雨,还是汹涌的浪涛,都没有关系!

你们这些智者,河流不是你们的危险,不是你们善恶的终结;你们的危险和终结是那种强力意志本身——那种无穷无尽的、繁殖力强大的生命意志。

然而,为了让你们了解我的善恶观,我还要另外对你们讲讲生命,讲讲关于一切有生命的事物的本性。

我为了探究有生命的事物的本性,走尽了最大的大路和最小的小路。

当它合上嘴的时候,我用千面镜抓住它的目光,使它的眼睛和我说话。它的眼睛已经和我说了话。

但是,只要在有生命事物存在的地方,我也听到关于服从者的言谈。一切有生命的事物都是服从之事物。

听到的第二点则是:谁要是不服从自我,那就要服从别人的命令。因此,这是有生命的事物的本性。

而我听到的第三点则是:命令比服从更加困难。因为命令者要承担所有服从者的重负,这种重负过重,极容易将他压垮。

我觉得,好像所有的命令都需要尝试和冒险。不管在什么时候,一旦有生命的事物发出命令,那它就会为此而让自己担起了风险。

即使在它命令自己的时候,它也得为自己的命令付出代价。它必然会成为它自己所拟法则的法官、复仇者和牺牲品。

这到底是怎么回事呢?我这样问我自己。到底是什么东西促使有生命的事物既要服从又要命令,并且还要在命令中也服从呢?

你们这些智者,现在听我说说吧!你们严肃地检验一下,看看我是否已进入生命的心脏!

但凡我发现有生命的事物存在之处,我就能发现强力意志;即使在仆人的意志里,我也发现了他要当主人的意志。

弱者的意志劝说他:弱者应该服务于强者。弱者的意志是成为更弱者的主人,他是不愿意放弃这唯一的乐趣的。

就像是渺小者服从于伟大者,但他却能从更为渺小者那里找到乐趣和力量;而最伟大者也必须为了强力的缘故而服从,甚至献出自己的生命。

这就是最伟大者的服从:冒险、危难与孤注一掷。

在有牺牲、服务和爱恋眼光的地方,也有做主人的意志。弱者通过秘密之通道溜进城堡,直达强者的心脏,并从那里盗取了强力。

生命将这个秘密透露给了我,它说:"看啊,我总是必须得克制自我。

不错,这就是你们所说的生殖意志,或者叫作目的冲动,为了寻求更为高远、更加多样性的目的冲动:不过这一切都是唯一的秘密。

我宁愿死亡,也不愿放弃目的冲动;真的,在有死亡和落叶的地方,就有为了强力而自我牺牲的生命!

我不得不成为斗争、生成、目的和目的之间的对立。啊,谁猜得出我的意志,谁也就能猜出我的意志必然要走的道路!

不管我创造了什么,也不管我多么爱它,不久我必然会反对它,反对我之所爱:我的意志就是这样要求我的。

即便你这位认识者,也只不过是我的意志之路径和足迹罢了。真的,我的强力意志是在步你的求真意志的后尘!

向真理射去'存在意志'箭靶的人是永远也射不中真理的:这种意志是不行的!

因为不存在的东西根本就没有意志;而已经存在的东西,又怎么再去追求存在呢!

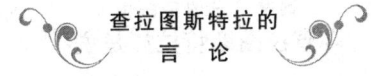

只是,有生命存在的地方也有意志,但却不是求生意志,而是强力意志!

有生命的事物在评价许多东西时,都超越了生命本身,但是评价时真正在起作用的就是——强力意志!"

生命曾经就是这么教导我的,所以我将它还给你们这些智者,以此来解开你们内心的谜团。

真的,你们听着:不存在永恒的善与恶!因为它不得不再三地克制自己。

你们这些价值判断者,你们用你们的价值和善恶言论来实施你们的权力:这是你们的秘密之爱,你们灵魂的闪烁、颤抖和漫溢。

可是,在你们的价值中孕育出一种更强大的权力,一种新生的克制,在它那里,鸡蛋和鸡蛋壳被碰得粉碎。

真的,谁想要成为善与恶的创造者,就必须得首先成为一个破坏者,将旧价值粉碎。

所以,最高的恶也是最高的善的一部分,不过,这是创造者的善。

你们这些智者,是不是觉得我们只是谈论它还是一样的糟糕,但是沉默更糟糕。因为,一切沉默的真理都会变成毒物。

让所有那些能被我们的真理所粉碎的东西都粉碎掉吧!需要盖的新房还有很多呢!

——查拉图斯特拉如是说。

论崇高者

我的大海的海底看起来很是平静,谁能猜得到它隐藏着爱开玩笑的怪兽呢!

我确定我的内心是坚定的,但是它还游离着扑朔迷离的谜和笑声。

我今天碰到一位崇高者,一位庄重者,一位精神的忏悔者:啊,我的灵魂是怎样地嘲笑他的丑陋啊!

那位崇高者挺胸抬头,像做深呼吸的人一样站在那里,沉默不言。

他的身上挂着他的猎获物:他的丑陋的真理,还有许多破碎的衣服,另外还挂着许多荆棘,但我却没找到一朵玫瑰。

他还不会笑和美。这位猎人阴沉着脸从知识之林里回来。

他刚和野兽搏斗过,但是,从他严肃的目光中还透出另一只野兽——一只他尚未制伏的野兽!

他像一只蠢蠢欲动的老虎一样,一直沉默地站在那里。但是,我很讨厌这种紧张的灵魂,我的趣味讨厌所有像他一样的退缩者。

朋友们,你们告诉我,不应该对趣味和品味的问题进行争论吗?可是,所有的生命都是趣味和品味之争!

趣味同时又是重量、天平、称重者。让所有那些想要生活,但却不用为重量、天平、称重者争斗的有生命的事物都倒霉吧!

当这崇高者厌倦了他的崇高时,他的美才会开始,就在此时,我才要品味他,发现他有味道。

真的!只有当他背弃自己时,他才会跳过自己的阴影,才会进入他的阳光世界。

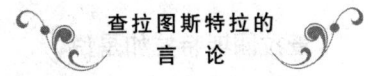

他在阴影里待得太久,他这精神忏悔者的脸色已经变得苍白,他都快在期待中被饿死了。

他的眼睛里仍带着蔑视,嘴上仍透露着厌恶。虽然他现在正在休息,但他的休息尚未沐浴在阳光里。

他应该像公牛一样做事,他的幸福应该散发出热爱大地的味道,而不是蔑视大地的气味。

我希望看到他是一头白色的公牛,看它是怎样铆足劲儿、叫喊着拉着犁铧前行:它的叫喊声应该是赞美大地的一切!

他的面部依旧黝黑;手的阴影遮住他的脸;他眼睛的感官依然停留在阴影中。

他身上的阴影就是他的行为本身:是他的手遮蔽了他的行为。他还没有克制住他的行为。

真的,虽然我很爱他的牛脖子,但是我现在要看他那天使般的眼睛。

他甚至应该忘却他的英雄意志。在我看来,他不仅是一个崇高者,也应该是一个高雅者。这个无意志的人,苍天应该可以抬举他。

他打败了怪兽,他解开了谜,但是他还应该拯救他的怪兽和他的谜,他应将它们变成上天之骄子。

他的知识还不会微笑,没有忌妒;他那豪迈的激情还没有在美中变得宁静。

真的,他的渴望不应该只限于满足,而应该在美中沉默起来,隐藏起来!优雅属于有伟大思想者的慷慨。

英雄休息时应该把胳膊放在头上,他也应该这样战胜他的休息。

可是,美对于英雄来说,恰恰是所有事物中最难之事。因为,对于拥有强烈意志的人来说,美是不可获得的。

多一点或者少一点,而在这里,恰恰是因为太多了。

对于所有崇高者来说,使自己处于肉体懒散、意志漫无目的的状态是最难做到的!

当强力变得仁慈,在可见事物中得以体现时:我就把这样的体现叫做美。

你这位强有力者,我从未像要求你那样要求别人表现出美:你的善就是你最终地战胜自我。

我相信你会做出各种各样的恶事,因此,我希望你为善。

真的,我常常嘲笑弱者,他们以为自己有一瘸一拐的爪子,便相信自己是善的!

你应该竭力追求柱子的美德,它耸立得越高,就会变得越美、越精致,而且质地也变得越坚挺,承受力也就越强。

是的,你这位崇高者,有朝一日你还应该变得更美,那时,你会拿着镜子照出你自己的美。

这时,你的灵魂将在神圣的渴望面前异常激动,在你的虚荣中也依然会有崇拜!因为这是灵魂之秘密:只有当英雄将其抛弃时,超英雄才会在梦中走近它。

——查拉图斯特拉如是说。

论有教养之邦

我在未来中飞了好远:突然间,一种恐惧感袭来。

我看了看周围,发现唯有时间与我同在。

这时,我飞着往家赶,加速地飞向家里。于是,我到了你们这里,你们这些现代人的有教养之邦。

首先,我带着眼睛和满心的渴望来到这里拜访你们。

但是我碰到什么事了呢?虽然我也非常害怕,但是我还是忍不住大笑!我从未看到过这种色彩斑斓的斑点!

我不停地笑着,使得我的脚也跟着颤抖起来,连我的心也在颤抖着。我说:"这里居然是所有颜料罐的故乡!"

你们这些现代人啊,你们的脸上和四肢上有五十块地方都涂上了颜色:看见你们就这样坐在那里,我甚是惊讶!

在你们的四周,还有五十面镜子在映射着你们色彩变幻的面孔和身体!

真的,你们这些现代人,你们的脸就是你们最好最好的面具,你们这样子,敢问还有谁能够认出你们的真容来呢!

写满了从前的符号,现在,又画上了新的符号。所以,在所有符号解说者面前,你们把自己很好地隐藏了起来!

即便有人要彻查你们:他们也不会相信你们有什么东西好检查的!你们看上去就是用颜料烘烤,用小卡片黏合起来的。

所有的时代和民族都隔着你们面纱往外看,看到的全是五彩缤纷;所有的习俗和信仰都看着你们的表情谈话,谈得兴致勃勃。

即使有人将你们的面纱、斗篷、颜料和表情去除,那留下来的东西也足够用来吓唬飞鸟了。

真的,我自己就是一只受惊吓的鸟,曾因为看到你们赤裸着的身体而受到惊吓;当那骷髅向我暗送秋波时,我吓得魂飞魄散,落荒而逃。

我更情愿在地狱里做那些幽灵的仆役!因为,即使地狱的幽灵也比你们更充实、更丰满!

真的!这就是令我的内心无比痛苦之事:我既忍受不了你们的赤身裸体,也忍受不了你们的穿着打扮,你们这些现代人!

真的,即使是未来所有的不可预知的恐惧,还有那令迷途的飞鸟感到惶恐的东西,也比你们的"现实"更自在、更安心。

因为你们曾这样说:"我们完全是现实的,没有信仰,也没有迷信。"于是你们挺胸抬头——啊,甚至没有了胸膛!

是啊,你们这些有着彩色斑点之人,你们怎样才会有信仰呢!你们就是那画有曾被信仰的一切的图画!

你们活脱脱就是对信仰本身的反驳,是所有思想的错位。你们这些现实的人,你们在我眼里就是最不可信的人!

所有时代都因为你们的精神彼此保持对立,相对于你们的清醒,所有时代的梦和闲谈都更为现实!

你们没有生育的能力,所以你们没有信仰。但是,必须得进行创造的人也总是怀有其能应验的梦想和黄道十二宫的征兆,他们始终相信信仰!

你们是半开着的门,掘墓人就在门边等候。你们的现实就是:一切都值得一死。

啊,你们这些没有生育能力的人,你们是怎样的一副样子站在那里啊,你们是多么的消瘦,甚至露出了你们白花花的骨头!我想,你们中间一定有懂得这一切的人。

有些现代人这样说:"在我熟睡时,一定有一个神悄悄偷走了我的东西。真的,那些东西足以能给自己塑造一个小女孩了!美妙的是我的瘦骨嶙峋!"

是的,你们这些现代人惹得我只想笑!特别是当你们对自己感到惊奇的时候!

若是我不为你们的惊奇而笑,不得不将你们盆里所有的那些令人作呕的东西都喝下,那我可就倒大霉了!

不过,我要把你们变轻,因为我必须得担负重担。若是甲虫和金龟子坐在我的重担上,对我来说,是无所谓的!

真的,我的重担不会因为它们而让我感觉更重!我的巨大疲劳并不是来自于你们这些现代人。

啊,我现在应该带着我的渴望向何处攀登呢?我站在所有的高山上远眺,寻找我的祖国和本土。

可是,无论怎样,我都找不到我的家乡。所有的城市都没有我的安身之所,所有的大门边都是我一段新旅程的开始。

最近,曾在我的心驱使下我所相遇的现代人是让我感觉陌生的,他们是对我的一种讽刺,我被驱逐出祖国和本土。

所以,我还是只爱我的童子之邦,但是在最遥远的海上,我还尚未发现它。所以,我吩咐我的帆船苦苦地找寻。

因为我是我父辈的孩子,所以,我也要对我的孩子作出补偿。为了现在,我要对未来作出补偿!

——查拉图斯特拉如是说。

无瑕疵的认识

昨天,当我看见挺着肥肥大大肚子的月亮躺在地平线岸上时,我错误地以为他要孕育出一个太阳来呢!

我觉得,他就是一个谎称自己怀孕的说谎者;我宁愿相信月亮上的男人,也绝不相信月亮上的女人。

当然,这胆小的夜游神也并非什么男人。真的,他心怀鬼胎地走过屋顶。

因为他是月亮上的僧人,但他还有着贪婪而又忌妒的嘴脸,他贪恋凡事俗尘和情侣之欢。

是的,我讨厌他,讨厌偷偷摸摸在半闭的窗户周围转来转去的屋顶上的猫儿!

他虔诚地默默走到满是星星的地毯上,但是我很讨厌所有蹑手蹑脚的人类之脚,甚至不让鞋底发出一丁点声响。

每一个诚实者的脚步都会发出声音,但是,猫儿却是在偷偷地溜走。看啊,月亮就像是猫儿一样在不诚实地前进。

这个比喻就是我用在你们这些感伤的伪君子身上的,你们这些"纯粹的认识者"!我称你们是贪婪者!

我猜透你们了,你们也爱大地和尘世。但是,你们就如月亮一样,爱里充满了羞耻和愧疚!

有人要你们去蔑视尘世,但他们说服的是你们的精神,而不是你们的内脏。可是,内脏才是你们身上最强大的东西!

现在,你们的精神羞于屈从你们的内脏,因为羞愧,它总是走在充满秘密和谎言的道路上。

你们爱说谎的精神自言自语:"我觉得我的做法是最高尚的,没有丝毫欲望的念头,而不是像巴望着大肉的狗一样在观望生活。

在观望中感到幸福,消磨了意志,没有私念与贪欲,全身苍白而寒冷,但却拥有一双陶醉的月亮之眼!我的最爱就是如此。"被诱惑者如是诱惑自己说,"像月亮热爱大地一样热爱大地吧,只用眼光来发觉她的美。

在我看来,这就是对万物的无瑕疵的认识。我对万物无所求,只求能像一面有一百只眼睛的镜子一样横在它们面前。"

哦,你们这些感伤的伪君子,你们这些贪婪者!你们在欲念中正是因为缺乏无辜,所以现在,你们才因此而败坏了渴望的名誉!

真的,你们不是作为创造者、生殖者、为生成而欢欣者来热爱大地的!

哪里有生殖意志,无辜就在哪里。在我看来,为了超越自我而创造的人就拥有了最纯粹的意志。

哪里是我必须以全部意志欲求的地方,哪里是我欲爱欲死,从而使形象不仅仅是形象的地方,美就在哪里。

爱和死自古就是彼此一致的,求爱的意志也就是愿意去死:这是我说给你们这些懦夫听的!

可是,你们失去了男子气的斜视,却美其名曰"宁静"!难道让人以怯懦的眼光触摸自己的东西应该起名为"美"吗?哦,你们真是一群玷污高贵名称的垃圾!

你们这些无瑕疵者,你们这些纯粹的认识者,就应该这样诅咒你们:尽管你们挺着肥肥大大的独自躺在地平线上,但你们也将永远不能生育!

真的,你们这些大大的说谎者,不要认为你们凭借满嘴高贵的辞藻,就能让我们相信你们是情不自禁。

可是,如果我的言语是微不足道的、受蔑视的、有所遮掩的话,我十分乐意捡起你们吃饭时掉到桌子下面的东西。

我始终能用这些话向伪君子讲出真理!是的,我应该用我的鱼刺、贝壳、针叶挠你们这些伪君子的鼻子,使它又痛又痒!

你们和你们吃饭地方的四周,空气极其污浊,因为这空气中到处弥漫着你们的贪欲、谎言和秘密!

首先要自信,相信你们自己和你们的内脏!而不自信者,永远都在撒谎。

你们这些"纯粹者",你们将上帝的面具挂在自己面前,这个面具里藏着一个令人毛骨悚然的环节动物。

真的,你们这些"宁静者"总是在欺骗!甚至查拉图斯特拉也曾披着你们神圣的外皮做过小丑。令他没有想到的是,在神圣的外皮内部竟然是满满的相互缠绕的毒蛇。

你们这些纯粹的认识者啊!以前,我误认为我在你们的游戏中看到了一位正在玩耍的上帝的灵魂!我还误以为任何艺术都没有你们的艺术好!

是距离让我看不清蛇的污秽,闻不到蛇散发出来的恶臭,看不到狡诈的蜥蜴贪婪地在这周围爬来爬去。

然而，当我走近你们时，我发现白昼已经降临了，现在它要去你们那里，月亮的私通到此就结束了！

快看那边啊！月亮被逮住了，它的脸色苍白，正战战兢兢地站在朝霞面前！

因为太阳已经来了，这个灼热的东西——她满怀着对大地之爱过来了！这全部的太阳之爱就是无辜和创造者所渴望的！

快看那边啊，看看她是怎样急迫地来到大海上空！难道你们没有觉得干渴，没有感受到她那热烈的爱的气息吗？

她要吮吸大海，要将大海的深度喝下，将其变成自己的高度：这时，大海的渴望随着千万个胸膛高涨。

大海要被干渴的太阳亲吻和吮吸；它要变成空气、高度、光的通道和光本身！

真的，我正如太阳一样，热爱着生命和大海的全部深度。对于我来说，这就是认识：一切深度都应该上升到我的高度！

——查拉图斯特拉如是说。

论学者

一个孩子告诉我，在我熟睡的时候，一只绵羊吃起了我头上戴着的常青藤花冠，它还边吃边说："查拉图斯特拉不再是学者了。"说完这话以后，它便神气十足，高昂着头离开了。

我喜欢躺在这挨着断墙，长满大蓟和红罂粟花的地方，这里还经常有孩子们在玩耍。

对于孩子们，甚至对于大蓟和红罂粟花来说，我还是一位学者。他们是无辜的，即使他们在搞恶作剧时也是无辜的。

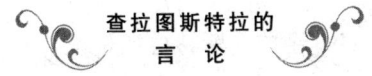

但是，我对于绵羊来说，却不再是学者：我的命运这样要求。愿主赐福于它吧！

因为这就是事实：我搬出了学者之家，而且在离开家门的那一刻，我还狠狠地甩手关上了门。

我那饱受饥饿的灵魂坐在学者的桌子旁太久太久了，我不像他们那样通过专业训练来认识事物，就像砸开坚果一般。

我喜欢自由和大地清新的空气，我宁愿睡在牛皮上，也不愿意睡在他们的体面和尊严上。

我被我的思想烧得太热了，几乎要烤焦了，它经常会差点令我窒息。所以，我必须离开所有被灰尘堆积的房间，走到外面去。

可是，他们冷酷地坐在清凉的背阴处：因为他们只想在一旁观望着宇宙，所以他们不会坐在被太阳晒得滚烫的台阶上。

他们就像那些站在街头，双眼一转不转地盯着来往人群的人一样等待着，盯着别人的思想。

如果你伸手去抓他们，他们就像面粉口袋一样不自主地在自己身边扬起一阵白面的灰尘，但是，谁也猜不到这些灰尘竟然来自谷物，来自夏季田地里金色的幸福？

如果他们显出得意之意，那么，他们那些狭隘的格言和真理就会令我不寒而栗，他们的智慧上经常带有一种沼泽地的味道，真的，我甚至听到从这种智慧中传出来的青蛙的呱呱叫唤声！

他们有灵巧的手指，动作灵敏，我的单一性在他们的多样性那里，又谈何要求呢？他们的手指可以灵活地穿针引线与编织，于是，他们编织出了精神之袜！

他们像是结构出众的钟表，只要给他们上好发条，他们就能极为准确地指示时间，与此同时，它还会发出轻轻的滴答声响。

他们像那磨房里的机器齿轮和打夯机一样工作,你只要将谷物扔过去就可以了!他们会自己碾碎谷物,并向外排放出白色的灰尘。

因为他们不信任彼此,所以他们互相严密地监督着。尽管他们会制造出一些耍弄人的小聪明,但他们却等待着这样一些拥有靠跛脚行走的知识的人,他们乐此不疲像蜘蛛一样等待着。

我见他们总是小心仔细地准备毒品,这时候,他们总是用玻璃套子套在手指上。

他们甚至知道用玩骰子来进行欺诈,而且他们玩得还非常投入,竟然会满头大汗。

我与他们是陌路人,在我看来,他们的美德比他们的欺诈行为和那骰子更令我恶心。

当初,我和他们住在一起的时候,我住在他们上面。他们因此而怨恨我。

因为他们讨厌听到有人在他们头顶上走动的声音,所以他们在我和他们的脑袋之间,堆满了木头、泥土和垃圾。

于是,我的脚步声在他们的耳中减弱了。直到现在,我的声音都没有被最好的学者所听到。所有人的缺点和弱点都被他们放在我和他们之间,这被他们称为他们家中的"假天花板"。

可是,虽然如此,但我还是继续以我的思想行走在他们的头顶上,即使当我要行走在我自己的错误上时,那我也还是在他们的头顶上。

这是因为,人与人是不同的:正义如是说。我想要的,他们不可以要!

——查拉图斯特拉如是说。

论诗人

查拉图斯特拉对他的一个徒弟说："自从我更好地了解了身体之后，我觉得精神似乎还只是精神而已；而一切'不朽之物'也只是一种比喻罢了。"

他的徒弟回答说："以前我曾听你这样说过，当时你还补充说：'可是诗人说谎太多。'你为什么说诗人说谎太多呢？"

"为什么？"查拉图斯特拉问他，"你问为什么？我可不是那些你可以追问原因的人。难道我的经验仅是从昨天就能得出来的吗？我体验我观点的论据已经很久了。

如果我想把我的论据时刻带在身边，难道我就必须成为一只记忆之桶吗？对我来说，保留我的观点的要求就已经过高了。有些鸟儿已经离开了。

有时，我在我的鸽子棚里也能发现一只陌生的鸟儿，当我伸手去抓它时，它浑身抖动着。

可是查拉图斯特拉曾对你说过什么？是说诗人说谎太多吗？可查拉图斯特拉也是一位诗人啊。

那你现在还相信他是在谈论真理吗？你又是为什么相信他呢？"

徒弟回答说："我信任查拉图斯特拉。"

然而，查拉图斯特拉却摇了摇头，笑了。

他说："信仰并不赐福给我，尤其是对我的信仰。但是，如果有人十分诚恳地说，诗人说谎太多，那么他是有道理的，我们的确说了太多的谎言。

我们懂得的东西少得可怜，是很笨的学者。所以我们只能说谎。

在我们这些诗人中，有谁不在他的酒中兑水呢？在我们的地窖里就有一些有毒的混杂物，一些难以描述的事情就是在那里做出来的。

因为我们知之甚少,所以我们打内心深处喜欢精神贫瘠者,特别是年幼无知的小女孩!

我们甚至还渴望知道老太太们在晚上互相讲述的事情。我们称这种事情为:永恒的女性因素。

就好像存在着一条专门通往知识殿堂的秘密小径,是它埋没了那些学习一些东西的人:所以,我们便相信人民大众,包括他们的"智慧"。

可是,所有的诗人都相信:只要躺在草地上或是寂静的山坡上,然后竖起耳朵,就一定能感受到某种天地之间的事物。

当诗人在你侬我侬之时,他们总认为是自然本身爱上了他们。大自然轻轻地靠近他们,对着他们的耳朵说出悄悄话和爱的誓言:为此,诗人们在所有人面前扬扬自得,颐指气使。

啊,天地之间原来有这么多事情,只有诗人才会梦想到啊!尤其是在天上:因为所有的神都是诗人的比喻和想象!

真的,我们总是被牵引着向云的王国攀升,在云的上面,坐着许多我们的五彩缤纷的洋娃娃,我们称之为上帝和超人。

但愿这些神和超人足够轻,否则,这样的座位哪能承受得起呀!

啊,我多么厌倦所有那些本就不能及,但却被完全虚夸成是真事一样的东西!啊,我多么厌倦诗人!"

当查拉图斯特拉在说这些话时,他的徒弟对他很是生气,但他还是缄口不言。

查拉图斯特拉也保持了沉默,他双眼直视着自己的内心,像是看到了遥远的远方。最后他叹了口气,说:

"我属于现在和过去,但我的心中有某种东西却属于明天、后天和将来。

我厌倦了诗人,不管是老诗人还是新诗人:我认为他们全都是认识浅薄之辈,只是一个浅滩而已。

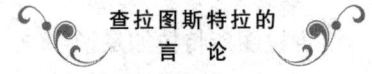

他们的思想还不够深入,所以他们的感情尚未抵达内心深处。

你们曾经思考最多的就是一点淫欲,一点无聊。他们弹奏竖琴的乐声,我认为简直就是在鬼哭狼嚎;至此为止,他们哪里懂得热情奔放的音调呢!

我认为,他们也不够纯粹,他们只是把水搅浑,让它看上去显得很深。

于是,他们便自称是调解之人。但是,在我看来,他们始终是中介和搅和器,一半这个,一半那个,是不纯粹之人!

啊,我在他们的大海里撒下我的网,希望能捕捉到好的鱼;但是我每次拉上来的,却总是一位古老之神的脑袋。

大海就是如此,他给饥饿者的一块宝石,他们自己一定很喜欢是从大海中来。

无疑,人们从他们身上找到了珍珠,他们很像是有着坚硬外壳的类软体动物。而我从他们身上找到的不是灵魂,而是污浊的黏液。

他们还学到了大海的虚荣,大海不是虚荣心最强的孔雀吗?

即使在天下最为丑陋的水牛面前,它也会打开它的屏,从来都不会厌倦它那闪闪发光、如丝一般的高级扇面。

水牛警惕地望过去,它的灵魂更靠近沙滩,更靠近灌木丛,可是最靠近的,是那沼泽地。对它来说,美、大海、孔雀漂亮的羽毛又算得了什么!这就是我对诗人的比喻。

真的,他们的精神本身就是那最虚荣的孔雀,最虚荣的大海!

诗人的精神需要有观众:即使他们是水牛也无妨!

但是,我十分厌倦这样的精神,我看到了它厌倦了自己的那一刻到来了。我看见诗人发生了改变,他们的目光不再看向别人,而是转向了自己。

我看到精神的忏悔者到来了,他们源自于诗人。

——查拉图斯特拉如是说。

论伟大事件

在大海上，在距离查拉图斯特拉的幸福之岛的不远处，有一座岛屿，岛上有一座火山在汩汩地冒烟。人们都在谈论它，特别是一些年长点的女人，他们说这岛屿像一块大岩石一样堵在地狱的大门前面，可是有一条羊肠小道往下穿过火山，直通这地狱之门。

就在查拉图斯特拉逗留在幸福之岛上的时候，发生了这样一件事：

一艘船来到这座冒烟火山所在的这座岛上，船员们走上岛猎捕兔子。但是到了大中午，船长和船员们重新集合之时，一个人影突然从天而降，随之而来的是一个清晰的声音："是时候了！时间紧迫！"可是，当这个人影离他们非常近的时候，他却像一道光影一样"刷"地一下疾驰而过，向火山所在的方向飞去。他们认出来了这个人影，他就是查拉图斯特拉；因为除船长外，其他船员们都曾见到过查拉图斯特拉，他们以前都和现在的大众一样很爱他，也就是说，等量的爱和畏惧同时在一起。

年老的舵手说："你们快看呀！查拉图斯特拉朝地狱飞走了！"

而就在水手们登上火山岛之时，有流言说，查拉图斯特拉失踪了；当人们向他的朋友打听他时，他的朋友说他乘着夜间的船去旅行了，但没有说他要去哪里旅行。

于是，一种躁动产生了。

然而，三天后，水手们的故事又使这种躁动升温了。所有人都说，查拉图斯特拉被魔鬼抓走了。虽然他的徒弟们都对这种传言嗤之以鼻；他们当中有一个人甚至说："我宁愿相信查拉图斯特拉抓住了魔鬼，也不相信他被魔鬼抓走了。"可是，他们的内心却都充满了忧虑和渴望：所以，当第五天查拉图

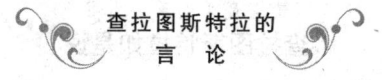

斯特拉出现在他们面前时，他们都喜出望外。

查拉图斯特拉向他们讲述了他与火狗的谈话：

他说："大地有一张皮，这张皮有各种各样的疾病。比如，有一种病叫作'人'，还有一种病叫做'火狗'。人类对于火狗的话题，互相说了许多谎话，他们允许互相说谎话。

为了弄清楚这个秘密，我穿越了大海，看见了真理赤裸着身体，光着脚丫子，裸露着脖子。

看到这里，我知道这同火狗有何关系了；同样也知道了，这和多数的人们所惧怕的所有喷发之魔、颠覆之魔之间的关系了。

我大喊着：'火狗，快出来吧，从你的深渊中出来吧！告诉我这深渊究竟有多深！你发出的呼呼声到底是从哪里来的？

你在大海里畅饮：这暴露出你盐分太多的滔滔不绝！真的，你从表面为深渊之狗摄取了太多的养料！

我顶多视你为大地的腹语者：当我和颠覆之魔、喷发之魔谈话时，我总觉得它们和你一样带着咸味、喜欢说谎、认识浅薄。

你们知道咆哮，知道用灰尘来遮蔽！你们有最能自夸的大嘴，将把泥浆煮得滚烫的艺术掌握得滚瓜烂熟。

你们藏身之处的附近，就必然会有泥浆，必然有许多棉絮状的、中空的、相互挤压的东西：它们想要自由。

'自由'：这是你们大家发自内心的咆哮声。可是一旦有许多咆哮声和烟雾围绕在自由周围，我就忘记了对'伟大事件'的信仰。

朋友，但愿你相信我，你这坚壳中的噪声！因为最伟大的事件不是发生在我们最响亮的时刻，而是发生在我们最寂静的时刻。

世界不是在围绕新噪声的发明者而转，而是围绕新价值的发明者而转；它的转动是没有声响的。

朋友，承认了吧！当你的噪声消失，当你的烟雾消散的时候，是不会发生什么事情的。一座城市变成了木乃伊，一座雕像倒在泥浆里，这又算得了什么呢！

这些话也是我要对雕像的颠覆者说的。把盐撒进海里，把雕像扔进泥浆，这无疑是最伟大的愚蠢。

雕像躺在你们所轻蔑的泥浆中。而这，正是雕像的法则，它的生命和活生生的美正是从轻蔑中重新诞生的！

它现在带着更神圣的面貌站立起来，魅力绝不亚于病西施；真的，它还要感谢你们，你们这些颠覆者，因为是你们将它推倒的！

这些话也是我给国王、教会以及在年龄上、美德上衰弱的之一切的建议，尽管让你们被推翻吧！如此一来，你们就得以重生了，美德也会再次回到你们那里！'我当着火狗的面这样说。这时，它很不友好地打断了我，问道：'教会到底是什么东西呢？'

我回答说：'教会是一种国家，而且是最虚伪、最骗人的那种。不过请闭上你的嘴，你这假装善意的恶狗！你是教会的同类，你也一定最了解它！

国家和你自己一样，也是一条假装善意的恶狗；它和你一样，喜欢用咆哮和烟雾说话，它假装和你一样，从事物的肚子里往外说话。

因为国家无论如何都要成为地球上最重要的野兽；人们也相信它是这样的。'

当火狗听完我说的这些话后，它忌妒得简直要发狂了，就像是得了失心疯一样，丧失了理智。

它叫嚣着：'什么？地球上最重要的野兽？人们也相信国家是这样的？'它的嘴里喘着粗气，还有那震耳欲聋的可怕的咆哮声，以至于我都觉得它要被愤怒和忌妒气得要窒息了。

最终，它渐渐平静了下来，喘息声也减弱了；等它刚安静下来，我就笑着

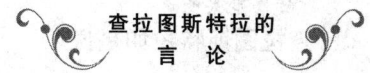

对它说：'火狗，你生气了。这也就表明我对于你的评价是正确的！

为了证明我的评价正确，你不妨听听另一条火狗的故事：它是真的从地球之心往外说话。

它呼出来的是金子和金雨：它内心想要的就是如此。灰尘、烟雾、滚烫的黏液对它来说什么都不是。

笑声像一朵彩云一般从它那里飞了出来，它厌恶了你的喉咙、喷发和肝火！但是，它从地心中取出了金子和笑声：因为地心是由金子构成的，这一点你应该很清楚。'

当火狗听完这话时，它再也听不下去了。它羞愧地缩回原本高傲的尾巴，小声地'汪！汪！'了几声，便灰头土脸地爬进了它的洞里。"

查拉图斯特拉如是讲述着。

但是，他的徒弟们几乎都没有听他讲，因为他们内心非常渴望将水手们、兔子，还有飞人的事告诉他。

听完徒弟们的讲述，查拉图斯特拉说："我应该如何看待此事呢？难道我是一个幽灵吗？不过，那也许是我的影子。你们一定听说过关于漫游者和他影子的故事吧？

但是有件事是肯定的：那就是我必须极为迅速地抓住它，否则的话，它还会继续败坏我的名誉。"

查拉图斯特拉又摇了摇头，表现出吃惊的表情。"我应该如何看待此事呢？"他再一次说道。

"那幽灵究竟为什么要叫喊：是时候了！时间紧迫！它究竟要干什么呢？为了做什么事情而感觉时间紧迫呢？"

——查拉图斯特拉如是说。

预言家

"我看见一个巨大的悲伤正降临到人间。即使最优秀的人都已厌倦了自己的工作。

新的学说发布了,他的信仰是:'一切皆空,一切皆同,一切皆存在过!'

群山上空都回响着这样一个声音:'一切皆空,一切皆同,一切皆存在过!'

我们敢肯定,我们已将水果收获了。但是现在,为什么我们眼中的所有水果都烂得发紫了?昨晚,是什么东西从邪恶的月亮上掉了下来?

所有的劳动都白费了,我们的酒变成了毒药,邪恶的眼光烧焦了我们的田野和内心,直至烤得焦黄。

我们都干枯了,如果火落到了我们身上,我们会即刻四处飞扬,就如灰尘一样。如此一来,即使是火,我们也会令它疲惫不堪。

所有井里的水已经消失,甚至大海也已消退。整个地面都裂着大口子,但是深渊却不想要吞噬!

'啊,哪里还有一个可以淹死人的大海?'我们的抱怨响彻在低浅的沼泽地上空。

真的,我们真的太疲倦了,甚至都懒得去死了;如今,我们仍然醒着,继续在墓室里活下去!"

查拉图斯特拉从一个预言家那里听到了这些话;这个预言深深打动着他的心,并使他发生了改变。他悲伤地来回踱着步,渐渐地,他走累了,他变成了预言家口中的那种人了。

真的,他对他的徒弟们说,漫长的黄昏就要到来了。唉,我该怎样做才能帮助我的光明度过这漫长的黄昏呢!

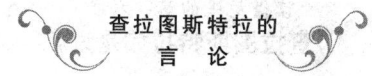

希望我的光明不会在这悲伤中停止呼吸!它的使命应该是更遥远的世界与黑夜的光明!

查拉图斯特拉就这样悲伤地来回走着,整整三天,他水米不进,不休息,也不说话。终于,他晕倒了,睡着了。他的徒弟们就彻夜守候在他的身边,焦急地等着他醒来,等着他重新说话,等着他走出悲伤,回到从前的模样。

下面的话就是查拉图斯特拉醒来后所说的话,但是在他的徒弟们听来,他的声音就像来自遥远的地方。

"朋友们,我刚才做了一个梦,我讲给你们听听,请你们帮我揣摩一下这梦的意思!

这个梦对我来说,仍然是一个谜,谜底就隐藏在梦中,囚禁在梦中,它还没有长出自由的翅膀,所以无法飞越这个梦。

我梦到我将整个生命都抛弃了,变成了那山上的死神城堡上的守夜者和守墓者。

在死神城堡上,我守护着死神的棺材,散发着臭味儿的墓穴中到处都是胜利的标志。被征服的生命透过玻璃棺材凝望着我。

我呼吸着满是灰尘的永恒气息,我的灵魂布满灰尘,沉闷地躺在那里。又有谁能在那种地方让自己的灵魂喘息呢!

午夜的光明始终包围着我,作为第三者的寂寞就在它旁边,它发出咕噜咕噜的声音,一种死亡的沉寂,是我最糟糕的一个女友。

我带着最生锈的钥匙,我知道怎样用它们来将所有大门中最嘎嘎作响的那扇门打开。

在打开门的那一刻,一个嘶哑如乌鸦鸣叫的可怕的声音传过长廊:这只鸟不怀好意地尖叫着,它不愿意被吵醒。

可是,当一切又静下来的时候,这里更是恐怖得让人揪心。而我,正独自坐在这可怕的沉寂中。

时间就这样慢慢地过去,我怎么知道是否还有时间!不过,终于有声响将我吵醒了。

重重的敲门声响了三次,震耳欲聋,墓穴里也响起了三次回声。这时,我朝大门走去。

哎呀!我喊道,是谁把遗骸送上山的呀?哎呀!哎呀!是谁把遗骸送上山的呀?我一手将钥匙插入锁孔,另一只手抓住门,使劲拉。但是大门却丝毫不动。

此时,一阵狂风呼啸而至,将大门吹开,伴随着刺耳的尖叫,它冲我扔过来一口黑色的棺材:

棺材在呼啸声中、在尖叫声中爆裂,迸射出千重的笑声。

从千百张婴儿的、天使的、猫头鹰的、疯子的、大得如孩子之蝴蝶的面具上,冲着我大笑、嘲讽和叫嚣。

我被这笑声吓坏了,我倒在地上,声嘶力竭地尖叫着,我从未如此尖叫过。

不过,我也从我自己的尖叫声中惊醒了过来。"

查拉图斯特拉讲述完他的梦之后,便一直保持着沉默,因为他还不知道该怎样解释他的梦。然而,他最得意的徒弟迅速站了起来,握住查拉图斯特拉的手,说道:

"哦,查拉图斯特拉,你的生活本身就能解释这个梦!

你本身不就是在尖叫声中吹开死神城堡大门的狂风吗?

你本身不就是装满各种恶意行为和上千种面具的棺材吗?

真的,查拉图斯特拉像千重的孩子之笑声一样,来到了所有的墓地,嘲笑这些守夜者和守墓者,或者是那些拿着生锈的钥匙去开门的人。

你的笑声可以使他们恐惧,将他们吓倒,他们的昏厥和苏醒就是你对他们的威力的证明。

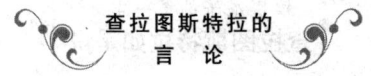

即使在漫长的黄昏和致命的疲劳到来之时,你也不会从我们的天上消失,因为你是生命的代言人!

是你让我们看见了新的星辰和新的夜景。真的,你将你的笑声展开,犹如将绚烂的帐篷支起在我们的头顶上。

现在,孩子的笑声将总是从棺材里传出来;现在,一阵狂风将总是会制伏所有致命的疲劳。对于我们而言,你就是这狂风的保人与预言家。

真的,你梦见了你的敌人:这是你最痛苦的梦!

但是,正如你被他们惊醒,恢复意识一样,他们也应该将自己叫醒,并且来到你那里!"

这个徒弟说完后,其他人便围在查拉图斯特拉身旁,握住他的手,努力劝他从他的床上和痛苦中走出来,回到他们当中。

可是,查拉图斯特拉却神情异样地直挺挺地端坐在他的床上,仿佛一个从国外归来的归侨一般。他看了看他的徒弟们,细细地打量着他们的脸,仍然没有认出他们。不过,当徒弟们把他扶起来,让他站立在地的时候,他的眼神突然间发生了改变,这时的他已经回过了神,他明白了刚才所发生的一切。他将着自己的胡子,用铿锵有力的声音说道:

"好吧!我的徒弟们,现在这就行了。麻烦你们费点心,一起做顿美餐来享用吧,立刻就去做!我打算这样为我的噩梦忏悔!

预言家应该坐在我这边一起共进美食,一起共饮佳酿。真的,我要指给你看一个可以淹死人的大海!"

——查拉图斯特拉如是说。

然后,他久久地注视着那个为他解梦的徒弟,盯着他的脸看了老半天,同时又摇了摇头。

论解脱

有一天，查拉图斯特拉经过大桥时，一些残疾人和乞丐们将他团团围住。其中，一个驼背人对他说道：

"看啊，查拉图斯特拉！平常老百姓都在向你学习，都在信仰你的学说。但是，为了让人们完全相信你，你还必须得做一件事情——说服我们这些残疾人！现在你就有一个很难碰到的好机会呢，真的，是个千载难逢的好机会！如果你可以治好盲人的眼睛使其能重见光明；可以治好跛者的腿使其可以奔跑；可以拿走驼背人身上的负担。那么，这些残疾人就会都相信查拉图斯特拉！"

然而，查拉图斯特拉却这样反驳这位说话的驼背者："假如你拿走了驼背人身上的负担，那你也就拿走了他的精神；如果你使盲人的眼睛重获光明，那他就会看到世间的许多恶事：而盲人会因此而诅咒将其治愈的人。而那治愈跛者，使其能奔跑的人却给他带来了更大的伤害：一旦他可以奔跑，那他就会不由自主地去作恶——既然人民大众向查拉图斯特拉学习，那查拉图斯特拉为什么就不该也向人民大众学习呢？

可是，自从我和人类共处以来，便看见了许多身体有残缺的人。比如'这个人少了一只眼睛，那个人失去了一只耳朵，还有的人没有手或脚，或者没有了舌头或鼻子，等等'，但这对于我来说已经不算什么了。

因为我曾看见过许多比这要糟糕千倍，令人深恶痛绝的事情，所以，我不愿意谈论'每一个'，甚至一次也不愿意对'一些'保持沉默。我的意思是说，有些人虽然缺乏'全部'，但他们却拥有许多的'一'，他们不过是一只大眼，或一张大嘴，或一个大肚子，或任何一个大的东西——这些人被我称为

'反面的残废人'。

当我离开孤独,第一次经过这座桥时,我简直不敢相信我的眼睛,我很用心地看过去,最后说:'这是一只耳朵!是一只与成人一般大的耳朵!'我更用心地看过去,不错,耳朵底下还有个什么东西,它在动着,只是它太小、太寒酸、太瘦弱。真的,硕大的耳朵栖于一根细弱的小棍上,而那小棍却是一个人!但凡长有眼睛的人,都可以认出这张满是忌妒的小脸;甚至还可以看见一颗浮肿的小灵魂正在小棍上来回摇晃。

但是,人民大众跟我说,那只大耳朵不单单只是一个人,而且是一个伟人、一个天才。不过,当人民大众说起伟人时,我却从未相信过他们。我始终认为这是一个整体上缺少太多,而个体上却拥有太多的'反面的残废人'。这就是我那始终不改变的信念。"

查拉图斯特拉对驼背人以及驼背人所代表的那些人这样说完之后,十分愠怒地转向他的徒弟们说:

"朋友们,我觉得我行走在人类中间,就如同行走在人类的碎片和四肢中一样!

看到人类四肢残缺,就像散落在战场上和屠宰场上的尸首那样,对于我的眼睛来说,这情景是多么的恐怖啊!

若是我的眼睛从今天逃到过去,那它看的情景也与此并无两样:碎片、四肢和可怕的偶然——但是没有人!

啊!朋友们啊!大地上的现在和过去,都是令我难以忍受的;如果我不是一个能预见未来的预知者,那我根本就不知怎样生活。

一个预知者、一个有志者、一个创造者、一个未来本身、一座通向未来的桥——好像还有这桥上的一个残疾人:这所有的一切就是查拉图斯特拉。

你们也经常问自己:'对于我们而言,查拉图斯特拉是谁?对于我们而言,他意味着什么?'他们也和我一样,自问自答。

他是一个承诺者,还是一个执行者?是一个征服者,还是一个继承者?他是一次收获,还是一次开垦?是一个医生,还是一个大病初愈者?他是一位诗人,还是一位预知者?是一个解放者,还是一个驯养者?他是好人,还是坏人呢?

我行走在人类中间,如同行走在我预见的那种未来的碎片中一样。

这就是我全部的创作和追求,把碎片、谜和可怕的偶然事件都组合在一起。

如果人类不能成为诗人、猜谜者、对偶然的解脱者,那我是如何也忍受不了成为'人'的!

拯救已经过去的,把一切的'它曾是'改造成'我曾要它如是!'这些对于我来说,才能称作是解脱!

朋友们,我曾这样教导你们:意志才是解放者和令人愉快者的名字!现在,我还要你们懂得这一点:意志本身还是一个囚犯。

意志需要被解放,可是那用链条将解放者锁起来的东西又叫什么呢?

'它曾是':这是意志最为痛苦和最为悲伤的痛处。因为,对于已经做过的事情,意志无能为力;对于所有的过去来说,意志只是一个恶毒的观众罢了。

意志不可能改变过去之事,它不可能挡住时间前进的步伐——这是意志最悲伤的痛处。

意志需要解放:那它到底想出了什么办法来使自己摆脱悲伤,并使自己对自己的监狱无动于衷呢?

啊,每个囚犯都变得愚蠢!被囚禁的意志也是如此,它也在愚蠢地拯救自己。

时间不会回到过去,这就是令意志恼怒的地方:'曾经是的东西'——这就是意志无法滚动的大石。

于是它极为气愤地滚动大石,对不懂得恼怒和生气的东西进行报复。

于是，本来是解放者的意志现在却变成了折磨者；它因为不能回到过去而对可以忍受痛苦的一切进行报复。

是的，单单这一点就是在报复：意志这是在对时间，对'它曾是'的厌恶和报复。

真的，在我们的意志里，居住着一个大愚蠢；一旦这愚蠢懂得了智慧，它就会诅咒一切的人性！

朋友们，到现在为止，复仇的智慧就是人类最应该思考的东西。哪里有痛苦，哪里就总会有惩罚。

当然，复仇本身也称自己为'惩罚'：这是它的谎言，它借此把自己伪装成无辜之人。

因为意志不可能回到过去，所以它心中也是极其痛苦的。于是，意志和全部生命就都应该成为惩罚！

如今，大片大片的黑云在智慧的头顶上翻滚，直到最后，愚蠢如是说教：'因为一切都流逝，所以一切都应该流逝！

时间一定要吞食掉它自己的孩子，这是时间的法则，这本就是公正。

事物是遵循正义和惩罚来规定道德秩序的。哦，何处才有对事物之流和惩罚之存在的解脱呢？

假如存在一种永恒的正义，那解脱还有可能存在吗？啊，过去发生过的事情是改变不了的，所有惩罚也必然是永恒的！'愚蠢如是说教。

'过去的行为是不可能被消除的，它怎么可能因为惩罚就变成没有发生之事呢！这便是惩罚之存在中的永恒，存在也必然会永远重新成为将来的行为和罪过！除非意志最终自己拯救自己，将意愿变为非意愿。'但是，兄弟们，你们是会唱这寓言式的愚蠢之歌的！

而我之所以教导你们说：'意志是一位创造者'，是因为我想把你们从这些寓言式的歌里引走。

一切'它曾是'都是一个碎片、一个谜、一种可怕的偶然,直到创造意志补充道:'可是我曾要它如是!'

直到创造意志补充道:'可是我现在要它如是!我将来要它如是!'

它已经这样说了吗?这是什么时候发生的事呢?难道意志已经脱下了它自己套在身上的愚蠢之套?

难道意志本身已经成为了拯救者和令人愉快者?它真的已经将复仇的智慧和所有的痛恨都忘却了吗?

是谁教他和时间和解的?是谁教的他做那些比和解更高的东西的?

意志就是强力意志,它本身崇尚的就是比和解更高的东西。只是,那些不好的转变在它那里是如何发生的呢?是谁让它有了'想回到过去'之想法的呢?"

说到这里,查拉图斯特拉突然停止了他的说教,从他的眼神和脸上可以看出他十分恐惧。他用惊恐的眼睛注视着他的徒弟们,他的目光像利箭一般穿透了他们的思想和内心。

不过,不大会儿后,他又哈哈大笑了起来,十分平静地说:"生活在人类中间是如此的艰难,因为沉默是很困难的。尤其是对于一个爱说话的人来说,则更是如此。"

——查拉图斯特拉如是说。

在他说教的时候,驼背人也一直在一旁听着。听完这些话之后,驼背者遮挡住自己的脸;而当他听到查拉图斯特拉的笑声时,他又好奇地抬起头来看,慢慢地说:

"为什么查拉图斯特拉对他的徒弟们说的话,与他对我们说的话不一样呢?"

查拉图斯特拉回答道:"这有什么好奇怪的!和驼背人在一起,你当然要用驼背的方式来说话呀!"

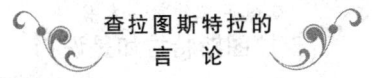

"好,"驼背人说,"和你的徒弟们在一起,你完全可以说出那些不该跟外人说的话。可是,查拉图斯特拉对徒弟们说的话为什么和对他自己说的不一样呢?"

论人类的精明

高处并不可怕,斜坡才令人畏惧!

在斜坡上,眼睛向下张望,而手却向上攀援。这个时候,双重意志使心晕头转向。

啊,朋友们,想必你们已猜出我的心的双重意志了。

我的眼光从高处坠落,而我的手却想抓住、支撑在深处!这便是我的斜坡、我的危险所在。

我的意志将人类牢牢抓住,我用链条把自己和人类绑在一起,而我是向往超人的。因为我的另一个意志想要到那里去。

为了这个目标,我盲目地与人类生活在一起,就像是我和他们并不相识,目的就是让我的手不完全失去它对坚定不移的信念。

我与你们人类不认识:这种幽暗和安慰常常伴随我左右。

我坐在地痞走的通道上,问道:是谁想要欺骗我?

这是我的人类精明之一:我允许自己受骗,这样就不必费尽心思去提防骗子了。

啊,如果我费尽心思去提防人类,那人类又该怎样像铁锚一样去抓住我这飘拂的气球呢!那样的话,我很容易就上到了高空,远去!

这是命中注定的,我必然很不谨慎。

一个人若不想在人群中受干渴之煎熬,那他就必须得学会从所有的杯中喝水;一个人若想要在人群中保持纯洁,那他就必须要懂得,甚至用污浊之水来洗澡。

我经常这样安慰自己:"好了!老迈之心!厄运并没有降临到你头上:你就暗自庆幸吧!"

可是,这是我的第二种人类精明:比起高傲者,我更加体谅虚荣者。

受伤的虚荣心是所有的悲剧之母。但是,在高傲之心受到伤害的地方,必然会产生比高傲更好的东西来。

为了将人生观察透彻,就必须好好将人生之戏演好,而这就需要有好演员。

我觉得虚荣者都可以称得上是好演员,他们表演,并要求别人高高兴兴地观看——他们将全部精神都集中在这个意志上。

他们自导自演,我很乐意在他们身边观察人生,因为,这是治愈抑郁症的最佳药方。

我体谅虚荣者的原因,就是因为他们是为我治疗抑郁症的医生,是他们把我死死地留在人群中,就像是留住我看表演一样。

那谁能估算出虚荣者的谦卑到底何其深呢!我喜欢虚荣者,并为他的谦卑而表示同情。

他要从你们那里找到自信;他靠你们的观看为生;他从你们的手中享用赞词。

当你们说赞颂他的谎话时,他也会相信你们的谎言。因为他打心眼里就认为自己就是你所赞颂的那个样子。

如果说这是真正的美德,那这种美德就是不自知:虚荣者就是在不自知!

然而,这是我的第三种人类精明:我不会因为你们的畏惧而厌倦恶人的表演。

我到了极乐之境,我见到了烈日孵出的奇迹:老虎、棕榈树、响尾蛇。

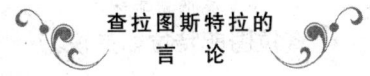

烈日甚至在人类中间也留有美丽的后代,在恶魔那里也有许多奇妙的东西。

更准确地说,在我看来,你们中间最聪明的人,也显得不是特别聪明,我也觉得,人类的恶毒,也只是名不副实。

我常常摇摇头,问道:你们这些响尾蛇啊,你们为什么还在响呢?

真的,其实恶也有一个未来!而对于人类来说,最热的南方还尚未被发现呢!

现在,有一些只有十二英尺宽、只存活了三个月之久的东西竟然就被叫作最大的恶!可是在未来的某一天,更大的龙将会来到这个世界上。

为了要使超人有能配得上他的超龙,就必须得有更为毒热的烈日灼热地照在潮湿的原始森林上!

老虎一定是由野猫演变而来的,鳄鱼一定是从毒蛤蟆演变而来的,因为好的猎人本就应当有好的猎物!

真的,你们这些善良之人和正义者!你们身上有许多令人发笑的东西,尤其是你们对所谓的"魔鬼"的恐惧!

正是因为你们的灵魂对伟大者是如此的陌生,所以你们才会觉得超人之善是如此的可怕!

你们这些所谓的智者与求知者,在太阳般的智慧之酷热之下,你们只会加快步伐,仓皇地逃走,而超人却赤身裸体愉悦地在其中沐浴!

所有的与我的眼光相撞的最崇高之人,这是我对你们的怀疑和窃笑。我猜,你们一定会将我的超人称作魔鬼!

啊!我厌倦了你们这些最崇高之人和最善良之人,我若是站在你们现在的"高度",我是多么渴望上升、伸展、超脱为超人啊!

当你们这些最善良之人赤身裸体地站在我面前时,我心头的恐惧感油然而生,我要长出翅膀,飞往遥远的未来。

我要飞往艺术家都不曾梦想到的更遥远的未来，我要飞往更南面的南方，飞到那上帝都以穿衣为耻的地方！

可是，我的最亲近的人，我的同胞们，我想要看到你们将自己伪装得衣冠楚楚，道貌岸然，还要看到你们为你们的伪装而沾沾自喜，就像是"善良之人与正义者"。

我自己也要将自己伪装，然后与你们坐在一起，这样的话，我就分不清你们和我：而这，就是我最后的人类精明。

——查拉图斯特拉如是说。

最安静的时刻

朋友们，我发生了什么事啊？你们看到了，我心思烦乱，还被人驱赶，虽然不情愿，但我也只能服从，我准备离开你们！

是的，查拉图斯特拉必须得再次回到他的孤独中。可是，这一次，熊很不愿意回到自己的洞穴里去！

我发生了什么事？是谁在向我发出命令？啊，是我那发怒的女主人在驱使我，她曾对我谈话，我有没有向你们说过她的名字呢？

昨天将近黄昏之时，我最安静的时刻和我谈话：这就是我那可怕的女主人的名字。

后来，事情发生了，我必须把一切都告诉你们，这样你们的心就不会对突然终结者毫无感觉了！

你们知道熟睡者的恐惧吗？

他在大地上退去，进入梦幻里，对此，他感到十分的恐惧。

我说的这些是我打的比喻。昨天，在最安静的时刻，我在大地上退去了，

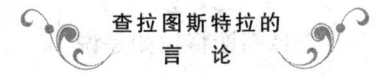

我的梦幻就此开始。

时针在不停地走动,我的生命之钟也在不停地呼吸着,我从未感觉到我周围是如此的安静。所以,我的内心极为惊恐。

正在此时,我的耳朵里传来无声者的声音:"你知道吗,查拉图斯特拉?"这样的喃喃声着实吓坏了我,我不禁惊叫起来,脸色煞白。但是后来,我还是保持沉默。

这时候,无声者的声音又一次进入我的耳朵:"你知道的,查拉图斯特拉,只是你不说!"

最后,我倔犟地大声回答说:"不错,我知道,但是我不愿意说!"

这时候,无声者的声音又一次传来:"是不愿意说吗,查拉图斯特拉?这是真的吗?别把自己藏到你的倔犟中去!"

听到这里,我居然像一个小孩一样一边哭,一边颤抖着身体,我回答说:"我本来是愿意的,但是我怎样才能做到呢!算了吧!我是心有余而力不足啊!"

无声者又对我说:"别担心,查拉图斯特拉!把话说出来,破碎了吧!"

我答道:"啊,这是我的话吗?我是谁?我在等待一个更为尊贵的人,我还没有资格为他而破碎。"

无声者又说:"这对于你来说有什么要紧的?我觉得你对我还不够恭顺。恭顺有最坚硬的毛皮。"

我回答说:"我的恭顺之皮还有什么是不能承受的呢!我住在我的高山脚下。虽然没有人告诉我,我的顶峰有多高,但是我很清楚我的山谷。"

无声者又对我说:"啊,查拉图斯特拉,一个人要是不得不搬掉大山,那他也就会搬掉山谷和洼地。"

我答道:"我的话还没有将大山搬走过,我所说的话也尚未到达人类那里。我是要到人类那里去,但是现在还未到达他们那里。"

这时，无声者的声音又响了起来："你知道些什么！露水是在夜里最安静的时候降到草地上的。"

我回答说："当我找到并走在我的道路上之时，他们嘲讽我；而事实上，当时我的双脚确实因他们的嘲讽而颤抖了起来。

然后他们就对我说：'你曾把路忘记了，现在你居然将如何走路都忘记了！'"

此时，无声者又说道："他们的嘲讽又有什么关系呢！你是一个忘记了服从的人。现在，你应当发出命令！

你不知道大家最需要谁吗？向大事业者发出命令。

成就大事业的确很难，但是更难的是指挥大事业。

这是你最不可饶恕的地方：你拥有权力，但你却不想用权力去统治。"

我回答说："我缺乏发布命令所需要的狮子的吼声。"

这时，一个声音如窃窃私语传来："正是最安静的话才能带来暴风雨；正是不知不觉而来的思想才能支配这个世界。

查拉图斯特拉，你听着！你应该像一个未来的影子一般发号施令，并在命令中冲到最前面。"

我回答道："我自感羞愧。"

这时，无声者又说道："你还必须得变成孩子，变得没有羞愧心。

青春的高傲仍在等着你，你有晚来的青春。但是，谁想要变成孩子，谁就必须先超越他的青春。"

我考虑了好长时间，浑身颤抖着。到最后，我又说了我最开始说过的话："我不愿意。"

这时，笑声在我的周围响起。这笑声简直就要撕裂我的内脏，简直就是在刺我的心啊！

无声者最后一次对我说："啊！查拉图斯特拉，你的果实已经成熟，但相对于你的果实而言，你自己还不够成熟！因此，你不得不再次回到你的孤独

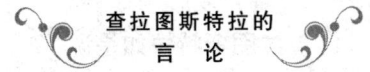

中,因为你还应该变得鲜嫩。"

又一阵笑声传来,然后很快又消失了。这时,我的周围变得更加安静了。我躺在地上,汗水从我身上直往下淌。

"朋友们,这就是我要讲给你们的一切,以及我不得不回到我的孤独中的原因。我什么都没有向你们隐瞒。

我甚至将这些都告诉了你们:谁始终是所有人类中最爱隐瞒真相,而且最愿意隐瞒真相的人呢?

啊,朋友们!我多想再跟你们说些什么,我多想再给你们些什么!我为什么不给你们呢?是因为我吝啬吗?"

可是,当查拉图斯特拉说完这些话后,他痛苦地大哭了起来,和朋友们难舍难分,没有人知道该怎样劝慰他。

深夜时分,他一个人走了,离开了他的朋友们。

漫游者

已是午夜时分,而查拉图斯特拉却在翻越海岛的山脊。为了一大早就到达岛屿另一边的海岸去乘船,他不得不在深夜前行。那里有一个不错的港湾,外国的船甚至也喜欢停靠在那里;这些船搭载的人都是一些想要离开幸福之岛穿越大海的人。

当查拉图斯特拉在翻越山脊的时候,他想起了他从青年时到现在的许多孤独之旅,他已经翻越过多少大山、山脊和山峰。

他对自己的内心说:"我是一个漫游者和登山者,我不喜欢平原,好像我就不能长时间安静地待着。

无论我的未来会有怎样的经历,都一定不会少了漫游和登山。最终,也都只有我自己去体验。

偶然事件会降临到我身上的时代已经成为过去,现在,有什么不属于我的东西会降临到我身上呢!

它只是重新回归我这个家而已,我的自我中的一些长期在外,处于异乡,散落在万物和偶然事件中。

我还清楚一件事:现在的我,正站在我最后的山峰前,站在为我储备时间最长的东西前。啊,我必须得攀登我最艰难的山峰!啊,我孤独的旅程开始了!

可是,像我这样的人是不会逃避这个时刻的,这个时刻对他来说:'现在就开始你伟人之路的漫游吧!现在,高峰和深渊都集于一身!

你走你的伟人之路:至今为止都被称为你最危险的东西,现在却成了你最终的庇护所!

你走你的伟人之路:你已没有了退路,现在,这才是体现你最大勇气的时刻!

你走你的伟人之路:这里没有人会尾随于你!是你的脚将你身后的道路磨灭,并写下了"不可能"这三个字。

如果从现在开始,你找不到任何一架梯子,那你就必须得学会攀登你的才智;否则的话,你又该怎样向上攀登呢?

攀登你的才智,跨越你的情感!那么,你身上的最温柔的地方就定会变成最坚强的地方。

总是十分关爱自己的人最终也会因这种十分的关爱而生病。赞美让你变得坚强的一切吧!我不赞美满是黄油和蜂蜜的国家!

学会不满足于自我而看到其他的东西,是很有必要的——这是登山者必不可少的。

可是,以认识者自居,用眼睛咄咄逼人的人,除了能看到万物的表象之

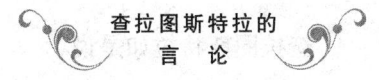

外,他又还能看见什么呢!

但是你,查拉图斯特拉,你却想看到万物的依据和背景。为此,你就必须得始终向上地攀登你自己,直至你甚至踩在你自己的星球之上!'

是的,俯瞰我自己,以及我的星球:这才是我的顶峰,这才是落在我身后的我最后的顶峰!"

查拉图斯特拉一边登山,一边这样用坚强的格言来安慰自己的心:因为他的心还从未受过伤害。当他登上山顶之时,看啊!又一片大海出现在他面前,他停下脚步,静静地站了许久。可是,这山顶的深夜虽然清朗而且布满星辰,但却非常寒冷。

最后,他终于伤心地说:"我已认识到我的命运。好了!我已经作好了准备。现在,我最后的孤独开始了。

啊,我脚下的这片黑色之海!啊,这孕育着的夜之焦虑!啊,命运啊!大海啊!我现在必须走下山,去到你们那里!

我站在我最高的山面前,站在我最长久的历程面前:我就必须得先下降,而且下降的深度还要深于我曾攀登的高度。

就如我过去的攀登那样,陷入深深的痛苦中,直至进入它最黑暗的洪流!我的命运就是这样要求的。好了!我已经作好了准备。"

"有一次,我这样问道:最高的大山是从哪里来的呢?而此时我知道了,它们来自于大海。

在高山的岩石上和岩壁上就刻有这个证据。最高者一定是来自于最深者,从而实现了它的高度。"

查拉图斯特拉站在寒冷的山顶如是说。可是,当他独自走到大海附近的礁石中间时,他突然感觉到漫游的疲乏,比以前的感觉更为强烈。

"此刻,一切都还在熟睡中,"他说,"甚至大海也在睡觉。它的眼睛迷迷糊糊地,目光异样地望着我。

但是，我感觉到了它那温暖的呼吸；我还感觉到了它正在做梦。它一边做着梦，一边在坚硬的枕头上来回翻腾着。

快听！听听它是如何因为不快的记忆而呻吟！或者是因为不祥的期望而叹息？

啊，我和你这黑色的怪物在一起真是伤心透了，就是因为你，我才怨恨我自己。

啊，只可惜我的力量甚微！真的，我是多想将你从噩梦中拯救出来啊！"

当查拉图斯特拉说这些话的时候，他又忧伤而苦涩地嘲笑自己，说道："哈哈！查拉图斯特拉！难道你还要为大海唱一首安慰曲吗？

啊，查拉图斯特拉！你真是一个满腔热忱的傻子，你太轻易、太过于相信别人了！你经常这样，你经常会前去你轻易相信的所有可怕之怪物那里。

你曾经想安抚所有的怪物。只要感觉到它那温暖的呼吸，只要看到它那利爪上的一小簇茸毛，你马上就准备去爱它、安慰它。

孤独者最危险之所在就是对一切活物的爱！我那愚蠢和谦虚的爱真是让人觉得可笑！"

查拉图斯特拉如是说，同时又大笑起来。而与此同时，他又想起他那些被抛弃的朋友们，就好像他想起他们是自己糟蹋了他们，他便又为自己的想法而生气。

后来，这个笑着的人又大哭了起来。

——查拉图斯特拉带着恼怒和渴望而痛哭着。

论幻觉与谜

由于有一个从幸福之岛来的人与查拉图斯特拉同时上的船,所以在上船不久,查拉图斯特拉在船上的消息就立刻传开了,大家顿时对他产生出巨大的好奇与期待。然而,查拉图斯特拉却一直因悲伤而保持沉默,对大家的好奇也不理不睬,这种状态一直持续了两天之久。他既不看别人的目光,也不回答他们的提问。

直到第二天晚上,他才重新用起了他的耳朵,但是此时他仍保持沉默,因为在这艘船上可以听到许多正在发生且还要继续发生的奇特和冒险之事。不过,查拉图斯特拉毕竟视所有旅行者和险中求生者都为朋友。所以,他在倾听中,终于还是张开了他的嘴,他心中的冰被打破了,他终于开口说话了。此时,他开始说道:

"你们这些勇敢的追求者和探险者,还有那些巧妙地运用风帆在险恶的大海上航行的人们,你们是陶醉于谜的人,喜欢朦胧的人,笛声把你们的灵魂引诱到危险的深渊。

因为你们不愿意用怯懦的手去抓住一根绳子;只要你们还能够猜想,你们就绝不会去推断。

我只将我看见的谜告诉你们——孤独者的幻觉。

最近,我满怀忧伤地走在灰色的朦胧中,将双唇紧闭。对于我来说,这不单单是太阳落山这么简单。

一条邪恶、孤独的小路曲曲折折地在卵石中向上攀登,它已不再被杂草和灌木所独占。我踩在这条山间小路上,脚下发出沙沙的响声。

我的脚强迫自己默默踩着卵石使其发出沙沙声,我的脚强迫自己践踏着这令脚步不稳的卵石。

向上——不去管那向下拽它直至落入深渊的重力之神，它们是我的魔鬼和敌人。

向上——尽管侏儒和鼹鼠瘫坐在我身上，令我也几近瘫痪；尽管铅进入我的耳中，思想的铅滴入到我的大脑。

'哦，查拉图斯特拉，'它一字一句地轻声嘲讽我说，'你这智慧之石！即使你再怎么努力把自己扔向高处，每一块扔出去的石头最终还是会掉落下来！

哦，查拉图斯特拉，不管你是智慧之石，还是弹弓上的石头，或者是星球毁灭者！你把自己扔得再高，每一块扔出去的石头也一定都会掉落下来！

你自己注定要被自己扔的石头砸死。查拉图斯特拉，你的确把石头扔得很高，但是，它将会砸到你的脑袋上！'

这时，侏儒停止了说话，沉默了许久。他的沉默压迫着我。真的，以这样的方式和另一人在一起，比我一个人还孤独！

我上升，再上升，我做梦，我思考，但这一切都压迫着我。我如同一个病人，病痛将他折磨得疲惫不堪，但是他刚一入睡，却又被一个更可怕的噩梦所惊醒。

然而，我身上有一种东西，我称之为勇气。无论何时，它都能为我驱赶掉任何烦恼。最后，勇气让我停住，并说道：'侏儒！我要跟你决斗，不是你死！就是我活！'

攻击时的勇气，是驱逐烦恼最好的勇士。因为，不论在何种进攻中，都会响起军乐声。

然而，人是最勇敢的动物。所以，他征服了其他的动物，他还用军乐声克服了所有的痛苦。但是，人的痛苦是最深的痛苦。

勇气也将深渊旁边的眩晕驱逐走，哪里有人不是站在深渊旁边的呢！真

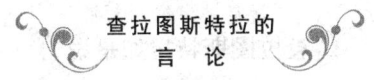

正的看,看的不就是深渊吗?

勇气是最好的驱逐者,它也将同情驱逐走。但是同情是最深的深渊,一个人看到人生有多深,他看到的痛苦就有多深。

然而,勇气是最好的驱逐者,它发起进攻的勇气,它还会驱逐走死亡,因为他说:'那就是人生?好啊!再来一次!'

可是,在这样的话语中,响着许多的军乐声。长有耳朵的人,你们听着呀——

'站住!侏儒!'我说,'不是我!就是你!但我才是咱俩中的最强者——你不懂得我的深渊思想!你也不可能忍受这种思想——'

说完这话,我的身上立即轻松不少。侏儒从我肩上跳下来了,蹲到我面前的一块石头上。而在我们停下的地方正好有一条大门的通道。

'侏儒,你快看看这大门的通道!'我继续说,'它有两个方向。这两条通道交汇在这里,还没有人到过它的尽头呢!

这条漫长的小道朝向背后,它向远处延伸着,直到永恒。而那条漫长的小道朝外去——这是另一个永恒。

这两条路互相矛盾,它们在这大门的通道边交汇在一起。在上方,写有大门通道的名字:刹那。

可是,若有人继续顺着其中一条路一直走下去,侏儒,那你还相信这两条路永远相互矛盾吗?'

'一切笔直的东西都是假的,'侏儒带着轻蔑的口吻,小声说道,'一切的真理都是弯曲的,时间本身就是一个圆。'

'你这重力之神!'我愤怒地说,'你可别这样漫不经心!否则,我会再把你放到你原来蹲着的地方,你这跛者,别忘记是我把你扛到这高处的!快看这刹那!'我继续说,'从刹那这个大门出发,有一条无尽的永恒之路朝向背后。也就是说,我们身后有一个永恒。

只要能走完这条路的不是都已经走过一次这条路了吗？所有能发生的事情不是必然已经发生了、完成了、成为过去了吗？

假如一切都已经存在过,侏儒,你对这个刹那会作何看法呢?这个大门的通道不也是必然已经存在过吗？

万物不都是通过这样的方式紧密联系在一起,乃至某个瞬间还与所有未来的事物有所牵连?也就是说,还有它自己?

因为,能走完这条路的,也必然在这条漫长的向外之路上再走一次!比如这只在月光中慢慢爬行的蜘蛛,还有月光,我和你,我们不是必然都存在过吗?并且回来,在那我们前面的那一条漫长而恐怖的道上奔走,我们不是必然永恒复至吗?'

我这样说着,声音越来越小,因为我害怕我的想法和内心的思想。正在此时,我突然听到一条狗在附近狂吠。

我过去曾听到过一条狗如此狂吠?我的思绪回到从前。是啊,那时,我还是个小孩子呢,那是我最遥远的孩提时代:

那时候,我也是听到一条狗在如此狂吠。当时,那条狗毛发倒竖,浑身颤抖着仰着脑袋。在极为寂静的午夜,连狗都相信鬼神。

看到它这般模样,我觉得它十分可怜,对它很是同情。因为这时刚好有一轮圆月死寂一般挂在屋顶上,像是一个火球,一动不动地停在那里,像是一个在觊觎别人财产的小偷。

所以,狗也害怕起来了,因为它相信小偷和鬼神。当我再次听到如此吠叫之时,我的同情心再次被激起。

侏儒去哪儿了,还有那大门通道呢?蜘蛛呢?那低低的说话声呢?我是否做梦了?现在我已经醒了吗?在危岩之中,我突然孤零零地、凄凉地站在最凄冷的月光之下。

可是有一个人躺在那里!就是在那里!狗狂跳着,毛发倒竖,凄惨地狂吠

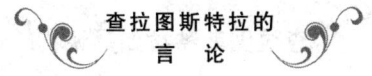

着。现在它看见我来了,便再次狂吠起来。我真的曾听到过一条狗如此这般狂吠着呼救吗?

真的,我从未见到过这般情况。我看见一个年轻的牧羊人,他蜷缩着身体,喘不过气来,他浑身抽搐着,脸都扭曲了,他的嘴里倒挂着一条又粗又大的黑色的蛇。

我曾在一张脸上见到过这么多的厌恶表情和惊恐失色吗?那条蛇一定是在他熟睡的时候爬进他喉咙里的——蛇紧紧地咬住那里。

我用手使劲去拽那条蛇——徒劳地使劲!我无法把它从喉咙里拽出来。这时,我脱口而出地大喊:'你咬啊!使劲咬!咬下那脑袋!'这脱口大叫中,透露着我的恐惧、我的憎恶、我的恶心、我的同情、我的全部的善与恶。

你们这些在我身旁的勇敢者、追求者、尝试者,还有那些巧妙地运用风帆在险恶的大海上航行的人们!你们这些谜的赏识者!

那就猜猜我当时见到的谜吧!那就给我解释一下最孤独者的那张脸吧!因为这是一张脸和一个预见。你们猜猜我在比喻中见到了什么?那终有一天会到来的人是谁?

那个被蛇爬到喉咙里的牧羊人是谁?一切最沉重、最黑暗的东西将会爬到谁的喉咙里去呢?

可是,牧羊人按照我的大叫中说的那样咬了,他狠狠地咬了!他把蛇头吐得远远的,跳了起来。

他不再是一个牧羊人,不再是人,他是一个变形者,他的周围被笑容的光环围绕着!大地上从未出现过像他这样笑的人!

啊,兄弟们,我听到一种没有人如此笑过的笑声。现在,一种难以熄灭的、始终都平静不下来的渴望在燃烧着我,我对这种笑的渴望在燃烧着我。啊,我如何还能忍受生活!我如何能忍受就这样去死!

查拉图斯特拉如是说。

论违背意愿的极乐

查拉图斯特拉心中怀揣着这些谜和痛苦在海上航行。可是,当他在海上航行了四天后,他终于从他的全部痛苦中走了出来,他坚定地重新接受命运的挑战。当时,查拉图斯特拉的良心十分兴奋,他对自己的良心如是说:

我愿意重新回到孤独中,独自与纯净的天空和自由的大海为伴,午后重又来到我周围。

第一次见到我的朋友们是在一个午后,而这一次与他们相见又是在午后,我处于全部光明都变得更加宁静的时刻。

因为仍然处于天地之间的,正在奔波的任何幸福,依然在为自己寻找着一个可以暂时小住的光明的灵魂,全部光明现在都幸福地变得更加宁静。

哦,我那人生的午后!曾经,我的幸福也走下深谷,去为自己找寻一个住所。此时,它正好寻得了这些好客的坦诚的灵魂。

哦,我那人生的午后!为换取某件东西,我不曾献出什么,我那思想的种植园和我最高希望之晨曦!

创造者曾一度找寻同伴和他的希望之孩子,你看,最后是他怎么也找不到他们,因为只有先创造他们,才能找到他们。

于是我在工作中,向我的孩子们走去,后来又从他们那里回来,为了自己的孩子,查拉图斯特拉不得不自我完成。

因为一个人从内心深处,爱的只是自己的孩子和劳动成果。哪里有伟大的自爱,哪里就有孕育:这是我的发现。

我的孩子就是我花园里最好土地上的树木,在他们的第一个春天里,他

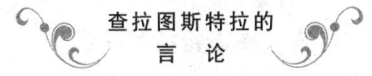

们一片翠绿,一个挨一个站在一起,一起在阳光中沐浴,一起在风中摇曳。

真的,有这样的树木站立在一起的地方,那就是幸福之岛的所在!

但是将来的某一天,我要将它们连根拔起,分别栽种,让它们独自站立,目的就是让它们学会孤独、顽强和谨慎。

到那时,我要让它们柔中带刚地立在海边,成为战无不胜的活灯塔。

在暴风雨倾泻入海、林中的大象将鼻子伸入海里饮水的地方,每棵树都应该轮流日夜坚守,接受考验和评估。

它应该接受这样的评估和考验,以此来看看它和我是否属于同一种类型,是否和我有同一种来源,看看它是否能主宰一个长久的意志,即使说话时,也是沉默,而且如此忍让,乃至于把给予当索取。

乃至于有一天成为我的同伴,成为查拉图斯特拉的共同创造者与共同庆贺者。他们把我的意志写在我的标牌上,使得万物更为圆满。

为了他和他的同类,我必须得自我完成。因此,现在我要逃避我的幸福,为所有的不幸付出我的辛劳——这是对我的最后考验和评估。

我现在真的该离开了,漫游者的影子、最长的瞬间、最宁静的时刻都在对我说:"这是你离开的最佳时间!"

风在钥匙孔里吹着,对我说道:"来吧!"门诡异地为我打开了,对我说道:"去吧!"

然而,我对我孩子的爱依依不舍。是愿望为我设下的这个陷阱,是爱的愿望使我变成了我自己孩子的牺牲品,我因为他们而失去了自我。

现在,对于我来说,愿望就意味着:失去了自我。我的孩子们啊,我拥有你们!在这种拥有中,一切都应该是实实在在的存在,而不应只剩下愿望。

但是,我的爱就如这晌午的烈日,我受尽它的暴晒,被它放在他的汁液中熬制,这时候,影子和怀疑从我身上飞越而过。

现在,我渴望着霜雪和寒冬。我叹息道:"但愿霜雪和寒冬再次让我咔嚓作响!"这时候,冰的雾气从我身上升腾而起。

我的过去冲破了坟墓,当初被活埋的痛苦醒了过来,它们只是在包裹尸体的布料中睡足了。

所有的迹象都冲我这样喊:"到时候了!"但是我却听不见。直至最后,我的深渊动弹了,我的思想咬啮我。

啊,深渊的思想啊,我的思想就是你!什么时候我才有能力来听你挖掘而变得不再颤抖呢?

当我听到你挖掘时,我的心一直跳到了嗓子眼!你这深沉的沉默更是要掐住我的脖子,令我窒息!

我还从不敢叫你上来,我已经受够了与你同行!我还不够强大,没有强大到像狮子一样勇敢和傲慢。

对于我来说,你的重力始终是令我害怕的东西。但是有一天,我还是会像狮子一样拥有强大的力量和狮吼,把你叫上来!

如果我首先强行让自己做这件事,那么我也要强行让自己做更伟大的事情,胜利才是我完美的印记!

同时,我继续漂流在不平静的大海上,前后张望,但我却依旧看不到尽头。

我最后决斗的时刻还没到来,也或许它现在正在到来?真的,大海和人生以非常之美环视着我四周!

啊,我那人生的午后!啊,日落前的幸福!啊,大海的港湾!啊,不平静中的平静!我实在不相信你们这一切!

真的,我不相信你们所谓的非常之美!正如一个爱恋者一样,我不相信过于温柔、过于殷勤的微笑。

正如忌妒者推开他的最爱的人一样,他严厉中带着温柔,我也像他一样推开这幸福的时刻。

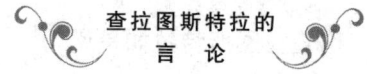

走开吧,你这极乐的时刻!你带来了一个违背意愿的幸福!我甘愿在这里接受我最深的痛苦。你的到来,真是不凑巧!

走开吧,你这极乐的时刻!宁愿寄宿在我孩子们那里!快点吧!在日落之前,还是用我的极乐来给予他们福泽吧!

这时,夜晚即将来临,太阳已经落下。快走吧——我的幸福——

——查拉图斯特拉如是说。

他彻夜不眠地等待着他的不幸,但是,他的等待是无用的。夜晚仍旧晴朗而宁静,幸福也越来越近地走近他。在黎明时分,查拉图斯特拉在心中偷偷嘲笑道:"幸福之所以会追我,是因为我从来不追女人,而幸福本身就是一个女人。"

在日出前

啊,我头顶上的那纯净而深邃的天空,你是那样的无边无际!我一边看着你,一边颤抖,只因那神圣的愿望。

我的深度就是:把我自己抛向你的高度!我的无辜就是:将自己藏在你的纯净中!

上帝都因为他的美而相形见绌:你将你的星星藏了起来。你用你的默默无语,向我表现出了你的智慧。

今天,你为我静静地升起在汹涌的大海上,你的爱和你的羞涩给予我的灵魂以启示。

你姿态优雅地向我走来,你静静地跟我交谈,无时无刻不在彰显出你的智慧。

啊,我怎么就没猜出你的灵魂是如此的羞愧!在日出之前,你来到我这最孤独之人的面前。

我们刚开始时就是朋友,共同分享着悲伤、恐惧、动机,还有太阳。

我们彼此沉默不语,因为我们懂得太多。我们互相微笑着看着彼此,不用言语便知道对方的心声。你就是我的火照出来的光,你就是能洞察我的灵魂的好姐妹。

我们在一起学会了所有的知识;学会了用攀登来超越自我、实现自我;学会了用明亮的眼睛从遥远的地方灿烂地微笑。此时,强制、目的和过错在我们的下面如雨水般一样雾气腾腾。

我一个人在夜间的迷途上漫游,此时此刻,我的灵魂究竟在渴望着谁呢?我一个人在登山,我寻找的若不是你,那又究竟是谁呢?

我漫游与登山的目的,仅仅是一种急需,是愚笨者的一种应急之举,我全部的意志要独自飞入你心中!

我更厌恶谁呢?除了浮云和玷污你的东西之外,我更厌恶的就是我自己的厌恶,因为是它将你玷污!

我憎恨浮云,它简直就是一个鬼鬼祟祟的恶狼。因为它从我们这里夺走了我们共有的东西——无限的赞许。

我们憎恨这些在中间搅和的浮云:这些家伙左右逢源,它们既没有学会祝福,也没有学会彻底诅咒!

我宁愿坐在一只只能看到一片狭小天空的桶里,或者坐在没有天空的深渊里,也不愿意看见你这被浮云所玷污的辽阔、明亮的天空!

我常常渴望闪电之光的金丝能将浮云牢牢绑住,如此一来,我就可以像霹雳一样在它们又大又圆的肚皮上击鼓。

我是一个愤怒的击鼓者,因为它们从我这里将你的赞许夺走了,你,我头顶上的天空!那纯净者、光明者!

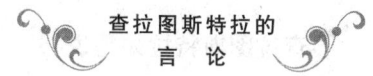

因为我更喜欢如霹雳和暴风雨般的诅咒,而厌恶满腹狐疑、小心谨慎的猫之休憩;在人类中,我最厌恶的也是那鬼鬼祟祟、左右逢源、多疑而踌躇不定的人。

而一条清晰响亮的准则从高空中降到我的头上,这准则是:不会祝福的人应该学会诅咒!即便是在黑夜里,这条准则也像星星一般在我的天空中闪烁。

可是,我是一个祝福者和赞许者,只要你这位纯净者、光明者陪伴我左右,我就会将我祝福的赞许带入所有的深渊。

我变成了祝福者和赞许者,我曾是一名战士,曾经长时间地奋斗,为的就是有朝一日可以腾出手来祝福。

而我的祝福便是如此,作为万物的天空,作为万物的圆屋顶,它的蓝色大钟和永恒的确信,凌驾于万物之上,而这样祝福的人同时也是被祝福的!

因为万物经永恒之泉的洗礼后就超越了善恶,可是善恶本身也不过是转瞬即逝的影子、雨后的浮云。

真的,如果我如此说教:"万物之上是偶然性的天空、纯净的天空、无意的天空、勇敢的天空。"那么,这不是亵渎,而是一种祝福。

"无意"——它是世界最古老的贵族,我把它还给万物,我将万物从目的的奴役下解救出来。

当我如此说教:"在万物之上并没有'永恒的意志'通过万物来行使意志。"我把这种自由和天空的清澈放到了万物之上,就像是在万物之上放上了一个蓝色的大钟。

当我如此说教:"万物中有一件事是不合乎理性的",我用放肆和愚蠢来取代那种意志。

更形象地说,一点点理性,一粒智慧的种子,因为愚蠢的原因,在从这个星球播撒到那个星球时,智慧才被混合在万物中!

一点点智慧倒是极有可能的,可是我却发现万物总是以偶然存在的。

哦,我头顶上的天空,你是个纯净者!高尚者!现在,这在我看来就是你的纯净,没有什么东西存在有永恒的理性。

你在我眼中,是神圣的偶然事件的舞池,是一张专供游戏者玩耍神圣骰子的神桌。

可是你为什么脸红呢?是因为我说了什么不该说的话吗,还是因为我为了祝福你而说了什么坏话?

或者是因为与我在一起而令你感到羞愧而脸红?你让我默默地离开,是因为此刻白天要到来了吗?

世界是深邃的,远远超过白天所想象到的深邃。并非所有的事情都可以在白天来临之前说出来的。可是白天要来临了,那我们就此分手吧!

哦,我头顶上的天空,你是羞涩者!是灼热者!啊,我那日出前的幸福!白天要到来了,让我们就此分手吧!

——查拉图斯特拉如是说。

论让人渺小的美德

查拉图斯特拉上岸以后,并没有直奔他的山洞,而是四处游历,打听了许多问题,他还这样挖苦自己:"看看这条河,它弯弯曲曲地绕来绕去,最后又回到了它的源头!"他要了解在它远行的这段时间,人类发生了什么变化:人类是变得更伟大了,还是变得更渺小了?

有一天,他看见一排新建好的房屋。为此,他十分惊讶地说道:

"这些房子代表什么意义呢?伟大的灵魂是不会建造它们用来自喻的!

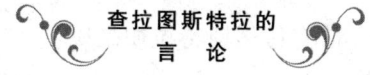

这或许是一个傻孩子从他的玩具箱里拿出来的吧?真希望另一个孩子会把它们重新放入玩具箱里去!

大人可以在这些大小不一的房间里面随意进出和居住吗?在我看来,它们是玩具娃娃的房屋,或者是馋嘴猫的房屋,这些馋嘴猫也会让人与它们共享。"

查拉图斯特拉停下脚步,想了一会儿。最后,他痛心地说:

"一切都变得渺小了!我到处可见更加低矮的大门,像我一样的人也许还可以走过去,但是也须得弯腰才行!

唉,什么时候我才能回到我不必再弯腰的家乡,不必再在小人面前弯腰呢!"查拉图斯特拉叹了一口气,凝望着远方。

也就在这一天,他讲述了关于让人渺小的美德。

我走过这些民众,瞪大我的双眼,他们因为我没有忌妒他们的美德而不原谅我。

他们冲我张开血盆大口,因为我对他们如是说:小美德对于小人来说,是必要的。因为我始终不理解小人存在的必要性!

在这里,我如同一只在陌生农场里的公鸡,甚至母鸡都会啄它。但是,我并不为此而憎恨这些母鸡。

就像对待小的烦恼一样,我对他们彬彬有礼。在我看来,对小东西竖起锋芒针锋,那就是刺猬的智慧。

晚上,当他们围着炉火坐着时,都谈论起了我,他们只是谈论我,没有人想起我!

这是我刚刚学会的沉默:他们在我周围的喧闹遮盖住了我的思想。

他们互相吵闹:"这乌云要对我们做什么呢?千万要当心,别让它带给我们瘟疫!"

最近,有一个孩子要到我这里来,但这孩子的母亲却一把把他拽了回去,并大喊道:"快把孩子带走!这样的眼睛会将孩子的灵魂烧焦的。"

当我说话时,他们拼命地咳嗽,在他们看来,咳嗽就表示抗议,而他们却丝毫没感觉到我那沸腾的幸福!

他们抗议道:"我们可没有时间听查拉图斯特拉无聊的说教。"可是,一个"没有时间"对查拉图斯特拉的时代又有什么意义呢?

纵使他们大加赞美我,我又怎么可能会躺在他们的赞美上安睡呢?对于我而言,他们的赞美就如同带刺的腰带:即使我把它解了下来,它也还在刺痛着我。

甚至这一点,我也是从他们身上学来的:赞美者的表现像是他在回报什么,但是事实上,他是在想获得更多的赠送!

来问问我的脚,看它是否喜欢你们的赞美曲和诱惑曲!真的,它既不喜欢在这种乐曲下翩翩起舞,也不会安静地一动不动。

为了实现小美德,他们便诱惑我、赞美我,他们想让我的脚跟着他们的节拍而舞动。

我曾走过这些民众,瞪大我的双眼。他们的确变小了,而且还正在变得更加渺小。而这一切,是他们的关于幸福和美德的学说所导致的。

当然,对于美德,他们也表现得很谦卑。因为他们想要舒服。可是,只有谦卑的美德,才和舒服相一致。

他们或许也以他们的方式学习迈步前进:我称这些是他们的跛行。因此,他们成了所有赶路者的障碍。

他们中的一些人一边向前进,一边扭动僵硬的脖子回头张望。我很想朝着这些人的身子撞过去。

脚和眼睛不应该撒谎,也不应该揭穿彼此的谎言。但是,在小人那里,说谎是极为常见的事情。

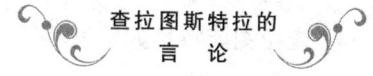

他们中间有些人是想撒谎,但是大多数人只是被命令去撒谎。他们中间有些人是纯粹的,而大多数人只是演技很烂的演员。

这些演员中,有不自知的演员和违背自己内心的演员,纯粹者始终是罕见的,特别是纯粹的演员。

在这些人中,有男子气概的人少之又少。因此,他们的女人便让自己男性化。因为只有男子气概十足的人,才会在女人身上拯救女性。

在他们中间,我发现最糟糕的是这种伪善,连统治者也装出具有服务者的美德。

统治者的伪善这样祈祷:"我服务,你服务,我们服务。"假如第一位主人只是第一位仆人,那就有祸了!

啊,我眼睛的好奇甚至也飞进他们的伪善中,猜透了它所有的苍蝇之乐,还有它在阳光布满的玻璃窗四周发出的嗡嗡声。

我看到的善和虚弱,公正和同情是如此之多。

它们互相之间就像沙粒和沙粒之间是圆滑、公正与亲密。

他们口中的"顺从",就是谦卑地拥抱一个小幸福!同时,他们又在眼巴巴地盯着一个新的小幸福了。

其实,他们单纯地希望没有人伤害他们。所以,他们会抢在所有人之前,对其行善。

他们称这为"美德",而实际上,这只是怯懦。

一旦这些小人开始嘶哑地说话,我听到的就只有他们的嘶哑,因为每阵风都使得他们嘶哑。

他们的确很聪明,他们的美德也有聪明的指头。但是他们没有拳头,他们的手指不知该怎样藏进拳头里。

对于他们来说,美德就是让人谦卑和驯服的东西。所以,他们把豺狼变成狗,把人本身变成人的最好的家畜。

他们的微笑这样跟我说："我们的椅子应该放在中间，这样就能远离将死的流浪者，远离快乐的母猪。"

他们能称这为节制，而实际上，这只是平庸。

我走过这些民众，不经意中说了一些话；可是他们既不知道接受，也不知道将其保存。

他们吃惊的是，我怎么没有谴责情欲和恶习，也不教人警惕小偷！

他们吃惊的是，我怎么不用吃一堑长一智的方式来磨炼他们的智慧：好像他们还没有受够挖空心思的家伙，而我觉得，这些家伙的声音就像石笔嚓嚓的声响一样！

假如我这样喊："诅咒你们心中所有胆小的魔鬼吧！他们喜欢哭泣，喜欢顶礼膜拜。"他们就会这样喊："查拉图斯特拉是无神论者。"

特别是他们的顺从者喊得最为起劲；不过，我却非常喜欢朝着他们的耳朵大声喊：不错，我就是目无上帝的查拉图斯特拉！

不管哪里有小的、病的、长疥癣的东西，这些顺从者都会像虱子一样爬向那里；我之所以没有掐死他们，是因为我觉得它们恶心。

这就是我朝你们耳朵的喊声："谁比我更不相信神，我就更喜欢聆听他的指教。"我就是说这些话的目无上帝者查拉图斯特拉。我的同类在哪里？所有那些有自己的意志，而不顺从他人的人就是我的同类。

我是目无上帝者查拉图斯特拉，我在我的锅里为自己煮着美味：任何的偶然性。只有当完全煮熟这偶然性时，我才会欣然将它当作美食来享用。

真的，有些偶然性作威作福地走进我，而我的意志更加高傲地对它们说教，此时，它们已跪倒在地上向我恳求。

它们恳求能留宿在我这里，希望能在我这里找到爱心，它们如是奉承我："看啊，查拉图斯特拉，我们来到你这里就像是拜访朋友一样！"

然而，在无人长有我那种耳朵的地方，我又何必要说话呢！所以，我要对

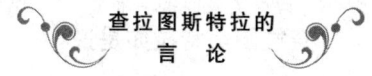

着所有的风大喊我要对他们说出的话:

"你们这些小人,你们变得越来越小!你们这些舒服的家伙,你们正在一层一层地剥落,不久你们就会毁灭。

而这结果正是你们的许多小美德,你们的许多小疏忽,和你们的许多小顺从所导致的。

过于怯懦,过于顺从:这就是你们生长的土地!然而,一棵小树想要长成参天大树,它就必须将结实的根须缠在结实的石头上!甚至他们疏忽的东西也编织进了人类之网中;甚至他们的虚无也是一种蜘蛛网和一只蜘蛛:它依靠未来之血而生存。

你们这些拥有小美德者,你们的索取就像盗窃一样;在恶棍中间,荣誉说:'在你不能抢劫的地方,你只应当偷窃。'

'付出'也是一种顺从的原则。可是我要对你们这些舒服的家伙说的是:这是为了来占有的,而且是越来越多地向你们索取!

啊,放弃你们一切的半心半意吧,下定决心懒惰,就如下定决心行动一样吧!

啊,真希望你们能理解我的意思:'做你们想做的事,但是首先要做一个有意志的人!'

'像爱自己一样爱别人,但是首先做一个爱自己的人,用伟大的爱来爱自己,用伟大的蔑视爱自己!'"目无上帝的查拉图斯特拉如是说。

但是,在无人有我那种耳朵的地方,我何必要说话呢!我觉得,我来早了,时机尚未成熟。

在这些民众中,我是自己的先驱,是自己在黎明中的公鸡报晓。

可是,你们的时刻即将来临!我的时刻也即将来临!他们正在渐渐地变得更小、更贫瘠、更无生育能力。可怜的杂草与土地!

过不了多久,他们就会干枯得像干草一样,真的!他们已对自己感到厌倦，他们更渴望的是火，而不是水！

啊，受天佑的闪电时刻！啊，晌午前的秘密！有朝一日，我定会让他们生出熊熊烈火，成为用火舌来报信的信使。

有朝一日，他们应该用火舌来报信：它即将来临，伟大的晌午走近了！

查拉图斯特拉如是说。

在橄榄山上

在寒冷的冬天，这位令人不悦的客人在我家里做客。我和它友好地握手，双手却因此而发青了。

我尊敬它，但是却想让它独自而坐。我喜欢从它身边逃走；假如你跑得好，那最好赶紧逃离它！

我有温暖的双脚和温暖的念头，跑到无风的地方，走到那橄榄山上阳光普照的一角。

在那里，我嘲笑那个严肃的客人，不过仍然喜欢它赶跑我家里的苍蝇，使周围安静下来。

如果只是一两只蚊子在哼哼，它当然是不在意的；它还令整条小巷都安安静静的，连月光夜间的时候在那里都会感到害怕。

它是一位冷酷无情的客人，但是我尊敬它，因为我不喜欢像娇惯的人那样对腆着大肚子的火之偶像膜拜。

宁肯将牙齿咬得格格作响，也不会向偶像膜拜——这就是我的禀性。我尤其厌恶那些发情的、冒着热气、散发出霉味的火之偶像。

我爱的人，我在冬天会比在夏天更加爱他。自从冬天到了我的家里之后，我便更尖刻、更打心底里挖苦我的敌人了。

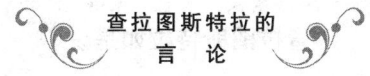

真是打心底里的,即使在我的梦中也是如此。在梦中,我那藏起来的幸福,还有我的谎言之梦仍然在肆虐地笑着。

我是个爬行者吗?我生平从未在强大者面前爬行过;即便我说谎,那也是出于爱的目的才这样做的。所以,即使我是在冬天的床上,也会觉得很高兴。

一张简陋的床比一张华丽的床更让我觉得温暖,因为我珍惜我的贫穷。在寒冷的冬天,它对我最为忠诚。

我的每一天都是在幸灾乐祸中开始的,我用冷水浴来嘲讽冬天。对此,我家中那威严的常客经常抱怨。

我喜欢用一支小蜡烛来挑逗它,最后,它终于让天空从灰暗的朦胧中显现了出来。

因为清晨时刻的我尤其恶毒,所以,一大早,井边的水桶就开始叮咚作响,马匹在清晨的小巷里激情地号叫。

我焦急地在那里等待晴朗的天空出现,这沉默的冬季天空,却还经常将它的太阳遮掩!

是我从它那里学会了长时间的沉默,还是它从我这里学会了这一点?或许是我们各自创造了这一点?

一切好事的起源都有千千万万种,而一切善意的恶作剧却是突然地出现。它们怎么可以总是只出现一次呢!

一个善意的恶作剧也如冬季的天空一样,长时间地沉默,干净的脸上,瞪大着一双圆眼睛张望着。

像它一样将它的太阳和它那百折不挠的太阳意志遮掩,真的,我已经熟练掌握了这种艺术和冬季恶作剧!

我的沉默学会了不用沉默来暴露自己,这是我最喜欢的恶毒和艺术。

我用无休止的讲话和响亮的骰子声,用我的智慧打败了那看似郑重的守护者,我的意志和目的应该逃过所有威严的监视者的眼睛。

为了不让其他人看透我的最深处和最终意志,我创造了长时间的沉默。

于是,我看到一些聪明人,他们将自己的脸用面纱遮住,并把水搅浑。这样一来,人们便无法将其看透,无法看清他们的底部。

然而,来到他们面前的却偏偏是更为聪明的猜疑者,还有胡桃夹子:这些人把躲藏在他们底部的鱼钓了上来!

在我看来,清澈者、诚实者、透明者是最聪明的沉默者:他们是如此之深,所以最清澈的水也不会将他们暴露。

你这个沉默的冬季天空,你这个站我头顶上的圆眼睛的白头佬!啊,你就是我的灵魂和它的恶作剧在天上的比喻!

我不必像一个把金子吞下肚子的人那样藏匿起来,免得人们把我的灵魂扯开。

我没必要踩高跷,以免我周围这些忌妒者和害人精对我的长腿视而不见。

这些烟雾缭绕的、暖融融的、古旧的、染色的、抑郁的灵魂——他们的忌妒又怎能忍受得了我的幸福!

所以,我只把我山峰上的冰和冬天指给他们看,没有将我的山周围所缠绕的整个阳光的腰带指给他们看!

他们只能听见我那冬天的暴风雪的呼啸声,却听不见我也像急而猛的热风一样越过暖暖的大海。

他们同情我的意外灾难和偶然事件,但是,我却还要让偶然到我这里来。因为它就像小孩一样,是那么的无辜和单纯!

假如我不将意外灾难、冬天的困境和寒冷、大雪天的装扮将我的幸福团团围住,那么他们又怎能忍受得了我的幸福!

但愿我自己不同情他们对我的同情:这些忌妒者和害人精对我的同情!

但愿我自己不在他们面前叹息,不被冻得牙齿格格作响,而是静静地让自己被围在他们的同情里!

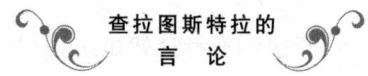

这就是我的灵魂聪明的恶意和善意：它不隐藏它的冬天和寒流，以及它那难看的冻疮。

一个人的孤独是病人的逃避；另一个人的孤独是逃避病人。

但愿他们听到我在寒冷冬天里的叹息和冻得牙齿格格作响的声音，我周围所有这些可怜的、忌妒的恶棍！我在这样的叹息和不停的格格声的掩护下，从他们那温暖的房间里逃走了。

但愿他们会因为我那可怜的冻疮而同情我，并与我一起叹息："他会被冻死在知识的冰窖里！"他们这样表达着不满。

在这段时间，我那温暖的双脚漫无目的地行走在我的橄榄山上，行走在那阳光普照的橄榄山的一角，我唱着歌、嘲讽着那所有的同情。

——查拉图斯特拉如是说。

论从一旁走过去

就这样，查拉图斯特拉慢慢周游在许多民众和各种各样的城市之间，准备绕路回到他的山中和山中的洞中。瞧，在这期间，他不经意间走到了大城市的城门边。可是就在这里，一个满嘴白沫的傻子伸着双手向他跳过来，挡在了他的面前。这个傻子就是民众所说的"查拉图斯特拉之猿"。因为他曾从查拉图斯特拉那里学到了一点查拉图斯特拉的腔调，平时，他也常常借用查拉图斯特拉的智慧。这傻子对查拉图斯特拉如是说：

"啊，查拉图斯特拉，这儿是大城市。你在这里寻求不到任何东西，相反，你还会失去一切。

你为何喜欢蹚在这泥浆中呢？你应该心疼心疼你的脚！最好朝城门吐一口唾沫，然后转身回去！

这里是高贵思想的地狱,再伟大的思想在这里也会被放到开水里煮得小小的。

所有伟大的思想在这里都会腐烂,只有那瘦弱的小感情可以在这里格格作响!

难道你没有闻到精神屠宰场和熟食店的味道吗?这个城市到处弥漫着精神被屠宰的气味!

难道你没看到灵魂被当作肮脏的抹布一样高高悬挂吗?而他们居然还用这脏抹布来制造报纸!

难道你没听见精神是怎样在这里变成了文字游戏?它呕吐出令人作呕的语言污秽!可他们居然还用这语言污秽来制造报纸。

他们互相追逐,却不知何去何从。他们彼此激怒对方,却找不到这样做的原因。他们用金属片发出叮当的声响,用黄金发出丁零的声音。

他们浑身冰冷,只得从蒸汽中找寻温暖;他们热得滚烫,只得从冰冻的精神那里寻求清凉;他们全都因舆论而久病不愈。

虽然这里是所有情欲和恶习的家园,但这里也有讲究美德的人,也有许多乖巧的美德。

这些乖巧的美德有善于书写的手指,有惊人的坐功和等候功,有胸前的星星勋章,还有许多虔诚,以及虔诚的甜言蜜语。

'从上面'甚至滴下星星勋章的唾液,所有没有星星勋章的胸脯都向上巴望着脑袋。

月亮有它的月晕,可月晕造就了月亮的怪胎,但是,如乞丐般一样的民众与所有乖巧的乞讨美德却都向来源于月晕的一切而膜拜。

'我服务,你服务,我们服务'——全部乖巧的美德都这样仰着头向王公膜拜,乃至于挣来的星星勋章最终挂在了瘦小的胸前!

可是,月亮依然围绕着大地上的所有俗物旋转,王公也依然围绕大地上

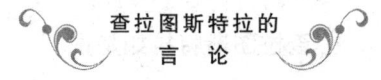

的所有俗物之最旋转——而这就是商人手中的黄金。

万军之主并非金条之主,王公思考着,但是商人左右着!

啊!查拉图斯特拉,用你内心一切光明、强大、善良的东西起誓!朝这商人之城吐一口唾沫,转身回去吧!

这里所有的血管里流的血都是污秽的、不冷不热的、冒着泡的。朝这个集所有糟粕于一体的大城市吐一口唾沫吧!它是一大堆污秽的垃圾!

朝这个破碎的灵魂之城、狭隘的胸襟之城、刻薄的眼睛之城、血淋淋的手指之城吐一口唾沫吧!

朝这个纠缠者之城、无耻者之城、傲慢者之城、野心者之城吐一口唾沫吧!

在这里,所有腐烂之物、恶名之物、贪婪之物、可怕之物、腐朽之物、化脓之物、阴谋之物全都堆在了一起,烂在了一起。

朝这大城市吐一口唾沫,转身回去吧!"

可就在此时,查拉图斯特拉打断了傻子的话,捂住了他的嘴。

"总算是闭嘴了!"查拉图斯特拉大喊,"我早就厌恶你的话和你这种人了!

为什么你这么长时间地住在沼泽地,最后连你自己也变成了青蛙,或者癞蛤蟆?

当你学会这样亵渎神圣之时,你的血管里流动的不也是污秽的冒着泡泡的肮脏的血吗?

为什么你不去森林呢?为什么你不去犁地呢?大海里不是到处都有绿色的小岛吗?

我对你的蔑视很是蔑视,你现在还要警告我?为什么你不警告你自己呢?

仅仅出于爱,我的蔑视和警示就会展翅高飞。

有人称你这满嘴白沫的傻子为我的猿猴,可是我却称你是我的哼哼的笨猪,你的哼哼声甚至糟蹋了我对愚蠢的赞美。

刚开始让你哼哼的到底是什么?因为没有人来吹捧你,所以你就到了这垃圾堆旁。这样,你就有十足的理由来哼哼,有十足的理由来复仇!你这个虚荣的蠢蛋,复仇是你口吐的所有白沫,我猜你猜得很对!

但是,你的傻话将我伤害,即使你说的话有道理!即使查拉图斯特拉的话是亘古不变的真理,你也总是会用我的话做出愚蠢的事来!"

查拉图斯特拉如是说。

他远眺那座大城市,深深地叹了一口气,沉默了好长时间。最后,他这样说:

"我不仅厌恶这傻子,同时也厌恶这座大城市。有些地方既不能改善,也不能改恶。

这大城市要大祸临头了!但愿我能看到将其烧毁的大火!这样的大火必定先行于伟大的晌午,不过它有它自己的火候与命运。

你这令我恶心的傻子,我要告诉你一句话,就算是临别箴言吧!在不能再生活的地方,你就应当从它的一旁绕道过去!"

查拉图斯特拉如是说完,从傻子和大城市的一旁绕着走了过去。

论背叛者

啊,前些天还郁郁葱葱的草地,还有草地上绚烂多彩的一切,现在却全部枯黄了,到处灰蒙蒙的一片。我曾经从这里拿走了多少希望之蜜到我的蜂窝去!

年轻的心全都已经变老,或者是没有老!只是疲倦了、慵懒了,他们称之为"我们又重新变虔诚了"。

最近我还看见他们迈着勇敢的脚步跑出去,但是现在,他们的知识之脚疲倦了,他们甚至还指责他们早晨的勇敢!

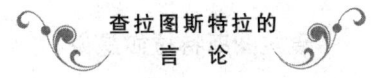

真的,他们中间有些人像在舞蹈一样跑步,我的智慧笑着示意他们,他们在那里思考。刚才我看见他们弯下腰,爬向了十字架。

从前,他们像蚊子和年轻诗人一样在光和自由的周围翩翩起舞。现在老了,冷漠了,成了神秘者、絮絮叨叨者、自闭者。

或许是他们绝望了,还是因为我被孤独所吞噬?也许是他们只将耳朵伸得长长的,但是却白听了我的声音、号角和信使之声?

啊!总是只有少数的人心中一直保持有勇气和自负。在这种人那里,精神也有了耐心,而其他的人都是懦夫。

其他的人总是占绝大多数,他们是平常的人,多余的人,太多太多的人。这些人全都是懦夫!

与我同一种类型的人,也会在半路与他相撞,他最初的伙伴一定是死尸和小丑。

可是他其后的伙伴将自称为他的信徒,真是活脱脱的一伙,有许多的爱、愚蠢和敬仰。

与我同一种类型的人就不应该依附于这些信徒;了解人类浮躁和懦弱方式的人就不应该相信这种年少无知的绚烂草地!

如果他们能是别的样子,也希望他们愿意是别的样子。一半加一半损害了所有的整体。树叶枯黄了,这没有什么好抱怨的!

啊!查拉图斯特拉,让它们掉下来吧,不要抱怨!让风使劲刮,使得它们飕飕作响吧。

啊!查拉图斯特拉,让风在这些树叶之间刮起来吧!让凋残的一切都远离你吧!

"我们又重新变得虔诚了"——这些背叛者这样承认。但仍然有些人因为太懦弱而不敢这样承认。

我凝视着这些人的双眼,我直对着他们的脸颊和与其脸颊上的红晕说:

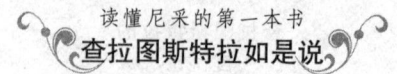

你们是重新祈祷的人!

但是对于你、我,还有有良知的人来说,祈祷是可耻的!

你也许知道,你心中有一个胆怯的魔鬼,他喜欢双手合十,无所事事,他还经常劝你说:"存在着一位上帝!"

而你却因此成为怕光的那类人,由于光从来不让这类人安宁。所以,现在你只得每天将头伸到很深很深的黑夜和雾气中!

真的,你选择的时间很好,因为夜间出没的鸟开始飞动了。对于所有怕光的人来说,属于他们的夜半时刻和休息时刻来临了。

我听到了,也闻到了:他们狩猎和游行的时刻来临了,但这不是一次疯狂的狩猎,而是一次平静的、残疾的、胆小怕事者与小声祷告者的狩猎。现在,所有用于捕捉灵魂的捕鼠器已经重新安装好!只要我掀起帘子,一只小蛾子就会飞出来。

刚才,它可能和另一只小蛾子在一起,因为我处处都能闻到藏起来的团体。有小房间的地方,就有新的祈祷者及他们的雾气。

他们在漫长的深夜里聚在一起说:"你让我们重新变得如同小孩子似的,并说着'亲爱的上帝'!"

或者,他们在漫长的深夜里注视着一只狡猾的、正潜伏着的十字蜘蛛,它向蜘蛛如是教导说:"在十字底下有利于织网!"

或者他们整日握着钓竿坐在沼泽地旁,只因如此,就认为自己很深入了。但是我认为,一个在没有鱼的地方钓鱼的人,他连肤浅都谈不上!

或者他们从抒情诗人那里学习弹奏竖琴,抒情诗人喜欢用弹奏竖琴捕获女孩的芳心,因为他们已厌倦了老女人和她们的赞美了。

或者他们从一个学识渊博的狂人那里学会感到害怕,这狂人在黑屋子里期待精神的到来,而精神却完全逃走了!

或者他们从一个奔波游离、吹着笛子的老头那里学会了音调的忧郁,他

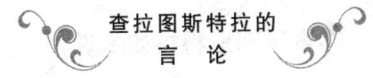

们按照风的方式吹笛子,用忧郁的音调来宣教忧郁。

他们中的有些人甚至成为守夜者。现在,他们知道了吹号,在深夜四处奔走,吵醒所有已经入睡的古老事物。

昨夜,我在花园墙边上听到了一些忧郁的、干瘦的守夜老头说的几句话,是关于古老事物的:

"他是一个父亲,但他没有好好照顾他的孩子:在这点上,人类的父亲们比他做得好!"

"他太老了!他已不能再照顾他的孩子。"另一个守夜老头回答说。

"他到底有没有孩子?除了他自己,否则没有人能证明这一点!我早就希望它能好好证明一下了。"

"证明?他好像曾证明过什么!要证明什么对他来说是很难的;因为他十分在乎人们对他的信仰。"

"不错!不错!信仰让他上天堂,信仰他自己。这就是老人们的方式!我们也是如此!"

两个守夜老头和怕光者这样交谈着,然后吹起了忧郁的号角:这事发生在昨夜的花园墙边。

可是,我的心却笑得难以控制,简直都要从身体里蹦出来了,但却不知蹦向哪里,最后只好又沉到横膈膜中间。

真的,当我看见喝醉的毛驴,听见守夜者这样怀疑上帝,我笑得喘不上气:这将是我的死亡。

所有这样的怀疑不是早已过去很久了吗?谁还能将这样熟睡的、怕光的古老事物唤醒呀!

古老的神灵早已结束了:真的,他们的下场是快乐的、神圣的!

他们不是"朦胧"而死,那是人们在撒谎!他们是因大笑而死去的!

这种事发生在一位上帝说出最不神圣的话的时候,这话就是:只有一位

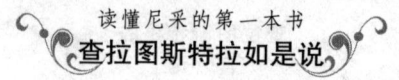

神!除我之外,你不能有其他的神!

这个吹着胡须,瞪着大眼的老家伙上帝,这个忌妒者,居然这样自以为是。

听罢这话,其他神灵都大笑起来,坐在椅子上笑得直不起腰,大喊:"有诸位神灵,但是没有上帝,这不就是神性吗?"

让所有长耳朵的人都听到吧。

查拉图斯特拉在他所爱的"彩牛"城里如是说。从这里到他的山洞,他只要再走两天就可以,他的灵魂也为他即将到家而欢喜不止。

回家

啊,孤独!你就是我的家!我在狂热的陌生人中间生活得太久、太狂热了,所以才满含热泪回到你这里!

你如母亲一般,一会儿用手指威胁我,一会儿又冲我微笑,一会儿只是说:"是谁曾像旋风一样从我身边刮走?

他在离开时大喊:'我待在孤独这里太久了,以至于我都忘记了沉默!'现在,你可能已学会了这个吧?

啊,查拉图斯特拉,我知道所有的事情:我也知道你在众人中间时比在我这儿还孤独!

凄凉和孤独不是一回事:现在,你应该知道这个了!在人们中间,你将一直是不开化的、陌生的,即便人们热爱你,那你也仍旧是不开化的、陌生的。因为人们首先想要受到一切的关怀!

而这里是你自己的家,在这里,你可以畅谈所有,没有什么东西会以隐秘或者固执的感情为耻。

在这里,万物都会很关爱你,与你交谈,并谄媚你,因为它们想骑到你的

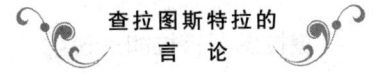

肩膀。在这里,你可以依靠任何比喻,奔向任何真理。

在这里,你可以真诚地同万物交谈。真的,在他们听来,你与它们的直接谈话就是赞美!

然而,寂寞是另一种不同的事情。因为,哦!查拉图斯特拉!不知你是否还记得以前的事情。当你的鹰在你上空叫唤,你正站在树林里,站在一具尸体旁边不知何去何从之时,当时你说:让我的动物指引我吧!我觉得生活在人类中间比生活在动物中间还要危险:这便是寂寞!

哦,查拉图斯特拉,不知你是否还记得,当时你坐在你的岛上,将空桶中间的一眼酒泉给予干渴者,馈赠与他们,与他们分斟:

而到最后,别人都醉醺醺的,而你却忍受着干渴。你独自坐在醉酒者中间,在深夜抱怨道:'索取不是比给予更受神的庇佑吗?而偷窃不是比索取更受神的庇佑吗?'这便是寂寞!

哦!查拉图斯特拉!不知你是否还记得,当时,你最安静的时刻到来了,它让你脱离自我,并恶毒地对你低语:'说话吧,心碎吧!'

当时,它使你对你一切的等待和沉默都感到遗憾,使你丧失掉你恭顺的勇气:这便是寂寞!"

啊,孤独!你就是我的家!你的声音充满深情,是蒙受神的庇佑的!

我们不怀疑彼此,我们不抱怨彼此,我们向彼此袒露心声,向彼此打开内心的大门。

因为这里的一切都是开放与明朗的,甚至时间在这里奔跑时,脚步都会变得更加轻快。因为人在黑暗中背负时间,比在光明中更为沉重。

在这里,一切存在的话语和话匣子都猛然向我打开;在这里,一切存在都想成为话语;在这里,一切生成都想向我学习说话。

而在山下,所有的谈话都是白费力气!在那里,最佳智慧就是遗忘和离开。现在,我已经学会了这些!

一个人若想要理解人的一切,那他就必须把握一切,但我用来把握的却是太爱干净的双手。

我厌恶吸进他们的气息,啊,我就是这样长时间地生活在他们的喧闹和令人作呕的气息中!

啊,我周围受神庇佑的宁静和那纯净的气息!啊,这宁静如何汲取纯净的气息!啊,它如何倾听这受神庇佑的宁静!

然而,在山下,那里的一切都在说话,却都不被理会。人们会用鸣钟来向众人宣告他们的智慧:而市场上小商人的硬币发出的叮当声就能遮没它!

在那里,一切都在说话,却没有人能理解。一切都掉进水里,而没有任何东西掉进深井里。

在那里,一切都在说话,但一切的事物都一事无成,一切都在叫唤,谁还会安静地在窝里孵蛋呢?

在那里,一切都在说话,但却都被说烂了。昨天那些对于时间来说还太硬的东西,今天却被说烂了。

在那里,一切都在说话,但却都被泄露了。从前内心深处最隐秘的东西,今天却成了小巷里吹号手和表演者的器具。

啊,奇异的人类啊!你这黑暗小巷里的喧闹声!如今,你又再次躲在我的身后:这就是我最大的危险!

我最大的危险存在于迁就和同情中;整个人类都喜欢被迁就和同情。

隐藏住真实的事实,怀着蠢人的心理,做着蠢人的事情,说着出于同情的谎话:曾经,我一直这样生活在人们中间。

曾经,我伪装自己与他们坐在一起,准备错误地来判断自己,我容忍他们,说服我自己:"你真是个傻子,你根本不了解人类!"

当你身在人类中间时,你就不了解人类,因为人类的表面现象实在是太多了,在那里,好高骛远的眼睛是不起任何作用的!

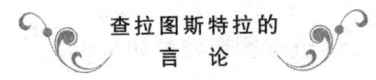

如果他们错误地判断我,我这个傻子就会因此更加迁就他们,而且还常常因为这种迁就而报复我自己。

被毒虫所蜇伤,内心又被掏空,我就是这样与他们生活在一起,但我仍然劝自己:"所有卑微事物的卑微都是无罪的!"

在我看来,那些称自己为"善者"的人就是最恶毒的飞虫,他们都会无由来地蜇人,然后无由来地说谎。这样的人又如何能公正地待我呢!

同情使那些生活在善者中间的人说谎;同情使所有自由的心灵沉闷。因为善者的愚蠢之深度是难以测量的。

将我本人以及我的财富隐藏起来——我在山下已学会了这一点。因为我发现那里的每一个人都精神匮乏。

我的同情所说的谎言就是:我理解每一个人。

我看到、闻到了每一个人,这些人都自以为拥有足够的、太多的精神!

我称他们的呆板智者为智者,而不称其为呆板,我已经学会了含糊遮掩。我称他们的掘墓者为研究者和检验者,我已经学会了偷换概念。

掘墓者是在为自己挖掘疾病,在陈腐的垃圾中隐藏着污秽的空气。他们不应该掘起污泥,而应该跑到山上生活。

我重新用我那受神庇佑的鼻孔来呼吸山里自由的空气!我的鼻子终于解脱了,它终于摆脱了所有人类的气息!

我的灵魂被凛冽的空气逗得直痒,就像被冒泡的葡萄酒所逗一样,因此,便打起了喷嚏。它边打喷嚏边对自己欢呼:祝你健康!

——查拉图斯特拉如是说。

论三件恶事

在凌晨的睡梦中,我站在天涯海角——世界的另一面,我手拿一个天平,在为世界称重。

唉,朝阳来得太早了:它的热烈的光辉将我唤醒,真是个忌妒的家伙!它总是忌妒我晨梦的热烈。

有时间的人认为世界是可衡量的,好的掂量者认为世界是可掂量的,强有力的翅膀认为世界是可以飞到的,神圣的怪人认为世界是可以预测的,我的梦就是这样看待世界的:

我的梦里有一艘勇敢的帆船,一半是船,一半是旋风,沉默似蝴蝶,急迫如雄鹰。它今天何以有耐心和闲暇时间来为世界称重!

我那微笑的、清醒的白昼智慧,它嘲笑所有"没有尽头的世界",它好像曾在私底下与我的梦交谈过?因为它说:"在有力量的地方,这位更有力量的女主人就会生成。"

我的梦十分确信地望着这没有尽头的世界,不喜新,不守旧,不害怕,不恳求。

好像一只熟透了的大苹果呈现在我手中,它有着清凉、细嫩、毛茸茸的表皮——世界就这样呈现在我面前;

好像一棵枝繁叶茂、意志坚强的大树在向我致意,它的枝干弯成了有扶手的座凳给疲倦的行人休息——世界就这样站立在我的天涯海角;

好像手拿着一只打开的宝箱朝我而来,它令羞涩而崇敬的眼睛欣喜万分——今天,世界就这样呈现在我面前。

世界对于我来说,是一件人类的好事,而人们却在私底下说了它许多的

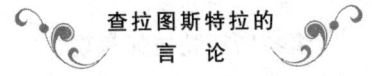

坏话——不是足以吓退人类之爱的谜,不是足以麻痹人类智慧的谜底。

我十分感激我的晨梦,是它让我一大早就能这样来称量世界!这梦和内心的安慰者,它对于我来说,是一件人类的好事——这件好事来到了我的面前!

为了白天的时候我能做同样的事,并学会其中最好的东西。现在,我要把三件恶事放到天平上,从人类的视角好好去称它们。

教人祝福的人也教人诅咒,世界上哪三件事是最受诅咒的?这就是我要放到天平上去称的东西。

肉欲、权力癖和自私是至今为止最受诅咒的三件事,它们最爱欺骗,名誉最烂,我要从人类的角度好好称称这三件事。

好吧!这里是我的天涯海角,那里是朝我滚滚而来的大海:它一浪高过一浪,向我撒娇,它是我最爱的忠诚的百头狗怪兽。

好吧!我要把天平举在波涛汹涌的大海之上,我还找了一个观察天平的见证人——就是你这隐居在浓雾中,枝繁叶茂的大树,我所钟爱的大树!

"现在"从哪一座桥上走向"未来的一天"?高傲者在什么样的强制下逼迫自己低就?是什么命令让最高者还要向上生长?

现在,天平是平衡和稳定的,我把这三个沉重的问题扔进去,另一端的秤盘上放着三个沉重的答案。

肉欲:是所有蔑视肉体,但表现出忏悔之人的肉中刺,所有背后世界的人都诅咒它为"世界":因为它嘲弄所有糊涂而迷乱的教师。

肉欲:是流氓无赖眼中的将其慢慢焚烧的火;是所有朽木和散发出臭味的抹布之随时发情和沸腾的火炉。

肉欲:在自由之心看来,它是无辜的,是自由的,它是人世间的乐趣,是所有未来对现在的感激。

肉欲:在衰败者看来,它只是一种甜甜的毒酒;但是在有狮子意志的人看来,它却具有巨大的强心作用,是敬畏之情呵护下的酒中之精品。

肉欲：是对更崇高幸福和最高希望的象征。因为婚姻预示着许多东西。对许多东西来说，男人和女人彼此之间是很陌生的，谁也不知道男人和女人之间究竟有多么陌生！

肉欲：然而我要在我的思想和我的言辞四周筑起篱笆，以免猪和狂人闯入我的花园！

权力癖：对于无情的铁石心肠者来说，它就是火辣辣的鞭子；是对最残酷者的残酷折磨；是焚烧活人的可怕烈火。

权力癖：是放在最虚荣民族头上的毒虻；是所有不确定美德的嘲讽家；它可以驾驭所有的骏马高傲地驰骋。

权力癖：是捣毁所有腐朽、中空之物的地震；是摧毁华美的坟墓之人；是过早地回答闪电般问号的人。

权力癖：人类在它的目光下，蜷缩着身体做着苦役，人类变得比蛇与猪崽还要低贱，直至最后他们对其产生伟大的蔑视。

权力癖：伟大蔑视的可怕教师，她面对面地对城市和王国说："你给我滚开！"直至它们中间出现一个声音："我滚开！"

权力癖：它引力十足，甚至于能攀登到纯粹者和孤独者那里，强烈地满足于自我，自以为是，将天堂的幸福绘到人世的天空上，令人垂涎。

权力癖：假如居高者能弯下腰来贪恋权力，也就不会有"癖"了！真的，如果有这样的渴望和这样的俯就，那就不会产生久病不愈、成瘾成癖的东西！

为了使孤独的高峰不再永远孤独和满足于自我；为了让高山到达低谷，让吹过高峰的风吹到凹地。

啊，谁能为这样的渴望起个完美的名字呢！"馈赠者美德"——查拉图斯特拉曾为这个无可命名者起了这个名字。

而当时也发生了这样一件事，是第一次发生！他称赞自私受到神的庇佑，称赞自私虽然从强健灵魂里奔涌而出，但却完好而健康——高大的身体

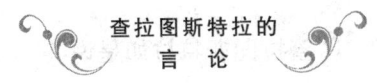

便属于强健的灵魂。

这是美好、自信、令人振奋的身体,任何事物在它周围,都成了一面面的镜子——灵活且富有说服力的身体,还有从它所提炼出的自得其乐的灵魂自称为"美德"。

这样的自得其乐,还有关于善恶的言论,就如同用神圣的树林来隐蔽自己;它在自己幸福的名义下,将自己身上的一切可鄙的东西祛除了。

为此,它说:恶就是怯懦!在它看来,经常操心、叹气、抱怨,还有用鸡毛当令箭的人都是可鄙的。

它也蔑视所有那些在痛苦时得到神灵庇佑的智慧,因为,真的有在黑暗中兴起的智慧,这是一种存在于黑夜阴影中的智慧,这种智慧总是唉声叹气,说:"所有的一切都是空的!"

在它看来,羞涩的猜疑,想实现理想但不去行动的人,以及所有喜欢猜疑的智慧,都是低贱的,因为这些都是怯懦灵魂的表现。

在它眼中,奉承者、动不动就恐慌失措的畏惧者、顺从者更是低贱,也包括这些人所有的顺从、怯懦、奉承的智慧。

从来不要自卫的人,吞下有毒唾液的人,有着恶毒眼光的人,过于有耐心的人,逆来顺受的人,满足于一切的人,都令它憎恨和厌恶:因为这些都是奴隶的表现。

它憎恶所有奴隶的表现,憎恨受神庇佑的自私,不管这个人是在上帝面前或者脚下,还是在人类和人类观念面前低声下气!

所有的颓丧、吝啬和奴隶性质的东西,受人指使去监督人的眼睛,沮丧的内心,以及那种用怯懦的嘴唇亲吻的虚伪、顺从的方式:它都称之为恶。

奴隶、满头白发的老人、疲倦者开的玩笑,特别是整个糟糕、荒唐、令人发笑的教士式的愚蠢:它都称之为智慧的赝品。

然而,假冒的智者,所有的教士、厌世者,还有那些拥有阴柔、顺从灵魂的人,哦,这些人的把戏如何一直损害着自私!

而正是对自私的损害才应该是美德,才应该被称作美德!而"无私"——所有的厌世者,所有怯懦的人,以及十字蜘蛛都有十足的理由这样祝愿自己!

但是,对于所有这一切而言,现在白天到来了,变化到来了,行刑刀到来了,伟大的晌午到来了。这时,许多东西都会露出来!

宣告"我"是健全的人、神圣的人,宣告自私受神庇佑的人,真的,他作为预知者,也说了他所知道的:"看啊,它来了,这伟大的晌午走近了!"

——查拉图斯特拉如是说。

论重力之神

我的嘴——是大众的嘴:在高贵的兔子听来,我的话既粗鲁又执拗;在所有舞文弄墨的墨斗鱼和狐狸听来,我的话是那么的陌生。

我的手——是呆子的手:桌子和墙壁,以及所有可以被呆子去装饰和涂鸦的地方都要大祸临头了!

我的脚——是马的蹄子;我用它来践踏和跨越山峰和岩石,在广袤的田野上驰骋,像魔鬼般疯狂地飞奔。

我的胃——也许是老鹰的胃吧?因为它最喜欢吃羔羊的肉。不过可以肯定的是,它是一只鸟的胃。

我现在的特点是:在天真事物和少数准备飞行而急于飞行之事物的哺育下飞走——能说这其中没有某种鸟的特点吗!

最为重要的一点是,我视重力之神为敌,为大敌、死敌、天敌——这是鸟的特点。哦,我的敌意何处没有飞去过,何处没有错飞去过!

我甚至可以唱一首与之有关的歌曲,而且我也很想唱,尽管只有我一人在空屋子里,不得不自唱自听。

当然除我之外,还有其他的歌唱者,对他们来说,只有有满屋子的观众,他们的嗓音才能柔美,手才会说话,眼睛才能传情,内心才会清醒,而我,和他们截然不同。

有朝一日,谁教会人类飞行,谁就搬走了所有的界石;而他却认为,所有的界石都会自己飞向高空,那时,他称呼大地为"轻者"。

鸵鸟的奔跑速度惊人,比最快的骏马还要快许多,可是连它也要将脑袋钻进沉重的大地里,更别提尚不能飞行的人类了。

在它看来,大地和生命都是沉重的,重力之神想要如此!可我却这样教导:谁想要变轻,变成一只鸟,谁就必须得自爱。

当然,这自爱与久病不愈者和瘾癖君子的爱没有关系:因为就连他们的自爱也会散发出恶臭!

我这样教导:一个人必须得学会自爱——学会这种健全的爱、健康的爱。为的就是一个人时也可以忍受自己,而不必四处流浪。

这样的四处流浪自称"博爱":迄今为止,那些让所有人感到沉重的人尤其喜欢用这种话来撒弥天大谎,做最好的伪装。

真的,学会自爱并非是今天或者明天的规定。确切地说,它是所有艺术中最精致、最巧妙的,最有耐心的,最终的。

因为拥有者会把所有属于自己的东西都藏得极为隐蔽;在所有的宝藏中,他自己的宝藏总是最后才被发掘出来,这样的状况是重力之神所造就的。

几乎我们还在摇篮里时,就被赋予了沉重的嘱咐和价值:"善"与"恶"。正是因为如此,我们的生活才得到了宽恕。

所以,人们让小孩子来到自己身边,并及时制止他们自爱:这样的状况是重力之神所造就的。

而我们却忠实地背负起人们赋予我们的东西,翻越崎岖的山岭!假如我们出汗，人们就会对我们说："是的，生命有不能承受的重负！"

但是，只有人类有自己所不能承受的重负！原因就是人类背负了太多与自己不相干的东西。他如同骆驼一样跪下，让自己背负起沉重的负担。

特别是那些心怀敬畏、自以为承载能力很强的人，他让自己背负起太多沉重的与自己不相干的嘱咐和价值，他觉得自己就是沙漠里的骆驼，而自己的生命就是沙漠！

真的！人有时候甚至都背负不了自己的东西！人就如牡蛎一样，身上也有许多内在的东西，这种东西令人作呕，光滑得难以抓住。

所以，必须要为人类找到一个装饰高贵的外壳。但是人们首先要学会这样的艺术：拥有高贵的外壳，拥有漂亮的外表和聪明的盲目性！

有些外壳小得可怜，太像是个贝壳了，这又是关于人身上有些东西的欺骗。许多隐藏起来的善和权利从未有人能猜出来，最美味的菜肴找不到享用的人！

女人懂得这些，懂得最美味的东西，在这样的肥一点、瘦一点中包含着多少的命运啊！

人是不易被发现的，而且最不易发现自己。精神常常说灵魂的谎言：这种状况是重力之神所造就的。

然而，这样说话的人发现了自己：这是我的善与恶；他这样一说，那些说"所有人的善与恶"的鼹鼠和侏儒便闭口不言了。

真的，我也不喜欢那种将一切事物都称为善，将这个世界称为至善的人。在我看来，这种人就是十足彻底的知足者。

懂得品尝一切的十足彻底的知足并非是最佳之口味！我尊重不受指使的、挑剔的舌头和肠胃，它们学会了说"我"、"是"、"不"。

然而，咀嚼和消化所有的东西——这是真正的猪的特征！总是"咿——呀"地叫唤——是驴子和具有驴子精神的人之特长！

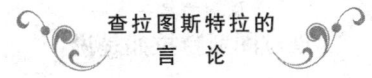

深黄和火红符合我的口味所需——这是血液和所有颜色的混合色。可是,给自己房子刷白的人向我露出一颗刷白的灵魂。

一些人爱上了木乃伊,另一些人爱上了幽灵:这两种人都同样与血肉为敌——哦,这两种人都和我的口味不同啊!因为我爱鲜血!

与人人都吐唾沫和唾液乱飞的地方相比,我更愿意在小偷和作伪证者中间居住和停留的:我现在的口味就是如此。没有任何一个人的嘴里是含金子的。

可是,更令我厌恶的是一切的奉承者;我觉得,这种人是人类中最令人厌恶的动物,我称其为寄生虫:他不想去爱别人,却靠着别人对他的爱而活。

我称所有那些不是成为恶兽,便是成为凶恶的驯兽人的人为不受神庇佑者:我是绝对不会在这种人中间建筑我的小屋的。

我称那些始终是必须得等待的人称为不受神庇佑者:比如税吏、小商人、国王、其他的国家守护者以及商店守护者——他们与我的口味相违背。

真的,我也学过等待,而且是彻底的等待,但是,与他们不同的是,我等待的是我自己。除了等待,我特别学过站立、行走、奔跑、跳跃、攀登、跳舞。

这是我的准则:想要在有朝一日学会飞行的人,首先就得学习站立、行走、奔跑、攀登和跳舞——你不是突然就能学会飞行的!

我凭借着绳梯学会了爬到窗户上,凭借灵巧的双腿攀上了高高的桅杆,坐到了知识的高桅上,这在我看来,可是个不小的福分,就如同微弱的火光在高桅上闪闪发光:虽然只是微弱的火光,但是这在漂泊的水手和海上的遇难者看来,却是莫大的慰藉!

我想方设法地到达了我的真理;我登到高处凭借的不仅仅是一架绳梯,在那里,我的眼睛已眺望到了我那遥远的远方。

只是我始终不喜欢向人打听路——这始终违背我的口味!我宁愿自己问自己路,自己去探索路。

我就是这样走了一路,问了一路,探了一路。真的,你甚至得学习怎样回答这种问题!而这才正对我的口味:

这称不上是什么好口味,也不算什么坏口味,而是我自己的口味,对此,我不再感到羞愧,也不向外人隐讳。

"现在,这就是我的道路,你们的路又在何方呢?"我如是回答那些向我问"这路"的人,因为这道路并不存在!

——查拉图斯特拉如是说。

论新旧牌匾

我坐在这儿等待着,我的身边是碎裂的旧牌匾和尚未写完字的新牌匾。我的时刻——我衰败的时刻,沉沦的时刻什么时候来临?因为我要重新回到人类那里。

我正等着那时刻的到来,因为我得先看到表示它已经到来的标志,即与鸽群在一起的笑狮。

在这段时间,我是一个拥有时间的人,我用这样的身份与我自己交谈。无人跟我说新鲜之事,于是,我和自己讲述自己。

当我走到人类中间时,我发现人类一直在坚持那种古旧的傲慢,他们都自以为早就知道了何为人类之善与恶。

他们认为,一切关于美德的讨论是古老而令人昏沉的一件事,那些想睡个好觉的人在入睡前还对"善"与"恶"进行着讨论。

当我教导说除了创造者,没有其他人知道何为善与恶之时,这样的沉睡者便被我惊醒了!

而事实上,正是创造者创造了人类的目标,给予大地意义和未来,是他

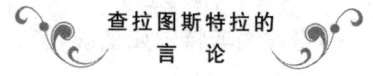

建立了善与恶的说法。

而我让他们推翻那坐着古旧傲慢的古老教席；我让他们大肆嘲讽他们伟大的美德大师、圣人、诗人、救世主。

我让他们嘲笑那些忧郁的智者和坐在生命之树上恐吓鸟儿的恶毒稻草人。

我坐在布满腐尸和秃鹫的死亡之路上，我嘲笑他们的从前，嘲笑他们从前腐败衰落的富丽堂皇。

真的，我像宣讲赎罪的说教者和傻子一样冲他们的伟大和卑微怒吼，他们的最善者和最恶者原来都是如此地卑微啊——我如是嘲笑。

我那诞生于山上的智慧之渴望从我的内心深处发出喊叫声与大笑声，真的！这是一种狂野的智慧，是一种狂野的渴望。

我那智慧之渴望常常带着我在笑声中扶摇直上，每当此时，我就如箭一般穿越在高空，享受让太阳都陶醉的狂欢。

飞向做梦都没去过的遥远的未来，飞向雕塑家都不曾梦想到的炎热的南方，飞向诸神以穿衣服为耻的地方。

因为我像诗人一样，在用不恰当的比喻说话，所以总是语无伦次。真的，对于我不得不做诗人，我感到很惭愧！

在我看来，在那里的一切生成都是诸神的舞蹈，都是诸神的恶作剧，世界摆脱了束缚、得到释放，找回自我，成为众神的一种永恒的逃避自我和重新追寻自我，成为众神受祝福的自相矛盾、自相再三聆听、自相重新归属。

在我看来，那里的全部时间是受祝福的对瞬间的一种嘲讽；在那里，必然就是在极乐中与自由之棒玩耍的自由本身。

在那里，我又见到了我的老魔鬼和敌人，那重力之神和他创造的强制、条令、必然性、结果、目的、意志、善恶。

为了让诸神肆无忌惮地舞蹈，难道不是非得有某种东西存在吗？为了最卑微者的缘故,难道不是非得让鼹鼠和愚笨的侏儒存在吗?

也正是在那里,我知道了"超人"这个词语,知道了人类是一定会被超越的动物。

知道了人类是一架桥梁,而不是最终目标,他为他的晌午和夜晚而喜形于色,自认为这是通往新朝阳的道路。

查拉图斯特拉关于伟大晌午的谈话,还有我挂在人类头顶上的东西,就如同紫色的夕阳一般。

真的,我也让他们看到了新星星,它们挂在新夜晚的云层之上,我还发出了爽朗的笑声。

我教给他们我所有的创作和追求,将人类认为是碎片,是谜,是巧合的东西和可怕的东西会聚成一个整体,我以巧合的虚构者、解谜者和救世主的身份来教他们创造未来,创造曾经出现过的一切,在创造中救赎。

救赎人类的过去,改变一切的"曾经出现过",直至意志说:"可我曾经愿意如是!我将来也愿意如是。"

我把这叫作他们的救赎,我教他们将这叫作救赎。

现在,我在等待我的救赎,为的是这是我最后一次去他们那里。

因为我要再次去人类那里,我要在他们中间沉没,在临死时还要将我丰厚的礼物赠与他们!

我向极为丰富的落日学习了这一点:她从丰厚的财富中取出金子倒进大海。这样一来,就连最贫穷渔夫的船桨都成了金灿灿的金桨!这是我曾亲眼所见的事情,在不断地观望时,我潸然泪下。

查拉图斯特拉也要像落日一样走下山,现在他坐在这儿等待着,身边是碎裂的旧牌匾,还有尚未写完字的新牌匾。

看啊,这里是一块新牌匾,但是我的兄弟们在哪儿呢?我们将一起把它运到山谷里,运到肉体的内心去。

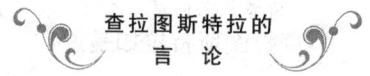

我这样要求最遥远者的伟大之爱：不要关爱你的邻居！人类是一定会被超越的动物。

超越的方式和道路多种多样。你看！可是遗憾的是，只有一个滑稽的丑角知道：人类是能被跃过的。

甚至在你的邻居中超越你自己：这种权利需要你为自己争取，前提是你不让别人给你这种权利！

如此一来，你做的事情就不会再有人对你做。看看，这就不存在报复了。

不能命令自己的人就应该服从，但有些人能够命令自己，但却很难做到自己服从自己。

那些灵魂高贵的人如是要求：不要不通过自己的付出而得到东西，至少不要没有任何付出就得到的生命。

而那些乌合之众就想要没有付出地生活，但是我们这些生命将自己给予我们的人，我们总是在思考我们能回报些什么！

这的确是一种崇高的思想，它说："生命许诺给我们的东西，我们也要为生命而保留！"

在你不该享受的地方，你就不应该，或者说根本就不应该要求享受。

因为享受和无辜都太羞涩，它们都不愿意被追求。你应该拥有它们，可是你更应该去追求负疚和痛苦！

啊，兄弟们，最开始产品终会成为牺牲品的。而现在，我们就是第一个牺牲者。

我们都在秘密的祭坛上被宰割，我们都在为敬拜古老的偶像而备受火的煎熬。

我们是年轻的上等品，我们长有鲜嫩的肉，长有小羔羊的羊皮。古老的偶像崇拜祭司怎会不被这样的我们所诱惑呢！

这老偶像崇拜祭司也蜷缩在我们身上，他烹制我们的上等品来作为他的盛宴。啊,兄弟们,最开始的产品又怎会不被牺牲掉呢!

但是我们的同类很乐意被当作牺牲品;而我却爱这些不想保全自己的人。我将我全部的爱都给予那些沉没者:因为他们要走向彼岸。

很少有人能做到实事求是!而能做到这一点的人又不想做!好人是最难做到这一点的。

唉,这些好人从来不说实话;这种好对于精神来说,就是一种疾病。

这些好人总是顺从,他们的心就像是个传声筒,总是听从别人的使唤,而从不听从自己的使唤!

所有被好人称为恶的东西聚到一起,便诞生了一种真实:啊,兄弟们,你们能恶到这种地步吗?

大胆的冒险,长时间的猜疑,残酷的否定,厌恶,痛苦——这么多东西能聚在一起是多么难得啊!而从这样的种子里就能诞生出真实!

到现在为止,愧疚的旁边就生长着所有的知识!认知者们,将它们打个粉碎,将这些旧牌匾给我打个粉碎!

当水上架起一根横梁,当河上架起带扶手的小桥时,就没有人再相信那些说"一切皆流"的人了。

甚至连傻子、笨蛋都会反驳他。傻子会说:"你说什么?一切皆会流?那横梁和小桥是什么呢?它们不是横跨在河上吗?"

"横跨在河上的是所有固定的东西,这所有的固定的东西就是万物的全部价值,是桥梁、概念、一切的'善'与'恶'!"

然而,这河流的驯服者——冷酷无情的冬天来临了:此时,就连那些才智双全的人也学会了猜疑;真的,此时,傻子都会说:"不是一切皆静止吗?"

"归根结底,一切皆静止"——这是一种真正的冬季准则,这在无收获的时期看来,这是一件好事,在冬眠者和好蹲炉边者的人看来,这是一种巨大的安慰。

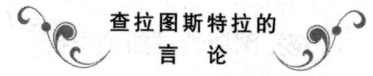

"归根结底,一切皆静止",但是,春风却在宣讲一些违背这一准则的教义。

春风,一头公牛,一头不耕地的公牛,一头凶猛的公牛,一个破坏者,它用它那愤怒的牛角将冰撞碎!而这冰块又冲断了小桥!

啊,兄弟们,现在再来看看是不是一切皆流呢?所有的扶手和小桥不是都落入水中了吗?谁还会遵循"善"与"恶"呢?

"快点吹向我们吧!让我们交好运吧!使雪融化的春风赶紧吹起来吧!"我听到我的兄弟在大街小巷如是宣讲!

有一种古老的妄想叫善恶。到现在为止,这种妄想之轮都在围绕预知和预言家转动。

过去,人们很相信预知和预言家,所以,人们也相信命运之说:你的命运就是如此,你就应该如此,你不得不如此!

后来,人们又猜疑所有的预知和预言家,所以,人们也相信了自由之说:你能够做到,因为你愿意这么做!

啊,兄弟们,到现在为止,关于星星和未来也都只是猜测,我们现在并不清楚星星和未来究竟会怎样。所以,到现在为止,关于善与恶也只是猜测,我们现在并不知道是否如此!

"你不应该偷盗,不应该杀戮!"这种名言曾被人们视为神圣之言;在这种神圣之言面前,人们弯腰屈膝,言听计从。

但是我要问你们:哪里有过比这种神圣之言更好的盗贼和杀戮者呢?

不是在整个人生中都有偷盗和杀戮吗?将这种名言视为神圣之言,这不是要让真理本身遭到杀戮吗?

还有那种将所有与生命相矛盾、大肆阻挠生命的东西视为神圣的,这不就是死亡的说教吗?啊,兄弟们,赶快将它们打个粉碎,将这些旧牌匾给我打个粉碎!

我看到过去的东西遭到抛弃,这就是我对全部过去的同情,被抛弃给未来每一代人的仁慈、精神和疯狂,他们把所有存在过的东西都解释为:他们的桥梁!

一个大独裁者,一个精明的恶魔会到来,他会软硬兼施地逼迫全部的过去:直至它变成他的桥梁、征兆、先行者和雄鸡报晓为止。

而这又是另一种危险,我的另一种同情:那些乌合之众只能回想起祖父,然而,时间到了祖父那里就停止了。

于是全部的过往都被抛弃,因为乌合之众也许会在有朝一日成为主人,他们会把全部时间溺死。

所以,兄弟们,需要一种新贵族阶层的存在,他们与所有乌合之众和独裁者为敌,并将"高贵"一词写在新牌匾上。

要有贵族阶层的存在,就需要有许多种类不同的贵族!就如同我曾经的比喻一样:"有诸神,但是没有上帝,这就是神性!"

啊,兄弟们,我指点你们,将你们封为一种新贵族。在我看来,你们应该会成为未来的生育者、栽培者、播种者,而不是拥有一种可以用黄金买到的贵族头衔。因为用金钱可以买到的东西很少是有价值的。

让你们未来荣耀的不是你们来自何处,而是你们去往何处!你们用来超越自己的意志和你们的脚,可以成就你们未来的荣耀!

而不是因为你们过去伺候过你们的诸侯。如今,诸侯又算得了什么!也不是因为你们变成了使矗立者更为坚定的堡垒!

不是因为你们的家族在宫廷里变得高贵,你们学会光鲜亮丽地长时间地站立。朝臣们认为能站立是一种功劳;他们都相信死后应该在天堂里应该可以坐着!

也不是因为他们所谓的神圣精神将你们的祖先引到上帝所许之地,我讨厌这种地方,因为那种地方可以生长出一种最糟糕的树木——十字架,在

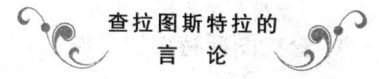

这种地方,没有什么东西是好赞美的!

真的,不管这种"神圣的精神"将它的骑士引到哪里,在这样的远征中,羊、鹅,还有没有目标而狂跑的家伙始终会跑在前面!

啊,兄弟们,你们不应该回望,而应该四处张望!你们应该是被所有祖先的国家驱逐出来的人!

你们应当爱你们孩子的国土:这种爱就是你们的新贵族头衔,在最遥远的海上还没被探险过的国土!我吩咐你们乘风破浪去找寻它,而且要找到它!

你们应该因为你们是你们父辈的孩子而在你们的孩子那里得到弥补;你们应该这样救赎全部的过往!我把这块新牌匾挂在你们的头顶上!

"为什么要生活?一切皆空!生活就是徒劳;生活就是燃烧自己,却得不到温暖。"

这种古代的垃圾话仍然被当作"智慧",而且因为它陈旧得发霉,所以它更被尊敬了。甚至连它的腐朽都变得高贵了。

孩子们可以如是说:因为火将他们烧伤过,所以他们害怕火!在古代的智慧书中,就有着许多的孩子气。

而总是"徒劳"的人怎么可以诽谤力气呢!应该将这种傻子的嘴缝起来!

这样的傻子坐到桌子旁,没有带来任何东西,甚至连真正的饥饿都没带。于是,他们诽谤说:"一切皆空!"

可是,我的兄弟们,好好吃喝可真不是徒有虚名的技艺!把它打个稀碎,把这个从不快乐者的牌匾给我打个稀碎!

大众说:"在洁净者看来,万物皆洁净。"但我要对你们说:在猪看来,万物皆是猪!

所以那些连心都低垂着的宗教狂和低头祈祷者如是宣言:"世界本身就是一只肮脏的怪兽。"

因为这一切都属于肮脏的精神,尤其是那些没有安宁和休息的人,除非他们成为背后世界的人,从背后来看世界!

尽管听起来很难听,但我还是要当面告诉他们:世界和人相同之处是它也存在一个背后,这是真实的!

世界上有许多肮脏的东西:这是真实的!但世界本身并没有因此而成为肮脏的怪兽!

世界上有许多东西散发恶臭的妙处在于:恶臭本身有生出翅膀和预感到清泉的本事!

在最好的人那里也有一些令人憎恶的东西;而最好的人也依旧是一定要被超越的动物!

啊,兄弟们,世界上有许多污秽肮脏的东西,其中的妙处无穷无尽!

我听虔诚的背后世界的人对他们的良心说过这样的妙语;真的,没有恶意和欺骗,尽管这世上没有比这更恶、更欺诈的东西了。

"让世界以它的真实面貌存在吧!不要竖起指头来反对它!"

"随那些想要掐人脖子、刺伤人、割人肉、剥人皮的人去吧!不要竖起指头来反对它!因此,人们学会了抛弃世界。"

"而你应该掐住你自己理性的喉咙;因为你的理性是一种现世的理性,因此,你学习了抛弃世界。"

把它打个稀碎,把这虔诚者的旧牌匾打个稀碎!将这世界诽谤者的格言给我粉碎掉吧!

"博学多识的人忘记了所有强烈的渴望。"今天,人们在一切幽暗的小巷中互相低声谈论着。

"智慧使人倦怠,它不值得;你不应该渴望!"我看到这新牌匾甚至高挂在开放的市场上。

啊,兄弟们,把它给我打个稀碎,还有这新牌匾一起打碎!这是厌世者,

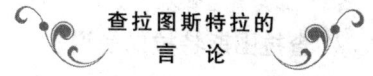

死亡的说教者,甚至还包括狱吏将它挂在这里的。因为,你看,这也是在宣教让人受奴役!

因为他们学得很烂,没有学到最好的东西,学得太早,太着急。因为他们吃的东西很烂,所以他们的胃就受了损伤,而一个受损伤的胃就是他们的精神:他们的精神劝人去死!真的,兄弟们,精神就是一个胃!

生命是快乐的源泉:可是对于受损伤的胃来说,所有的泉水都是有毒的。

对于有狮子意志的人来说,认知就是快乐!而疲倦之人只是"被别人要求",言听计从,随波逐流。

弱者的本质总是如此:他们迷失了方向。最后,他们的疲倦问:"我们总这样走路干吗!再怎么走都是徒劳的!"

他们的耳朵很喜欢听这样的说教:"一切都是不值得的!你们不应该有要求!"而这就是在宣教让人受奴役。

啊,兄弟们,查拉图斯特拉如同一阵呼呼而来的清凉之风来到所有行路疲劳者中间,他还要让许多鼻子打喷嚏!

我那自由的气息甚至穿越墙壁,进入监狱里和被禁锢的精神中!

要得到解放,因为想要就是创造:我如是教导。你们只应该为了创造而学习!

即使是那样的学习,你们也应该先向我好好学习!长着耳朵的人,你们好好听着!

也许停在那里的小船要越过那里而进入虚无中,可是谁愿意成跨入这"也许"中的小船呢?

你们中间没有一个人愿意跨入这死亡之船!你们为何在此时厌世呢!

你们这些厌世者甚至就根本没有脱离大地!我发现,你们仍然在贪恋着大地,仍然对自己在大地上的疲倦恋恋不舍!

因为你们的嘴唇上坐着一个世俗的意愿,所以你们的嘴唇才会下垂!而你们的眼睛里也飘着一种无法忘却的世俗之乐。

因为大地上有许多对有些人有用,会使另外一些人舒服的好发明,所以,我们应该爱大地。

那些好的发明物就如同女人的胸脯:不但有用,而且也让人感觉舒服。

可是你们厌世者,你们简直就是大地的懒虫!人们真应该用荆条抽打你们!这样的抽打会使你们的双腿重新充满活力。

因为,假使你们不是被大地所厌弃的病人和年迈无力的侏儒,那你们就是慵懒的虫子或吃完就享受的快乐猫。而假如你们拒绝重新欢快地奔跑,那你们就应该跨鹤西游!

查拉图斯特拉如是教导:你们不应该做无法治愈者的医生,而应该跨鹤西游!

可是,所有的医生和诗人都很清楚:了结比写一首新诗需要更多的勇气。

啊,兄弟们,有疲倦造就的牌匾,也有腐朽的懒惰造就的牌匾。虽然说的话是一样的,但他们想要被听到的声音却是不一样的。

你们快看看这里这个备受折磨的人!他距离目的地仅有咫尺,但他却累得毫无顾忌地在尘土里躺下了,这个勇敢的人!

他太累了,对着道路、大地、他的目的地和自己打着接连不断的哈欠,他一步也走不动了,这个勇敢的人!

现在,太阳炙烤着他,狗在舔他身上的汗水;但是他对这些全然不顾,依旧躺在那里,宁愿受尽折磨。

他距离目的地仅有咫尺,而现在却在饱受折磨!真的,你们必须得抓住这位英雄的头发,将他拖到他的天空!

还是让他躺在他躺下的地方比较好,这样,睡眠就会悄悄潜伏到他的身上:

让他躺着吧,直至他睡到自然醒,直至所有的疲劳,以及疲劳通过他而

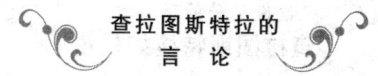

教人的东西都离他而去!

只是,兄弟们啊,你们要将狗,还有懒虫和那所有飞个不停的害虫都从他身边驱走,所有飞个不停的"受过教育"的害虫正如饥似渴地饮着每一位英雄的汗水!

我在自己的四周画了一个圈,这是个神圣的边界。和我一起攀登高山的人越来越少,我用越来越神圣的山创建了连绵不断的山脉。

可是,兄弟们,不管你们想要和我一起向何处攀登,都要十分小心,千万不要让任何一条寄生虫陪伴在你们左右!

寄生虫是一种蛆虫,一种爬行的蛆虫,一种紧贴在你身上的隐秘的伤口处,要借此而使自己肥大的蛆虫。

这是它的本领:猜测出攀登的灵魂在何处会感到疲劳。它在你们的忧伤、烦闷和敏感的羞耻中,建起它那令人作呕的巢穴。

它在强者的最薄弱之处,在高贵者最柔和之处建起它令人作呕的巢穴:寄生虫寄生在伟人隐秘微小的伤口之处。

什么是一切存在之最高种类?什么是一切存在之最低种类?最低种类就是寄生虫;最低种类就是人。而最高种类的人却喂养了许许多多的最低种类的寄生虫。

因为存在着最长的梯子,能够降到最深之处的灵魂,在这梯子上,怎样才能免受寄生虫的寄生呢?

最丰裕之灵魂最远是在自身中奔跑、迷失方向、漫游;最必然之灵魂出自快乐而投入到偶然中;存在之灵魂潜入到生成中;拥有中的灵魂要进入到欲望和要求中;从自身逃跑的灵魂在最外围追上了自己;智慧最为丰富的灵魂正在听愚蠢对它的最甜蜜的话语;最自爱之灵魂的深处,万物正在不停地流动,而且还有低潮和高潮。

啊,最崇高之灵魂为什么就不该有最坏的寄生虫呢?

啊,兄弟们,我真的残酷吗?但我要说:已经掉下来的东西,我们也应该再推一把!

今天已经掉下来,已经腐朽的一切,谁愿意保存它呢?而我还要再推它一把!

你们知道将石头滚下山崖深渊的快乐吧?你们快看看这些今天的人们是怎样滚到我的深渊里!

我是更好演员的一个序曲、一个榜样!啊,兄弟们!请你们也照着我去做吧!

如果你们不教他飞行,那就教他更快地坠落吧!

我爱勇敢的人:但是只做一个勇士是远远不够的,你也得知道你的勇气是用来对付什么人的!

通常,更伟大的勇气是克制自我,绕道而行,以便保存实力,和与你相匹敌的敌人作战!

我只应该有可恨的敌人,而不是可鄙视的敌人,你们应该以你们的敌人而骄傲:我曾经这样教导过一次了。

啊,兄弟们,对于与你们更相匹敌的敌人,你们应该保存实力:为此,你们就要避开与许多其他的敌人作战,尤其要避开许多流氓之辈,这些人总是给你们灌输关于人民与各个民族的恶言。

你们要睁大眼睛看清楚他们赞成什么,反对什么!哪里有许多的公正,哪里也会有许多的不公:谁看了都会为之而暴怒的。

一眼看透与一刀砍进去的结果都是一样的,所以,你们还是走到遥远的森林里,收起你们的宝剑去休息吧!

你们走自己的路!让人民和各个民族走他们的路——黑暗之路吧,真的,在这路上甚至不会再闪现出一丁点希望!

让商人们去统治那里吧,那里一切闪光的东西都是商人们的黄金!现在

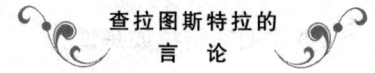

已不再是国王的时代了:今天自称为人民的人是不需要有国王的。

你们看啊,现在这些人民的行为都跟小商贩一样了:无论从什么垃圾中,他们都能给自己找出一些蝇头小利来!

他们互相陷害,互相欺骗,人人都觊觎着某种东西,这样的关系,他们美其名曰"好邻里关系"。啊,受神庇佑的过去,那时,一个民族对自己说:"我要做所有民族的统治者!"

因为,兄弟们啊,最佳者应该统治,他们也想统治!可是准则不同的地方是没有最佳者的。

如果他们吃饱了无所事事,他们会鬼哭狼嚎地要求什么呀!他们的生计才是他们真正的消遣;他们的生活还真是艰难!

他们是肉食性动物,甚至在他们的"工作"中还要"食肉";在他们的"收获"中还要劫掠!因此,他们的生活还真是艰难!

于是,他们会成为更佳的、更精明的肉食性动物,与人类更加相像了。因为,人类是最佳的肉食性动物。

人类把所有动物的美德都夺走了。因此,人类变成了所有动物中生活最为艰难的动物。

只是飞鸟仍然飞在人类的头顶上。而假使人类也要学习飞行的话,那他们食肉的欲望也必须得飞到天上去!

我要让男人善战,女人善于生育,可是他们的特长却都是用头和双腿跳舞。

在我们看来,一天中如果一次舞也不跳,这就是在虚度时光!在我们看来,如果真理中没有伴随着笑声,那这真理就是虚伪的!

当心着你们的婚姻:千万别让它成为一种糟糕的结合!如果你们匆匆结合:那就会导致婚姻破裂!

宁愿让婚姻破裂,也不要性质扭曲的婚姻和婚姻中的欺骗!一个女人对我如是说:"是我让婚姻破裂的,但是首先是婚姻使我破裂!"

我发现，不登对的夫妻是最心怀仇恨的人，他们为了自己不再单身奔走，不惜让全世界都为之而付出代价。

为此，我要求正直的人对彼此说："我们相爱：让我们想法维系好我们的爱！否则的话，我们当初的誓言不就变成一个罪过了吗？"

"给我们一段时间，让我们结小婚，这样我们就可以看看我们是否适合结大婚！毕竟，两个人在一起不是件小事！"

我如是劝告所有正直的人，如果我用其他的方式来劝告和说话，那么我对超人的爱和对未来一切的爱会是什么呢！

不但要继续栽培你们，而且还要使你们向上生长。为此，兄弟们啊，让婚姻的花园来帮助你们吧！

看呀，起源于古老的种族而变得明智的人，他最终会寻求未来之源泉和崭新的起源。

啊，兄弟们，过不了多久，新的民族就会产生了，新的泉水就会奔流到深谷了。

因为地震盖住了很多井，许多人备受干渴的煎熬；但是它也使内在力量和秘密暴露在了阳光下。地震使新的源泉涌出。新的源泉从古老民族的地震中迸发了出来。

不管是谁在那里喊："看啊，这里有一口许多干渴者所需要的井，一颗许多渴望者所需要的心，一个许多工具所需要的意志。"在他周围，立刻就会聚集起一个民族，这就是许多的尝试者。

能命令的人和服从的人都是试出来的！啊，要经历怎样的长时间的寻求、猜测、失败、学习和新的尝试啊！

我如是教导说：人类社会是一种尝试，一种长时间的寻求，但是它在寻求能够命令的人！

啊，兄弟们，这是一种尝试，而不是"协议"！把它打个粉碎，把这种好心

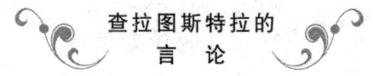

人和马虎人的言论给我打个粉碎!

啊,兄弟们!整个人类将来最大的危险潜伏在什么人那里呢?难道不是在好人和正义者那里吗?就像在那样一些人那里一样,那样的人打心底里认为:"我们已经知道了什么是善和正义了,而且我们也有善和正义;那些还在这里寻求的人要大祸临头了!"

不管恶人做出什么样的伤害,都不及好人做出的伤害更伤人。

啊,兄弟们,谁要是看透了好人和正义者的心,他就会称他们为法利赛人。但是别人却不懂他的意思。

而且,好人和正义者也不会理解他:因为他们的精神始终觉得自己是心安理得的。他们的愚蠢就是大智若愚。

可是,"好人一定是法利赛人"就是真理——他们没得选!

好人一定会将为他发明美德的人钉上十字架!这就是真理!

可是,第二个人发现了好人和正义者的国家、灵魂和国土:他问道:"他们最憎恨谁?"

他们最憎恨创造者:那些打碎牌匾和古老价值的人,他们称那些破坏者为罪犯。

因为好人不能创造:他们始终是终结的开始。

他们把在新牌匾上写新价值的人钉上十字架,他们牺牲了未来给了自己,他们将全人类的未来钉上了十字架!

好人始终是终结的开始。

啊,兄弟们,你们也懂得这个词的意思吗?懂得我曾说过的关于"最后之人"的言论吗?

整个人类未来的最大危险潜伏在什么人那里呢?难道不是在好人和正义者那里吗?

将它打个粉碎,将好人和正义者给我打个粉碎!啊,兄弟们,你们也懂得这句话的意思吗?

你们在逃避我的问题?你们是不是被吓坏了?你们是在这句话面前发抖吗?

啊,兄弟们,只有在我吩咐你们将好人和他们的牌匾都打碎时,我才将人类装上船送到他们的大海上。

直到现在,大恐慌、大眺望、大疾病、大恶心、大晕船才与他们相遇。

好人教你们虚假的海岸和安全;你们在好人的谎言中诞生、躲藏。好人彻底诬枉和扭曲一切。

可是,谁发现了"人类"之国,谁也就发现了"人类未来"之国。现在你们应该当我的水手,勇敢而坚韧的水手!

啊,兄弟们,及时直立行走吧,学会直立行走吧!大海怒吼:许多人想从你们那里重新得到鼓舞。

大海怒吼:所有的东西都在大海里。好了!你们这些老水手之心!

什么样的祖国啊!我们要驾着我们的航船去向我们的孩子之国所在的地方!我们向着那里前进,怒吼着我们的大渴望,比大海的怒吼还要强烈!

有一天,木炭对金刚石说:"为什么你这么硬?我们不是近亲吗?"

啊,兄弟们,我问你们:为什么你们这么软?你们不是我的兄弟吗?

为什么你们这么软,这么退让和顺从?为什么你们的心中有这么多的否定和拒绝?为什么你们的眼睛里缺少命运的折射?

如果你们不愿意成为反宿命论者而且不许通融:你们怎么能和我并肩作战,一起取得胜利呢?

如果你们的硬不愿意像闪电一样去劈开和劈断,将来你们怎么能和我一起创造呢?

因为创造者是硬的。在你们看来,只要你们把手摁在千年意志上就像是摁在蜡上一样,那这就是天堂幸福。而在千年意志上书写的天堂幸福就像是

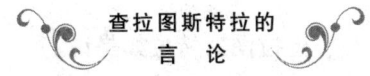

写在青铜上一样,甚至比青铜还硬、还高贵。唯有最高贵者才是十分硬的。

啊,兄弟们,我把这新牌匾挂在你们的头顶上,希望你们变硬起来!

啊,我的意志!你是一切危机的转折!你是我的必然性!使我免于所有小小的胜利吧!

我将我的灵魂之注定称之为命运!你存在于我的内心,在我的生命之上!积蓄我的实力,用来迎接一个伟大的命运!

我的意志啊,你把你的伟大节省下来用于你的最终吧,这样,你就会轻而易举地取得胜利!没有谁不拜倒在他的胜利之脚下!

啊,没有谁的眼睛不在这陶醉的朦胧中变得模糊!啊,没有谁的脚不踉踉跄跄,在胜利中忘记了怎样站立!

希望将来我会在伟大的晌午完备和成熟,完备和成熟得如同灼热的矿砂,孕育闪电的雨云,涨大的乳房。

这在我看来,在我最隐蔽的意志看来是完备的:如同一张弓爱恋着它的箭矢,一支箭钟情于它的星星。

一颗星星,在它的晌午是完备而成熟的,被摧毁性的太阳箭矢穿透,获得了天堂幸福!

一个太阳本身,一个不屈不挠的太阳意志,准备在胜利中摧毁!

啊,意志,你是一切危机的转折,是我的必然性!省下我,用以迎接一个伟大的胜利!

——查拉图斯特拉如是说。

新愈者

查拉图斯特拉在回到山洞后不久的一个清晨,他突然疯了似地从床上跳了起来,用可怕的声音大喊起来,就好像床上突然多了一个陌生人一样;他的声音就像是雷声在轰鸣,以至于他的动物们都因为他的喊声惶恐地跑过来,从紧挨查拉图斯特拉洞穴的所有洞穴里,小动物们即刻间全都逃了出来,飞的飞,爬的爬,跳的跳。可是,查拉图斯特拉却说了下面这些话:

你给我起来,你这深邃的思想,快从我的内心深处出来吧!我是你的黎明和报晓的雄鸡,你这睡过了头的大蠕虫:快起来!快给我起来!我的喊声应该能叫醒你!

打开你耳中的桎梏吧:听!因为我要让听见你的声音!快起来!这里有足以使坟墓谛听的雷声!

擦掉你的眼睛上的睡意和所有迷糊、盲目的东西!甚至将你的眼睛来当作耳朵用吧!对先天的盲者来说,我的声音还可以为他医治呢!

假如你醒过来了,你就会永远保持清醒。吵醒睡梦中的曾祖母们,这不是我的行事方式,所以我命令她们继续安睡!

你动了动身体,将四肢伸展开来,发出呼噜声?快起来!停止你的呼噜声,你应该与我交谈!目无上帝的查拉图斯特拉在呼唤你!

我是查拉图斯特拉,我是生命的代言人,是痛苦的代言人,是圆的代言人。我在呼唤你啊,我那最深邃的思想!

天啊!你来了,我听到你的脚步了!我听到我内心的最深处在说话了,我把它翻出来暴露在光明里!

天啊!你快过来!伸出手给我啊!放手!呜呜!恶心!恶心!好恶心!倒霉透了!

可是，查拉图斯特拉刚说完这些，他就如死人一般倒下了，而且如死尸一般长时间地躺在了那里。当他又醒来的时候，他脸色煞白，浑身发抖，依旧躺在那里，很长时间不吃，也不喝。就这样过了七天；而在这期间，除了老鹰飞出去取食之外，他的动物们一刻也不曾离开过他。老鹰寻觅来的，取来的食物都放在查拉图斯特拉的床上：于是，查拉图斯特拉是躺在了金黄色的果子、红色果子、葡萄、苹果、香草植物与松球中间。在他的脚边，还放着两只小羊羔，这是老鹰费尽九牛二虎之力才从牧羊人那里抢来的。

七天后，查拉图斯特拉终于坐了起来，他将一个苹果拿到手里，闻了闻，觉得它的味道很好。他的动物们见状，知道现在可以和他谈话了。

"哦，查拉图斯特拉，"它们说，"你闭着眼睛躺了有七天了，你想不想站起来呢？

走出你的洞穴：外面的世界如同花园一般，它在等待你。夹杂着浓香的风儿也想要到你这里来，所有的溪流也都很想追随你。

自从你孤独地躺了七天以来，万物都在渴望你，渴望你能走出你的洞穴！它们想要为你医治！

或许，你得到了一种新知，一种悲哀的、沉重的新知？你如同发酵的面团一样在那里躺着，你的灵魂在膨胀，膨胀到出了它的最大范围。"

哦，我的动物们啊，查拉图斯特拉回答说，继续这样说下去，我想好好地听听！这种闲聊使我精神百倍，对我来说，有闲聊的地方就像是花园般的世界。

有说话，有声音，这是多么可爱啊：说话和声音难道不是连通彩虹和光之间的桥梁吗？

另一个世界是每一个灵魂的世界；对于每一个灵魂来说，另外的任何一个灵魂都是一个背后的世界。

在最相似的事物之间，光在编织着最美的谎言，因为缝隙越小，就越难架起桥梁；而最小的缝隙之间是最难架起桥梁的。

对我来说——怎会有一个"我之外"的事物呢?没有外部!可是在所有的声音中,我们会将这一点忘却;我们能忘记,这是多么的可爱啊!

人类给予事物以名字和声音,为的不就是用这些事物来提神吗?说话是一种美丽的愚蠢:人类用它舞蹈在万物之上。

所有的说话和声音的谎言,是多么的可爱啊!我们的爱和声音一起舞蹈在彩虹上。

"哦,查拉图斯特拉,"这时,他的动物们说,"在如我们一样的思考者看来,万物是自己在舞蹈:它出来了,伸出手,露出笑脸,跑走,再跑回来,如此循环。

万物去了又回,存在之轮永远这样转动。万物死后,又有万物新生,存在的时候永远都在奔跑。

万物破离,又有万物相合;同样的存在之屋永远这样建造自己。万物分离了,万物又相聚,存的循环永远忠实于自己。

存在开始于每一刻,围绕着每一个'这里'旋转着'那里'之球。任意一点都是中心点。永恒的道路是曲曲弯弯的。"

哦,你们这些小丑们!查拉图斯特拉回答说,又笑了笑,看看这些手摇风琴,你们十分清楚,在七天中什么东西一定会填充进来。

那怪兽是如何爬进我的喉咙并将我的喉咙卡住!可是我将它的脑袋咬下,把它从我嘴里吐了出去。

而你们却早已把它做成了一首古琴曲?可是,如今我躺在那里,因为刚才咬下怪兽的脑袋并费力吐掉它,已经很疲惫了,现在的我也还没有从险境中静下神来。

而你们却在眼睁睁地看着所有这一切?我的动物们,你们也是残酷的吗?你们也想和人们那样眼睁睁地看着我的巨痛吗?人类是最残酷的动物。

现在,观看悲剧、斗牛,将人钉上十字架,这些已经成了人们的最大乐

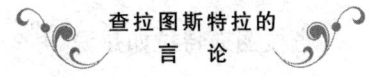

趣,人类的人间天堂就是人类为自己发明的地狱。

当伟大者大声叫喊时,渺小者飞奔而去;将舌头挂在喉咙外面,露出他那贪婪的嘴脸。但是他却美其名曰"同情"。

小人物,特别是诗人,他是怎样满怀热忱地来控诉生命!仔细听,千万不要漏听了所有控诉中包含的趣事!

这些控诉生命的人,生命在转瞬间就能将其征服。"你爱我吗?"这位狂妄的控诉者说,"等等吧,我没有时间给你。"

人类是对付自己的最残酷的动物,在自称为"罪人"、"背负十字架者"、"赎罪者"那里,你们千万别听不见这些抱怨和控诉中的狂喜!

而我要因此成为人类的控诉者吗?啊,我的动物们,到现在为止,我只学到了这一点。对于人类来说,其最恶者是其最善者不可或缺的,最恶者就是最善者的支柱和力量,是最高创造者的最坚硬的石头;所以,人类必然会变得更善和更恶。

由于我被绑在这刑讯柱上,我才知道:人类是恶的。但是,从未有人像我这样大喊过:"啊,人类的最恶者和最善者都是如此的渺小啊!不值得一提!"

对人的大厌恶——它爬到过我的喉咙里,卡住过我的喉咙:这正如预言家所预言的:"所有的一切都不重要,没什么东西是值得的,知识令人窒息。"

一种长时间的朦胧跛着脚朝我走来,它看起来非常疲倦、烂醉如泥,它边打哈欠边对我说:

"你所厌倦的渺小的人类,他永恒复至"——我的悲哀就这样打着哈欠,跛着脚,虽疲倦但却不能入睡。

在我看来,人类的大地变成了塌陷的洞穴,所有活生生的人类都变成了腐尸和骸骨,还有那腐朽的往昔。

我的叹息坐在所有人类的坟墓上,再也站不起来;它和我的问题不分昼夜地说着晦气的话,哭泣、咬啮、抱怨:"啊,渺小的人类永恒复至!"

我曾经看见最伟大之人和最渺小之人的裸体:两者实在是太相像了,甚至最伟大之人也太人性化了!甚至最伟大之人也太卑微、太渺小了!我曾经如是厌恶人类!甚至最渺小之人也永恒复至!这是我对所有生存的厌恶!

啊,恶心!恶心!好恶心!查拉图斯特拉如是说,打着寒战,叹息着,因为他想到了他的病。而此时,他的动物们阻止他继续说话。

"别再说下去了,你这个大病初愈者!"他的动物们如是劝说他,"还是走出去吧,外面的世界如同一座花园,它在等待着你。

走出去,走到玫瑰花、蜜蜂、鸟儿那里去!最好到能唱歌的鸟儿那里去,这样你就能向它们学习唱歌了!

因为唱歌是大病初愈者应该做的事;健康者喜欢说话。要是健康者也需要歌曲,他要的歌曲却与大病初愈者的歌曲不相同。"

"哦,还是沉默下来吧!你们这些小丑和手摇风琴。"查拉图斯特拉回答,并微笑着看着他的动物们。"你们是多么的清楚,在这七天中,我给自己创造了什么样的安慰!

我又得唱歌,我给自己创造了这种安慰:你们也要和我一样把它再做成一首古琴曲吗?"

"别再继续说了,"他的动物们再次劝说他,"你这个大病初愈者,你还是先给自己备好一把新古琴吧!

因为,查拉图斯特拉!你看,需要一把新古琴来为你的新歌配乐。

啊!查拉图斯特拉!歌唱吧,狂欢吧,用新歌来为你的灵魂疗伤吧!这样,你就能承受住你那未曾有人经历过的大命运!

因为你的动物们都清楚地知道你查拉图斯特拉是什么人,你将来会成为什么人。看啊,你是永恒复至的教师,这就是你的使命!

你一定是教导这种学说的第一人,你的最大的危险和疾病就来自于这伟大的使命!

我们知道你在教导什么：万物永恒复至，我们也一起复至，万物和我们一起已经存在过无数次。

你教导说，有一个生成的、庞大的大年：它像一个沙漏一样，必须再三地重新掉过个儿，才能让沙子重新流下来，流空后再掉过个儿。

所以，最伟大之人和最渺小之人那里的所有这样的年都非常相像，所以，我们在任何大年中，在最伟大之人那里，也在最渺小之人那里，相互都很相像。

哦，查拉图斯特拉！如果你现在想死，看啊！我们也知道，那时你会怎样与自己说话：但你的动物们恳求你不要死！

你会开口说话的，你不会发抖，更应当说，你会在极乐中变得轻松，长舒一口气。因为一个沉重的负担和压抑会从你这个最有耐心的人身上卸下来！

你会说：'我现在就死，就消失，我瞬间就会烟消云散。灵魂也会和身体一样死去。

可是，我被缠绕在其中的因之结会再次到来，它将会再次创造出我！我自己属于永恒复至之因。

我和这太阳、大地、鹰、蛇一起复至，不是成为一个新的生命，或是更好的或者相似的生命：

在最伟大之人和最渺小之人那里，我永恒复至，我是完全相同的生命，我重新教导万物的永恒复至，我又一次说教大地和人类伟大晌午之道；又一次向人类宣教超人。

我要宣教我的道，我要粉碎我的道：我的使命这样要求，我作为宣教者而死亡！

毁灭中的人自我祝福的时刻到来了。如是——查拉图斯特拉的死亡结束了。"

他的动物们说完这些，便静静地看着查拉图斯特拉，看看他会跟它们说些什么。

可是查拉图斯特拉却没有感觉到它们已经不再说话了。更确切地说，他一动不动地躺着，紧闭着眼睛，像在熟睡一样，尽管他没有入睡：因为此时的他正在与自己的灵魂攀谈。

这时，蛇与鹰看到他如此沉默不语，便为他保护起他周围伟大的宁静来，它们小心翼翼地退了出来。

论大渴望

啊，我的灵魂，我曾教过你像说"过去"一样说"今天"，教过你超越所有的地方跳起你的轮舞。

啊，我的灵魂，我从所有的角落里把你救出，为你掸去身上的灰尘、蜘蛛和昏暗的影子。

哦，我的灵魂，我将你的微小的羞耻心和藏于小角落里的美德洗去，说服你赤身裸体地站立于阳光下。

我让名为"精神"的风暴从你波涛汹涌的大海上刮过；我驱散走笼罩在海上的所有乌云，甚至掐死了名为"罪恶"的掐人者。

啊，我的灵魂，我给了你像风暴一样说"不"、像天空一样说"是"的权利：你像光一样安静，现在，向着否定的风暴走吧。

啊，我的灵魂，我还给了你对于创造物和非创造物的自由，没有谁比你更了解未来者的肉欲？

啊，我的灵魂，我教给你轻蔑，但不是可耻的如虫蛀一样的轻蔑，而是伟大的、爱者的轻蔑，越是它轻蔑的地方，它爱得越深。

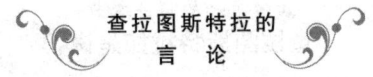

啊,我的灵魂,我教你去说服,让说服的理由倾向于你,就像太阳说服大海倾向于它的高度一样。

啊,我的灵魂,我将你所有的服从、弯腰和被别人驱使统统取走;我为你命名为"转机"和"命运"。

啊,我的灵魂,我把"命运"、"万围之围"、"时间之脐带"、"蔚蓝色的钟"统统给了你。

啊,我的灵魂,我把所有的智慧,所有的智慧之酒和所有的远古智慧之烈酒都赠与你,让你的土地开怀畅饮。

啊,我的灵魂,我将每一缕阳光,每一个黑夜,每一次沉默,每一种渴望都倾注于你。此时,你像是一株生命力旺盛的葡萄藤,为我成长起来。

啊,我的灵魂,现在的你仿佛是一株挂满了饱满成熟的金葡萄一样的葡萄藤,内容丰富且沉甸甸的:这就是你那丰盈而沉重的幸福,因为过于丰盈而等待,还因你的等待而羞愧。

啊,我的灵魂,现在找不到有一个充满爱、包罗万象且广博的灵魂的地方!未来和过去只有在你那里才更为接近。

啊,我的灵魂,我把一切都给了你,我已两手空空,一无所有了。可是现在,你却忧郁地对我笑着说:"我应该感谢你,还是你应该感谢我呢?

难道给予者不应该因为接受者的接受而感谢对方吗?赠送不就是一种生活所要求的吗?我的接受不就是在同情你吗?"

啊,我的灵魂,我懂得你那忧郁的笑:你过于丰富了,但现在你还是有所渴望!

你的富足望向汹涌的大海,在寻找着什么,等待着什么。从你幸福的笑眼中都流露出你那过于富足的渴望!

真的,我的灵魂!没有一个人看见你的微笑而不为之落泪的。甚至天使也会被你那亲切的微笑而感动得流泪。

正是你的亲切和过于亲切,才使你控制住抱怨和哭泣。但是,我的灵魂,你的微笑在渴望着泪水,你那颤动的嘴巴在渴望着抽泣。

你对自己说:"所有的哭泣不就是抱怨吗?所有的抱怨不就是一种控诉吗?"你不要控诉,所以你更愿意微笑,而不愿意哭泣着将你的痛苦流露在外。

你不愿意让你的富足随着流出的眼泪倾泻而出,你不愿意将葡萄藤对葡萄农和葡萄农之刀的全部渴望而感到的全部痛苦倾泻而出!

可是,如果你不愿意哭泣,不愿意让你的忧郁外露,那么你就必须得唱歌,啊,我的灵魂!看啊,我微笑了,我向你说出这些预言:

唱起激情澎湃的歌,一直唱到所有的大海都为之而平静下来,静静地聆听你的渴望,一直唱到小船从这宁静的大海之上飘然而过,仿佛金色的光芒从天而降,所有好的、恶的、奇怪的事物都围绕着这金光跳舞。

还有许多各种各样的动物和长着奇怪的脚、能在狭小的道路上轻快奔跑的万物,向着金色的光芒,向着那自由的小船,向着它的主人:也就是正拿着金刚石制的葡萄农之刀等候着的葡萄农。

啊,我的灵魂,未来之歌刚刚为他找到了名字,他就叫做你的伟大的救助者!真的,你的气息有股未来之歌的芬芳,你的心已经无比灼热,你做着香甜的梦,你已经喝下了所有幽深而且唱着歌的泉水,它慰藉着你的心灵,已经将你在未来之歌的极乐中的忧郁平息!

啊,我的灵魂,现在我把一切都给了你,倾尽了我的所有,我两手空空,一无所有了。我吩咐你唱歌,看啊,这就是我给予你的最后的东西!

我吩咐你唱歌,现在就开始说:是我应该感谢你,还是你应该感谢我?不过,我觉得你还是唱给我听更加妥当,唱吧,啊,我的灵魂!让我来感谢吧!

——查拉图斯特拉如是说。

另一首舞之歌

"啊,生命,最近我在直视你的眼睛:从你那如夜般的眼睛中,我看到了金色的闪动,我的心兴奋得停止了跳动。

我看见一条金色的小船在昏暗夜色所笼罩下的水域波光闪动,这是一条正在下沉、正在进水的、来回挥旗示意的摇曳的小船!

你向我那狂舞的脚投来深深的一瞥,这一瞥带着笑、带着询问和温存的摇曳:

你只轻轻晃动了两次拨浪鼓,我的脚便因跳舞的疯狂而不停地摇曳。

我踮起脚尖,用脚尖倾听并理解着你的意思:舞者的耳朵就长在脚尖上!

我冲你蹦过去,此时,我的蹦跳吓跑了你;你逃跑时,那舞动的长发像长舌一般舔向我!

然后,我试着挣脱你的长发,从那里蹦开去。这时,你扭过头来,半转过身子站在那里,双眼满怀期盼地看着我。

你用不正当的眼神教给我不正当的跳舞方式;我的脚用不正当的跳舞方式学会了邪恶的企图!

我害怕你靠近我,喜欢你离我远远的;你的逃跑诱惑着我,你的追求让我停滞不前。我很痛苦,但是我为何不想为你而痛苦呢?

你的冷酷将火焰点燃,你的憎恨诱惑着人,你的逃跑让人魂牵梦萦,你的嘲讽让人销魂。

谁不恨你这个大束缚者、大缠绕者、大尝试者、大追求者、大发现者!谁不爱你这个无辜的、急躁的、有着纯洁眼睛的女罪人呢!

你这个率直的野丫头,你要拽我到哪里呢?可是现在,你又远离了我,真是个既甜蜜又忘恩负义的野孩子!

我跟着你跳舞,甚至追到一个你难以找寻的地方。我找不到你了,你在什么地方?把你的手伸给我吧!哪怕只伸一根手指也好!

我们停住吧,因为这里到处是洞穴和灌木丛,我们会迷路的!就连猫头鹰和蝙蝠都在我们的头顶上呼呼地飞翔。

猫头鹰啊,蝙蝠啊,你是想戏弄我吗?我们是在哪里啊?你的狂吠是从狗那里学来的吗?

你露出你的小白牙,冲我可爱地扮出鬼脸,而你那小卷毛丛里,透出的却是你邪恶的目光!

你是在跳一支穿越树林和乱石的舞蹈:我是猎人,你愿意做我的狗还是我的羚羊呢?

你这邪恶的蹦跳的动物正待在我的身旁!而此刻,我要你赶快跳到那边去!糟糕!此时的我在跳跃中摔倒了!

于是,你这骄傲自大的家伙就看着我躺着向你乞求!可我喜欢与你一起走在宁静而五彩缤纷的小路上!或者沿着湖边行走:湖里有许许多多的金鱼在嬉戏和跳舞!

现在,你是不是太累了?那边有一群绵羊,还有金黄色的晚霞:如果能在牧羊人的笛声下睡上一觉,一定会很美的!

你实在是太累了,我把你背了过去,将你的手臂放下!你是渴了吗?如果是的话,我一定会给你喝东西的,但是你的嘴却不愿意喝它!

啊,你这潜伏的女巫啊,你究竟去哪里了?可是我感觉到,我的脸上有你的手所留下的两个花斑和红色的污渍!

啊,你这个女巫,我真的已经厌倦一直做你那温顺的牧羊人了!若是到现在为止一直是我在对你歌唱,那此刻,你应该对我大喊了吧?

你应当随着我鞭子的节奏跳舞和大喊!我可从不会忘记我舞动的鞭子。

这时,生命用双手捂住自己灵敏的耳朵,这样回答我:

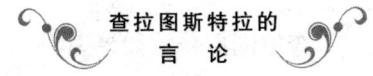

"啊,查拉图斯特拉!不要舞动你的鞭子,这样会发出可怕的声响!你知道的:噪声会让思想死亡,而刚才我正好有了一个亲切的思想。

我们两人都是既不做善事也不做恶事的人。我们在善恶的彼岸找到了属于我们的小岛和绿地,因为那里只有我们两人,所以我们只能和睦相处!

即使我们不是从内心深处爱着彼此,如果人们不是从内心深处相爱,那就必须要互相憎恨吗?

你知道我太爱你:原因就是我忌妒你的智慧。唉,智慧令我疯狂!

若是在将来的某一天,你的智慧离开了你,那时,我对你的爱也会迅速消失。"

这时,生命若有所思地朝四周看了看,低声对我说:"查拉图斯特拉,你对我不是很忠诚!

你早就不像你曾说的那样爱我了;我看出来了,你过不了多久就会离我而去。

午夜时分,一口古老的钟发出的沉重的轰鸣声一直传到你的洞穴,当你听见这钟在报时时,你会想到你过不了多久就要离我而去!"

"嗯——是,"我对着她那被蓬乱的黄发所遮掩的耳朵犹豫地回答,"但是你也知道……"

生命回答说:"查拉图斯特拉,你知道这个?没有人知道这个。"

我们互相凝视着对方,然后又一起望向一片绿地。这时,夜幕已经降临,有点清冷的感觉。我们看了看对方,一起抽泣起来。

可是在当时的我看来,生命比我的全部智慧曾经出现过的情况都更为可爱。

——查拉图斯特拉如是说。

人啊,得注意了!深沉的午夜在窃窃私语地说什么呢?

"我已经睡过了,后来,我从深沉的睡梦中醒来,发现世界是如此的深沉，远远大于白天之所想的深沉。

痛苦也是深沉的，而快乐的深沉比痛苦更深。

痛苦说：逝去吧！但是一切的快乐却全都要求永恒——要求深沉、更为深沉的永恒！"

七印记（或者：赞同之歌）

假如我是一个预知者，充满那种漫游于两海之间高高山峰里的预知者之精神，仿佛一团沉重的云朵在过去与未来之间漫游，与闷热的低洼地，还有一切疲倦的、在死与活之间挣扎的东西相抗衡。

在乌云中已准备好闪电，将救赎的光芒准备妥当，孕育着说"是"的闪电，已将预知的霹雳之光准备妥当。

然而，像闪电一样的孕育者的幸福来临了！真的，将会点燃未来之光者一定早就作为暴风骤雨与山峦相依相偎！

唉，我真不应该对永恒如此渴望，真不应该对婚姻的永恒如此渴望！

我还从未找到我会与她一起生育的女人，和我一起生育的女人必须是我深爱的女人：因为我深爱着你——永恒！

万一我曾因一时愤怒而破坏了坟墓，移动了界石，砸碎旧牌匾，并滚下悬崖的深谷。万一我的讽刺曾吹散腐朽的词语，我像扫帚一样来到十字蜘蛛面前，像旋风一样来到阴森的古墓里面。

虽然我正幸灾乐祸地坐在埋葬古老诸神的古墓里面，坐在古老的世界诽谤者的纪念碑旁边，但我还是要祝福世界，对世界充满热爱。因为只要苍天将纯净的目光投射到教堂和诸神之古墓，我甚至对教堂和诸神之古墓充满热爱；我非常乐意做教堂废墟上的草和红罂粟。

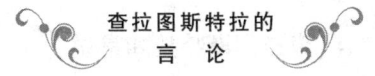

啊!我怎会不渴望永恒,不渴望婚姻的永恒呢?

我还从未找到我会与她一起生育的女人,与我一起生育的女人必须是我深爱的女人:因为我爱你——永恒!

尽管一阵创造者的气息,一阵逼迫偶然性跳舞的天堂必然性的气息向我迎面扑来;

尽管我像创造者闪电的笑声一样长时间地大笑,但是我还是会如雷霆一样恭顺地追随着它;

尽管我与诸神在大地的神桌上玩掷骰子的游戏,导致大地地震、破碎、火山喷发,因为神的桌子就是大地,大地因为造物主的新的美德和诸神的投掷而震动。

啊,我怎会不渴望永恒,怎会不渴望婚姻的永恒?

我还从未找到我会与她一起生育的女人,与我一起生育的女人必须是我深爱的女人:因为我爱你——永恒!

尽管我痛饮了一口冒泡的,加了香料的饮料混合杯中的饮料,万物都完美地掺和在其中;

尽管我的手把最远的与最近的掺和在一起,把火与精神掺和在一起,把快乐与痛苦掺和在一起,把最恶的与最善的掺和在一起。

我就像是一粒救世的盐,它将万物完美地掺和在了混合杯中。因为这其中有一粒盐,它将善与恶系在了一起;甚至最恶者也有价值,可以做作料,也可以做最后溢出的泡沫。

啊!我怎会不渴望永恒,不渴望婚姻的永恒呢?

我还从未找到我会与她一起生育的女人,与我一起生育的女人必须是我深爱的女人:因为我爱你——永恒!

如果我和蔼地对待大海和所有像大海一样的东西,特别是当它对我发怒,与我的意见相悖时,我对它最为和蔼;

如果我的身上有一种乐趣，一种扬帆驶向未知之物的乐趣，一种水手的乐趣；

万一我的那种幸灾乐祸喊道："海岸没有了，现在，我挣脱了最后一条锁链，在我周围，全是漫无边际之物的咆哮声，没有时间，也没有空间。"

啊！我怎会不渴望永恒，不渴望婚姻的永恒呢？

我还从未找到我会与她一起生育的女人，与我一起生育的女人必须是我深爱的女人：因为我爱你——永恒！

如果我的美德与舞蹈者的美德一样，我会经常将双脚跳进黄金宝石所堆成的狂喜中；

如果我的恶中充满了欢笑，那我会在玫瑰花坛和百合花篱边建设我的家园；

如果所有重的都变得轻盈，所有的身体都随风而舞，所有的精神都化成会飞的鸟，我的关键就是这样的情况：真的，这种情况就是我的关键！

啊！我怎会不渴望永恒，不渴望婚姻的永恒呢？

我还从未找到我会与她一起生育的女人，与我一起生育的女人必须是我深爱的女人：因为我爱你——永恒！

万一我把明净的天空在我的头顶上铺开，扑打着翅膀在自己的天空翱翔：当我正游泳在纵深的光之距离中时，我那智慧的自由鸟飞来了。

但是智慧之飞鸟说："看啊，一切都无上无下！你只有将自己这轻者扔出去，再扔回来！还是唱吧！别再说下去了！"

"所有的词语不是为重者而创造的吗？所有的词语不都是对轻者撒的谎言吗？还是唱吧！别再说下去了！"

啊！我怎会不渴望永恒，不渴望婚姻的永恒呢？

我还从未找到我会与她一起生育的女人，与我一起生育的女人必须是我深爱的女人：因为我爱你——永恒！

因为我爱你——永恒！

蜜糖祭品

岁月流逝,如过眼云烟一般从查拉图斯特拉的灵魂上跑过,但他却不曾注意到这一点;可是他的头发已多了许多白发。有一天,当他正坐在他洞穴前的一块石头上,安静地望着远方的大海和绵延不断的深谷时,他的动物们心有疑虑地在他的周围转圈圈,最后,终于在他面前停下了脚步。

"嗨,查拉图斯特拉,"它们说,"你一定是在盼望幸福的到来吧?"

"幸福?幸福又算得了什么呢!"他回答,"我已经好久都不追求幸福了,我把我的全部精力都放在了我的工作上。"

"哦,查拉图斯特拉,"动物们又说道,"一个拥有太多好事的人才能说出这种话。而你的话也正好证明了你现在就被幸福所包围着。"

"你们这些家伙,"查拉图斯特拉微笑着回答,"你们说得可真好!但是你们是清楚的,我的幸福是沉重的,它压着我,就像熔化的沥青一样黏着我,让我喘不过气来。"

此时,动物们又开始心有疑虑地在他的周围转圈圈,然后又一次在他的面前停下。

"嗨,查拉图斯特拉,"它们说,"所以你的脸色才会如此的蜡黄而无光泽,你的头发看上去好像是白色的,也像是亚麻色。看呀,你就像坐在你的沥青里一样!"

查拉图斯特拉笑了笑,说道:"我的动物们,真的,听着你们说的话,让我想起了沥青。当我以前说起沥青时,我曾不以为然。我所经历的事情,就像从不成熟长到成熟的果实一样。它们就像是我血管里的蜜,我的血液因为它的存在变得更浓,我的灵魂因为它的存在变得更加宁静。"

"哦，查拉图斯特拉，事情就应该是这个样子的，"动物们一边回答，一边靠近他，"可是你不想在今天登到高山上吗？那里有清新的空气，而且在今天，人们看到的世界比任何时候看到的世界都要多。"

"是啊，我的动物们，"他回答道，"这个建议真是不错，正合我的心意：今天，我就要登上一座高山！但是你们要给我准备好各种各样的蜂蜜，比如黄色的、白色的、质量上乘的、冰凉的金蜂蜜，要把它放在我的手边。你们应该很清楚我的意图，我要拿着蜜糖祭品到高山上去。"

然而，当他们一行登上山巅之时，查拉图斯特拉却打发他的动物们回家了，从此刻开始，他是孤独的一个人了。此时的他发自内心地笑了起来，他环视四周，如是说：

我说的蜜糖祭品不过是我的一种说话技巧罢了，真的，这是一种很有用的愚蠢方法！我在这高山上，比在隐士那里的任何一个地方都更为自由，我在这里可以畅所欲言。

献祭的是什么呢！我浪费了别人给予我的东西，我真是个十足的浪费者；我还有什么资格称这为献祭呢！

当我渴望蜂蜜之时，我其实只是渴望诱饵、甜蜜汁和甜甜的黏液，这些东西也是咆哮凶猛的狗熊，以及奇异的恶鸟所垂涎的东西；

我渴望猎人和渔夫最为需要的最优良的诱饵。因为在我看来，世界不仅仅只像一个令所有猎人都疯狂的黑暗的动物之林，它更像是一个深不见底的、物产丰富的大海。

一个有着各种颜色的鱼和蟹的大海，一个连诸神都向往的大海，他们向往成为海上的渔夫或者撒网者：世界真是无所不有，无奇不有！

特别是人的世界，人的大海。现在，我将我的金色渔竿抛向这人的大海，大喊着：张开吧，你这人的深渊！

张开吧，快将你那五彩的鱼和蟹扔给我！今天，我要用最优良的诱饵给

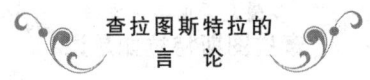

我引来最奇异的人鱼!

我将我的幸福抛到所有的地方,在这一整天,我要看看到底有没有人鱼会拽住我的幸福,在上面欢快地嬉戏。

直至他们咬住我那隐藏的尖钩上,只好被我钓上来,这些五彩斑斓的水底之鱼被一位所有人中最恶毒的渔夫钓了上来。

因为我从本质上、从最初就是这样的渔夫,不停地拽拉着,最后终于拽了上来。一个拽拉者,饲养者,饲养专家,他曾坚定地劝过自己:"生成你所是者吧!"

于是,现在人们想要上到我这里,因为我还期待着我下降时刻来临的征兆,尽管我不得不到人们中间去,但我还不去。

为此,我在这里等候着,诡诈地、嘲讽地等在高山上,像是在忍耐,但又像是忍耐不了,更应该说是忘却了忍耐,因为他已不再"忍耐"了。

因为我的命运允许我有时间,它也许将我忘记了?它是不是正在树荫下的一块大石后面捕捉飞蝇呢?

真的,我的永恒命运对我很好,因为它从不追赶我、逼迫我,它给我足够的时间让我胡闹和恶作剧,所以,我今天才有时间登上这座山来钓鱼。

过去曾有人在高山上钓鱼吗?我宁愿在这高山上做这愚蠢的事,也不愿意在下面为了等待而让自己紧绷着脸导致脸色发青,变得很庄严。

一个因等待而暴怒的人,一场咆哮而至的神圣风暴,一个脾气焦躁者,他冲山谷下大喊:"你们都给我听着,否则,我就用上帝的鞭子抽打你们!"

并非因此我就怨恨这些暴怒者,只因为他们的做法实在令我难以抑制住大笑!这些制造噪声的人,他们一定是极为不耐烦了,此刻他们还有机会说话,以后就永远没有了!

但是,我和我的命运从不为"今天"说话,也不因为"永远不"而说话。我们耐心十足,时间也充足,有很多的时间来说话,因为它终有一天会到来的,而且还不是匆匆的过路者。

是谁终有一天会到来，而且不是匆匆的过路者？就是我们伟大的哈扎尔，这是我们伟大而遥远的人间帝国，是永远的查拉图斯特拉帝国。

这样的"远方"有多远对我也无碍！我对它很是信仰，对它很有信心，我的双脚很坚定地站在这块地面上。

这是一块永恒的地面，是一块坚硬的原始石头，是一座最高、最坚硬的原始丛山，无论是什么风吹到这里，都像是来到了天气分界线，它们四处打听着："在哪里？""从哪里来？""到哪里去？"

我那巨大的、完好的恶，你在这里笑吧，大笑吧！将你那闪光的、讽刺的笑声从高山上扔下来吧！用你的闪光引着最美的人鱼上我的鱼钩吧！

还有所有大海中属于我的东西，以及我在万物中的自由——都把它们引导我这里吧！我这个所有渔夫中的最恶毒之人正等着它呢！

我要甩出我的钓竿！将我的诱饵甩到水的最深处！啊，我的钓竿，滴下你最甜的甘露，我心中的蜜糖，咬住整个黑色伤悲的肚子！

将我的钓竿甩出去！啊，我周围的海洋是如此之多的，我周围的人间未来是如此的朦胧！在我的头顶上是何等的宁静！是何等的沉默！

呼救声

第二天，查拉图斯特拉又坐在他洞穴前的石头上，在这段时间，动物们出去四处漫游，找寻新的食物和新的蜂蜜，因为查拉图斯特拉浪费掉了仅剩的最后一点旧蜂蜜。可是，当他手拿一根木棍，一边在地上画着他的人影轮廓，一边沉思着时，他猛然间跳了起来：因为他看见，他的影子旁边出现了另一个影子。

他立即回过头看，看啊，在他的旁边站着那位他曾在自己桌子上给予吃

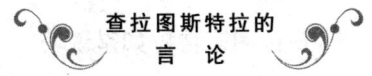

喝的预知者,那位非常劳累的说教者,这预知者曾如是教导:"一切都无所谓,任何东西都是不值得的,世界没有意义,知识令人窒息。"但是,在这期间,他的脸色变了。当查拉图斯特拉注视着他的双眼之时,他的内心又一次感到惊恐,但是这苍白的脸色与惊恐的神情一闪而过。

预知者察觉到了查拉图斯特拉的内心活动,便用手抹了一把脸,像是要借此抹掉这张脸似的,查拉图斯特拉也抹了一把脸。当他们平静下来,调整好状态时,他们握了握手,表示愿意再次认识对方。

查拉图斯特拉说:"欢迎你,你这个过度劳累的预知者,你不应该只做一次我的食客和宾客。今天你也留在我这里吧,与我同吃同喝。不过,还请你原谅一个幸福的老人与你共用一桌!"

"一个幸福的老人?"预知者说,同时又摇了摇头,"可是,查拉图斯特拉,不管你是谁或者你想成为谁,你在这山上待的时间都太长了,我预测到,你的小船在不久后就会摆脱闲置的状态了!"

"那么你是说我也是闲置的了?"查拉图斯特拉笑着问。

预知者回答道:"你没看到这座山周围的浪潮涨得越来越高吗?这是一种大痛苦的浪涛:过不了多久,它就会冲走你的小舟,将你一起带走。"

听他说完后,查拉图斯特拉沉默了,他感到很惊奇。

"难道你还是什么都没听见吗?"预知者接着说,"你没听到那深谷里传来的呼啸声和咆哮声吗?"

查拉图斯特拉还是沉默不语,只是竖起耳朵倾听着。这时,一声凄凉且长长的呼喊声传入他的耳朵,喊声传递在深谷与深谷之间,越传越远,没有一个深谷愿意留住它。听起来,它是如此的不祥。

查拉图斯特拉终于开口了:"你这个可恶的宣告者,这是一个人在绝望时的呼救声,它也许是从一个黑色的海洋中传来的。但是人类所面临的危险与我又有什么关系呢!你应该知道我还尚未犯的最后一个罪孽是什么吧?"

"同情!"预知者发自内心地回答,并高举起双手。"啊,查拉图斯特拉,让我来诱导你犯你最后一个罪孽!"

他的话音刚落,绝望的呼救声再次响起,而且比以前更长、更凄惨,也更清楚、更逼近。

"听见了吗?你听见了吗,查拉图斯特拉?"预知者喊道,"喊声是冲你的,它在喊着你:快来,现在正是时候!"

这时,查拉图斯特拉又陷入了沉默中,他既困惑又震惊;最后,他犹犹豫豫地问道:"是谁在那里喊我?"

"你明明知道是谁在喊你,"预知者激动地回答,"你为什么要装作不知道呢?是更高之人在喊你呀!"

"更高之人?"查拉图斯特拉恐惧地喊道:"他想要什么?这更高之人在这里想要什么啊?"说话间,他的身上已出了一身冷汗。

但是,预知者却对查拉图斯特拉的恐惧熟视无睹,他继续竖起耳朵朝深谷那边听着。后来,深谷那边一直很安静,这时,他又将目光转向了查拉图斯特拉,此时的查拉图斯特拉正站在那里发抖。

"哦,查拉图斯特拉,"预知者开始用伤心的语调说话,"你现在的样子不像是一个沉浸在幸福中的人:我觉得你应该跳舞,以免让自己晕倒!

但是,就算你跳尽你所有的舞步,也不会有人对我说:'看啊,这里是最后一个快乐的人在跳舞!'

一个来这里找寻他的人会来到这座山上,但他只会找到隐蔽的洞穴,而不会找到幸福之矿藏、珠宝之矿藏、新的幸福之金矿。

你怎么可能会在被埋葬者和隐居者那里找到幸福呢!难道我必须在遥远的小岛上,在被遗忘的大海上寻找最后的幸福吗?

可是,一切都无所谓,任何东西都是不值得的,寻找也是徒劳的,甚至连幸福的小岛都消失了!"

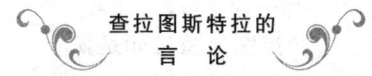

说完,预知者深深叹了口气;但是,就在他最后一声叹息之时,查拉图斯特拉重新变得信心百倍,振作了起来,仿佛一个在漫长的黑暗中突然看到光亮的人一样。"不!不!三倍的不!"他一边喊叫一边捋着胡须,"我很清楚这一点!幸福的小岛仍然存在!你这个只会悲叹的家伙,赶快闭嘴吧!

你这块上午的乌云,赶快停下来,防止从你那里降下暴雨!我的现状不就像一条狗一样,浑身都被你的悲戚所淋湿了吗?

现在,我要抖掉身上的雨水,远离你,我要让我重新变得干爽:对此,你不应该感到惊讶!别认为我不懂礼数,因为这里是我的国土。

不过,这跟你那更高之人也没什么关系。好了!我要赶快去寻找那呼救声的主人,或许他现在正在被一只恶兽所攻击。

他在我的国土里不应该受到伤害!真的,我这里的确有许多伤人的恶兽。"

说完这些话,查拉图斯特拉转身就要去寻找那呼救的人。而此时,预知者冲他大声吼道:"查拉图斯特拉,你真是一个无赖!

我知道你宁肯去森林里与恶兽作战,也不愿意与我在一起。

但是,你会从中得到什么好处呢?到了深夜,我们会重新在一起,我会坐在你的洞穴里,耐心而沉重地等着你!"

"好了,那就这样吧!"查拉图斯特拉一边走路,一边回头喊道,"我洞穴里属于我的东西同样也属于你,我的宾客!

而且你还会在洞穴里找到蜂蜜,那你就把它舔干净吧,你这喜欢到处教唆人的老狗熊,也让你的灵魂感受一下甜的滋味吧!因为深夜的时候,我们俩都要高高兴兴的——为今天的结束而高高兴兴的!而你,应该像我的跳舞熊一样,跟着我的节拍舞动你那笨拙的身体。

你在摇头?是因为你不相信这个吗?好了!老狗熊!我告诉你,我也是一个预知者。"

——查拉图斯特拉如是说。

和国王们的谈话

　　查拉图斯特拉在他的群山和森林里行走着,不过走了还不到一个钟头时,一个稀奇的行列突然闯入了他的视线。就在一个下坡的小道上,两个国王迎面而来,他们头戴王冠,腰间系有色彩鲜艳的紫色腰带;他们赶着一头驮着重物的毛驴。

　　"这两个国王想要在我的国土做什么呢?"查拉图斯特拉自言自语,然后,他迅速隐藏到一簇灌木丛后面。但是,当两位国王朝他的方向走来时,他又很小声地自言自语:"真够奇怪的,两个国王只赶着一头毛驴,这到底是怎么回事呢?"

　　这时,两个国王听到了他的低语,便笑着停了下来,走向发出声音的地方,但他们没有发现查拉图斯特拉,他们彼此看了看对方。站在右边的国王突然说道:"我们两个人一定也是这样想的,但是我们谁都没有说出来。"

　　左边的国王耸了耸肩,回答说:"说那话的人也许是一个牧羊人或者是个隐居者,他一定生活在石头和树木中间太长时间了。因为他根本就不懂得社会交往的礼仪。"

　　"礼仪?"右边的国王有些不快,且很是尖刻地回答,"我们到这里来是为了躲避什么呢?不就是在躲避'礼仪',在躲避我们的'好同伴'吗?

　　真的,我宁愿与隐居者和牧羊人待在一起,也不愿意和那些外表光鲜,内心虚伪的群氓无赖生活在一起,虽然他们自称为'好同伴'和'贵族',但是他们的一切都是虚伪的、腐朽的,特别是他们的血液,都是那些恶性的老毛病和恶劣的救世者所造成的。

　　现在啊,在我看来,最善良、最亲切的人仍然是健康淳朴的农民。粗犷、

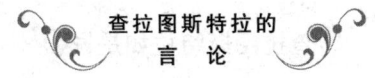

坚忍就是现在最高贵的品德。农民是现在的最佳者,像他们一样的人才应该成为大地的主人!但是,现在的主人却是一群流氓无赖,我不会再让任何事情将我欺骗。那一群流氓啊,就是大杂烩。

那个大杂烩里简直就是一堆乱七八糟的垃圾,包括那些所谓的圣人、骗子、地主、犹太人,还有所有来自诺亚方舟的动物们。

我们所有的一切都是虚伪的、腐朽的,包括那些礼节!没有人知道怎样尊重别人:我们刚逃离了那种人那里。他们虚情假意,死缠乱打,总是给自己穿上华美的外衣。

他们令我恶心,让我窒息:我们这些国王也跟着他们变得虚伪,将祖先的早已失色的昔日辉煌,以及用来给最邪恶者和用权力来进行肮脏交易之人的纪念币来伪装自己。

我们不是至高无上的人——事实也证明了这一点。最终,我们还是厌倦并憎恨这种虚伪的欺诈行为。

我们逃离了恶棍,逃离了一切歪曲法律条文的家伙,逃离了只想拥有金钱与权力的野心家,逃离了所有令人作呕的空气。

难道生活在恶棍中间的人就是至高无上的人吗?呸!这些人只会让我恶心!他们与我们国王又有何相干!"

"你还是改不了你的老毛病,"这时,左边的国王说,"我可怜的兄弟,你又感觉恶心了。可是你应该知道,此刻正有一个人在听我们说话呢。"

听到这句话,正在看着并倾听两位国王谈话的查拉图斯特拉立刻从灌木丛后面站起身,走到国王们面前,说:

"不好意思,请你们原谅我听到了你们的谈话,但我很高兴能听到你们的谈话。我叫查拉图斯特拉。当我听到你们说'跟我们国王有何相干'时,我非常高兴。

但这里是我的王国,我是这里的主人,你们一定是想在我的王国里找得到什么东西吧？我想，也许你们在路上碰到了我正在找的'更高之人'。"

听到这话，两位国王露出了惊异的表情，他们捶着胸脯，一起说道："我们被认出来了！

你的这些话就像利剑一样将我们内心最浓重的黑暗刺碎了。你看透了我们的目的，我们的确是在找更高之人，现在我们正在寻找更高之人的途中。

尽管我们是国王，但我们还在寻找更高之人，我们要把这只毛驴送给他。最高之人应该是地球上至高无上的主人。

如果大地的强大且有力量的人不是至高无上的人，那这将是全人类命运中最大的不幸。此时，所有的一切都会变得虚伪、扭曲、令人恐惧。

假如他们是最下流的畜生，而不是人的话：那么大杂烩之人的身价就会上涨百倍，最后，大杂烩之人的美德就会说：'看呀，只有我才是美德！'"

"我刚才躲在灌木丛后面听到了什么？"查拉图斯特拉回答，"你们说的话就是真理啊！听得我欣喜万分，真的，我听得津津有味，也许并不是所有人都能像我一样听得津津有味，能听出其中的韵味。我有多长时间没听到过这样有韵味的话语了，好了！"

（而就在这时，毛驴竟然说起话来，而且说得清晰且邪恶："咿——呀！"）

查拉图斯特拉接着说："从前——我想应该是在公元1年——

女巫没有喝酒就胡言乱语：

'真是不幸，悲哀啊！世界是如此的沉沦！如此衰败！罗马沉沦为妓女和妓院，罗马皇帝沉沦为牲畜，上帝竟然沉沦为犹太人！'"

国王们听完查拉图斯特拉的这些有韵之句，欣赏地点了点头；右边的国王对查拉图斯特拉说："查拉图斯特拉，我们出来就是拜访你的！

你的敌人让我们看了你在他们的镜子里的映像：你四处张望着，长有一张魔鬼的脸，邪恶地微笑着。我们看到镜子中你的样子，对你很是恐惧。

但是你的格言总是能说到我们耳朵和心里去。所以，最后我们说：他的

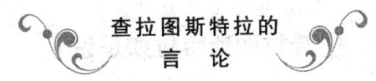

样子又能说明什么问题呢?这与我们信仰他是没有什么关系的!

我们得听到他的说教,他曾教导我们:'应该将爱和平当作是新战争的手段,要爱短期的和平,而不是长期的和平!'

除了他,谁还说过如此好战的话:'勇敢就是最好的东西。正是那些好的战争才使任何事业变得神圣。'

哦,查拉图斯特拉,听了你这席话,我们祖先的血液就好像流淌在我们身体里一样:这种感觉就像是春天在向陈年的酒缸倾诉。

当利剑如灵动的蛇一样舞动之时,我们的祖先才开始善待生命;在他们看来,所有和平的阳光都是软弱的,长期的和平令人感觉羞耻。

如果我们的祖先看到利剑干干净净地高挂起来,他们一定会悲叹万分!利剑跟他们一样,对战争充满了渴望。因为只有战争才能让利剑喝足血,只有如此它才能闪闪发光。"

当两位国王对他们祖先的乐趣谈论得正起兴之时,查拉图斯特拉突然有了想挖苦他们热情的小兴致:因为在他的眼睛里有两位温和的,有着古老而高贵面容的国王。

但是到最后,他还是克制住了自己的小兴致。他对两位国王说:"好吧,这条道路直通我的洞穴。夜晚漫长而寒冷,如果两位国王不嫌弃的话,就请去我的洞穴中过夜吧。不过我却不能同你们一同过去,因为现在有一个呼救声正在召唤我。

如果你们能在我的洞穴里等我的话,那我的洞穴可真是蓬荜生辉了,只是你们得等我很长时间!

不过我想这应该没有什么大碍的!因为今天你们在这里的等待要比你们在任何一个宫廷里的等待都要好得多。国王剩下的整个美德——在今天不就是耐心地等待吗?"

——查拉图斯特拉如是说。

水蛭

　　查拉图斯特拉继续沉思着赶路,他穿过森林和沼泽地;但是,他就像一个正在思考难题的人那样,由于过于专注,他竟然不小心踩到了一个人身上。突然间,痛苦的叫喊声,那人的咒骂声劈头盖脸地朝他袭来。查拉图斯特拉又惊又怕,慌忙举起手中的棍子,朝被他踩上那个人打过去。不过,很快他就又恢复了平静,并为自己刚才所做的事情感觉好笑。

　　他对被踩的人说道:"请原谅我的鲁莽。"他见那人愤怒地爬起来,并坐到地上,便继续说道:"请原谅我的鲁莽,我先给你讲一个比喻吧。

　　有一位漫游者,他总是梦想着很遥远的事物。有一次,他走在一条偏僻的小路上,无意中撞到了一条正在阳光下睡觉的狗;

　　这时,孤独的漫游者和狗都非常暴怒,他们像仇敌一样互相责怪对方。现在,同样的事情也在我们身上发生。

　　可是!当时这位孤独者和这条狗几乎都拥抱在一起了!他们不都是孤独者吗!"

　　听完这个比喻,被踩的人还是十分生气,他说道:"不管你是谁,你都用你的脚践踏了我,现在还用你的比喻来跟我亲近!

　　可是,你看,我是一条狗吗?"这时,他站了起来,从沼泽地里抽出他那赤裸的胳膊。因为刚开始时他四肢伸展地躺在地上,就像潜伏的人一样隐藏在沼泽地里,所以查拉图斯特拉没有看清楚他。

　　而此时,查拉图斯特拉看到他赤裸的胳膊上流出来很多血,他感到很吃惊,于是便问这流血的人:"你在干什么呢?你遇到什么事了呀?真是个不幸的人,是恶兽将你咬伤的吗?

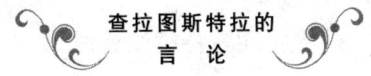

流血的人笑了笑,还是很生气。他愤愤地说:"关你什么事啊?这里是我的家,我的领域。只要别人愿意,他们都可以问我问题:但是我就是做不到去回答一个蠢货的问题。"

查拉图斯特拉紧紧地抓住他,满怀同情地对他说:"你错了:这里不是你的家,不是你的领域,这里是我的王国,我是不会让任何人在我的王国受到伤害的。

可是,不管你称呼我什么都无所谓,我就是我。我叫查拉图斯特拉。

好啦!这条路直通我的洞穴,它就离这儿很近,你愿意去我的洞穴疗伤吗?

你现在的处境真是太糟糕了,真是个不幸的人:你先是被动物咬伤,之后又被我所踩到!"

当被踩的人听到查拉图斯特拉这个名字之时,他的神情立刻变了。他大叫道:"我遇上了怎样的事啊!除了查拉图斯特拉,还有那条咬我的水蛭之外,又还有谁会注意我呢?

由于我的胳膊被这条水蛭咬了十次,所以我只能像渔夫一样躺在这沼泽地上,而此时又来了一只漂亮的刺猬——查拉图斯特拉本人,他正要过来吸吮我的血液!

哦,这是幸福还是奇迹呀?我真该赞美诱惑我进入这块沼泽地的这一天!真该赞美那些正活着的最好、最旺盛的吸血者,真该赞美查拉图斯特拉这条有着伟大良心的水蛭!"

被踩的人如是说。

听完这些话,查拉图斯特拉很是喜欢这些话机智、敬畏的风格。于是,他一边向被踩的人伸出手去,一边问他:"你是谁?我想我们之间有所误会,只有解除这些误会,你才会变得愉快起来:现在我已经感觉到,明净的白天正在到来。"

被踩的人回答说:"我是精神上的认真者,在精神事物中,除了我向他学习这一切的查拉图斯特拉本人之外,没有人比我更严格、更恰当、更坚定。

我宁愿一无所知,也不愿一知半解!宁愿做一个自己做主的傻子,也不愿做一个人云亦云的智者!我喜欢刨根问底。

根底的大小,它是叫沼泽地还是天空,这些都与我没有丝毫关系。我只要它是真的根底和根基,一拃宽的根底对于我来说就足够了。

只要一拃宽的根底,就可以使你立足了。只要是真正的求知良心,是大是小都是无所谓的。"

"那么你算是认识水蛭的专家了吧?"查拉图斯特拉问,"你这位认真者,你是在刨根问底地研究水蛭?"

"哦,查拉图斯特拉,"被踩的人回答,"研究水蛭不是一件平常之事,我是不敢如此鲁莽地夸口的。"

但是,我是水蛭大脑的研究师和认识者。这是我的领域!而这也是一个完整的世界!不过,请原谅我在这里如此地狂妄,因为在这里是无人能及得上我的。所以我才说这里是我的家。

我研究水蛭的大脑已经很长时间了,所以,这里最光滑的真理也不会从我手里滑落!这里就是我的王国!

为此,我对其他所有的东西都熟视无睹,它们存在与否对于我来说都无所谓;我那黑色的无知秘密地隐藏在我的知识旁边。

我的精神良心要求我懂得这一件事,否则就会一无所知;那些对精神一知半解,朦胧渺茫,和所有虚幻的东西都令我作呕。

在我虚伪的地方,我就盲目,我也乐意是盲目的。但是在我求知的地方,我要求诚实,要求严格、专一、冷酷、无情。

查拉图斯特拉,你曾说过这么一句话:精神是镌刻在生命上的生命。正是这句话引导着我信仰你的教义。我甚至用我的血来增长我的学问!

"正如我亲眼所看到的那样,"查拉图斯特拉插了一嘴,因为那被踩的人

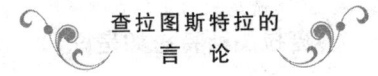

的胳膊上有血在不断地流下来,因为十条水蛭都咬了这一条胳膊。

"啊,你是多么的奇特啊,我亲眼所见的你本人,使我增长了不少知识!也许我不能将所有的一切都灌输给你,使你接受!

那就这样吧!我们就此分别吧!不过我很想再与你相见。这条小道直通我的洞穴,今夜,你应该去我的洞穴做我亲切的宾客!

因为我用脚踩了你,所以我很想为此而补偿你:我正在想这个问题。但是现在我不得不离开你,因为有一个呼救声正在召唤我。"

——查拉图斯特拉如是说。

巫师

当查拉图斯特拉绕着一块岩石拐来拐去之时,他发现在自己下方的不远处,在同一条小道上,有一个人正如癫狂者一般在挥舞着四肢,最后,他头朝下倒栽葱似地扑倒在地上。

"停下!"查拉图斯特拉在心里说,"那个人一定是更高之人,呼救声正是从他那里传来的,我要去看看,看能否帮助他。"

他迅速跑到那人倒地的地方,发现了一个浑身颤抖的目光呆滞的老人。查拉图斯特拉使出全身力气想把他扶起来,但这一切努力都是白费的。那老人好像根本就没注意到有人在他身边,更确切地说,他一直在用动人的神情四处张望,像是一个被全世界所抛弃的孤独者一样。在他颤抖、抽搐、蜷缩过后,他开始悲叹道:

有谁给我温暖?有谁仍然爱我?

用那滚烫的双手来温暖我的心房吧!

躺在这里浑身颤抖着,像是一个将死之人,有人给他暖着双脚。

啊,因为高烧而打着寒战,在凛冽刺骨的冰霜面前浑身颤抖,被你猎捕到,思想!不可名状者!隐藏者!惊人者!

你这躲在云层后面的猎人!我被你的雷电所击倒,你在黑暗中注视着我那满带嘲讽的眼睛:

我就这样躺着,蜷缩着,遭受着一切不朽烈士的折磨,遭受着你这最冷酷的猎人的践踏,你这无名的上帝!你再重重地砍一下啊!

将我的心刺伤、撕碎!不要再用齿状的钝剑来折磨我。你为什么对人类的痛苦还不感到厌倦?为什么你还用诸神的目光来观望着我的痛苦,而且还如此地幸灾乐祸?

你不想杀人,只想折磨人,使人痛苦?你这幸灾乐祸的无名上帝,你为什么要折磨我?哈哈!你还如此地偷偷摸摸?

在这午夜时分你想要什么?快说呀!你正在靠近我,越来越近了,你想要推挤我、挤压我,走开!你这忌妒者,你听到了我的呼吸声,你在偷听我心脏跳动的声音,但是我有什么可让你忌妒的呢?走开!你用这梯子做什么?你要进到我的心脏里去,进到我最隐秘的思想里去吗?

你真够无耻的!你就是个无名的盗贼!你要偷什么?你要偷听什么?你这个折磨者,你折磨我是为了得到什么?你这个上帝,你就是个刽子手!

我若是不这样,就得像狗一样在你面前翻滚?舔着舌头向你这样摇尾乞怜?你做的所有的一切都是白费的!继续舞动你那最残酷的刺棒吧!我不是狗,我只是你这最残酷猎人的猎物!

你最狂妄的囚犯,你这躲在云层后面的盗贼!你说话啊!你究竟要从我身上得到什么?你这躲避在闪电后面的人!你这无名的上帝!快说,你到底要什么?

什么?你要赎金?你想要多少赎金?我的高傲建议你:多要、少说。

哈哈!什么?你要我?整个的我?哈哈!你真是个十足的傻子,折磨我吧,

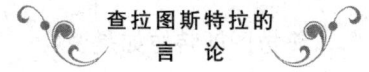

将我的高傲都折磨掉吧!

有谁还会给我爱,给我温暖?谁还依然爱着我?那就用你那滚烫的双手来温暖我的心房吧!

把坚冰给我这个最孤独者吧!七重的坚冰会教我渴望真正的劲敌,我那最残酷的仇敌,赶快向我屈服,向我投降吧!

他逃跑了,我那伟大的敌人,那无名者的刽子手上帝逃跑了!不要走,你给我回来,带着你所有的折磨回到最后一位孤独者这里来!回来吧!我所有的泪就像是奔涌的江河一样在向你奔腾!

我最后的心灵火焰在朝你放出光芒!哦,回来吧,我那无名的上帝!我的痛苦!我那最后的幸福!

听到这里,查拉图斯特拉再也控制不住自己了,他用棍子抽打着那个悲叹的老人。"住口!"他狂怒地冲他喊道,"住口,你这个表演者!你这个制造假币者!你这个十足的说谎者!我非常地了解你!

你这个恶毒的巫师,我要烤热你的脚,我很清楚怎样为你这种人取暖!"

"住手啊,"老人边说边从地上一跃而起,"别打了,查拉图斯特拉!我这么做只是在表演而已!

表演属于我的艺术范畴;我这样的排演也是为了考验你!真的,你将我看得透透的了!

不过你的演技也不错:你很聪明,你表现得很是无情。你用你的'真理'无情地抽打着我,逼迫我说出这番话!"

查拉图斯特拉仍然很激动,他露出恐吓的目光对老人说:"不要奉承我,你这个十足的表演者!你错了,你为什么谈论——真理!

你这最虚荣的孔雀,你这最虚荣的大海,你这恶毒的巫师,你觉得你的表演,你的悲叹会令我相信吗?当你这样在表演悲叹时,我会相信谁呢?"

老人回答:"相信精神的忏悔者,这是你曾经发明的词语。相信诗人和巫师，他们最终会用自己的精神来反对自己；相信变形者，他因他危险的知识和惭愧的良心而变得僵硬。

查拉图斯特拉，你就承认了吧，你要想看破我的艺术和谎言，还需要很久很久呢！当你用手扶着我时，你相信我陷入了困境，我听到你悲叹说：'我们对他的爱太少了！因为直到现在，我都在欺骗你，所以我的恶在心里暗自高兴。'"

"也许你欺骗了比我更精明的人，"查拉图斯特拉冷冷地说，"我从不对骗子心怀戒心：这是我命中所注定的。

可是你必然欺骗：我就了解你到此！你必然是令人十分不相信的！在我看来，你现在所承认的东西也远远不够真实，也不够虚假！

你这个恶毒的制造伪币者，你怎么可能是另外一副模样呢！当你光着身子亮给医生看时，你还会将你的疾病美化一番呢！

因此，当你说'我这么做只是在表演而已！'的时候，我就知道你是在美化你的谎言。不过，我倒也看出了你严肃性的一面：你在某些方面本身就是一个精神忏悔者嘛！

我猜你预测得很准：你正成为所有人的蛊惑者，但是你对自己却没有了欺骗和蛊惑，因为你对你自己已丧失了魔力！

你的真理就是收获恶心。除了粘在你嘴上的恶心是真的之外，所有的话都是假的。"

"你到底是谁！"这时，老巫师用一种大无畏的声音喊道，"谁胆敢对我，这个当今世上的最伟大者这样说话？"他在说话间，从他眼睛里放射出一道绿光，直射向查拉图斯特拉。但是，他立刻又变了腔调，他悲哀地说：

"唉，查拉图斯特拉，我已经厌倦了我的艺术，我觉得它恶心，我本就不是伟大的人，可为什么我要假装伟大呢！不过你是清楚的，我一直在寻求伟大！

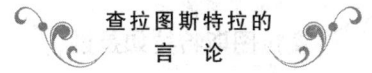

我要让许多人看到并相信一个伟人：但是我的能力还达不到撒这个谎言的要求。为此，我的心都要碎了。

查拉图斯特拉，我其他的一切都是谎言；但是我心碎——的确是真的！"

查拉图斯特拉将目光从老人身上移开，投向另一处，并依旧冷冷地对老人说："你为你寻求伟大而自豪，但这也暴露出你并不伟大。

你这个恶毒的巫师，你厌倦了自己，并承认自己并不伟大。这是你身上最好、最诚实的地方，在这一点上，我尊重你。虽然你仅仅只是在一刹那、一瞬间是真的，但我还是尊重你是精神的忏悔者。

那现在你说吧，你来我的森林和丛石中是为了寻找什么？你躺在路上挡住我的去路，是想怎样考验我？你为了试探我什么？"

查拉图斯特拉如是说，两眼闪烁着光芒。老人沉默了一会儿后，说道："你说我在试探你？其实我只是在寻求。

查拉图斯特拉，我在寻求一个真正的、正确的、单纯的、明确的、诚实的、充满智慧的有知识的圣人！

查拉图斯特拉，难道你不知道吗？我寻求的正是你——查拉图斯特拉。"

此时，两人又都开始了沉默，而且是很长时间的沉默；查拉图斯特拉闭上了双眼，陷入了沉思中。可是后来，他一边靠近老人，一边握住他的手，很有礼貌，但又十分奸诈地说：

"好吧！这条路直通我的洞穴。在洞穴中，你可以寻找你想找的人。

你向我的老鹰和我的蛇寻求指点吧：它们会帮助你的。我的洞穴很大，到目前为止，我还从未看见过伟人。在最精细者看来，伟大的东西在今天也是粗糙的。这是群氓的王国。

于是，我看到了一些四肢伸展、全身膨胀的人，人们喊道：'快看，一个伟人！'但是，那些膨胀有什么用呢！最后，风还不是从里面跑了出来吗？

如果膨胀的时间太久，肚子终会爆裂的，气也会从里面跑出来。我觉得，给一个膨胀者肚子上扎一针才是真正的消遣。你们这些男孩子,听到我说的话了吗?

现在是群氓的现在:有谁还知道什么是伟大,什么是渺小?又有谁曾成功地寻求过伟大?只有一个傻子:只有傻子成功了。

你这个傻子,你在寻求伟人?是谁教你这么做的?今天合适做这种事吗?你这个愚蠢的寻求者,你为什么要试探我?"

查拉图斯特拉如是说,内心宽慰了不少,他笑着满足地继续前进。

退职者

可是,刚离开巫师不久,查拉图斯特拉看见了某个人正坐在他走的那条路上。这是一个黑瘦黑瘦的高个子男人,他脸色苍白得很:这个人让他很是不悦。

"真是倒霉,"他心中暗自说道,"那人假装很悲伤,他让我想到了教士一类的人,他想要在我的王国里做什么呢?

唉!我刚刚摆脱一个巫师,现在又碰上另一个巫师,让灾祸降临到所有那些将手放在人身上行巫的巫师,所有因上帝庇佑而创造出奇迹的神秘者,和所有正经的世界诽谤者身上吧!

可是,魔鬼总是不出现在他应该出现的地方:该死的侏儒和畸形脚总是来得太晚!"

查拉图斯特拉在心中一边诅咒,一边在想怎样避开这个黑而瘦的高个子男人:但是却事与愿违。因为那个高个子男人看见他了;他就像是一个中了彩头的人那样兴奋地跳起来,朝查拉图斯特拉奔过去。

他说道:"不管你这漫游者是谁,都请你帮助一个迷路的,苦苦在寻求

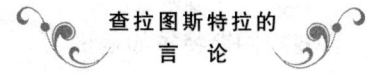

的,在这里极易被伤害的老人!

对于我来说,这里太陌生、太遥远了,我还经常能听到野兽的咆哮声;但是我却找不到能保护我的人。

我在寻求最后的虔诚者,一个圣人和隐居者,他独自隐居在自己的森林里,从未听说过一件当今全世界人人知晓的事。"

"当今全世界人人都知晓什么事?"查拉图斯特拉问,"是不是全世界曾经相信的老上帝已不存在了?"

"你说中了,"老人伤心地回答,"我服侍老上帝直到他最后的那一刻。但是现在,我退职了,虽然没有了主人的管束,但我却不自由,也没有了以前的快乐,除非在回忆中找回。

我来到这山上的目的就是重新给自己过个节日,过一个虔诚回忆和礼拜的节日,就像老教皇那样:因为你知道,我是最后一个教皇!

但是,那个最虔诚的人,那个林中的圣人,那个总是用歌声和咕哝来赞美他的上帝的人已经死了。

我找到了他的小屋,但我却怎么也找不到他这个人,小屋里有两只狼在为他的死哀号。因为所有的动物都爱他。看到这情景,我匆匆地离开了。

这时我想,难道我就这样白白来到这森林里,来到这山上?后来我下定了决心要找另一个人,他就是最虔诚地不信上帝者——查拉图斯特拉!"

这个老教皇如是说,并用犀利的眼光看着查拉图斯特拉;而查拉图斯特拉猛地抓住老教皇的手,用赞赏的目光注视着这双手。

"你真是个令人敬重的人,"他说,"这是一双多么美、多么纤细的手啊!这双手总是在给人以恩赐。可是现在,它抓住了我,也就是你要寻找的查拉图斯特拉。

我这个目无上帝的查拉图斯特拉曾说过:如果谁比我更目无上帝,我就期待他的指教?"

查拉图斯特拉如是说,他的目光直射老教皇的思想和内心。老教皇终于开口说道:

"最爱他、最信仰他的人,现在也最多地失去了他。

你看,现在在我们两人中,我应该更是目无上帝者吧?可是我却高兴不起来!"

"你服侍他到他的最后一刻?"在一阵沉默之后,查拉图斯特拉沉思着问道,"那他是怎么死的?人们说他的死因是同情。

人们说,当他看到人类被残忍地挂在十字架上时,他难以抑制他的痛苦,因为他对人类的爱,才致使他走向了地狱,最终成了他自己的死神,这一切都是真的吗?"

老教皇没有作答,只是痛苦地阴沉着脸,羞怯地望向另一个方向。而查拉图斯特拉一直盯着老人的眼睛。

"别想他了,"在长时间的沉思过后,查拉图斯特拉说道。

"别想他了,他已经死了。尽管你只向外散布那老上帝的好话,并以此深感荣幸,但是你和我都很清楚他是怎样的人,也清楚他走的道路是何其奇怪。"

"我们在三只眼睛之间私下聊聊,"老教皇很开心地说道(他有一只眼睛是瞎的),"我比查拉图斯特拉更清楚上帝的事情,而且也理应如此。

我用我对他的爱服侍了他很多年,我的意志也紧紧追随着他的意志。但是,一个好的侍者知道所有的事情,包括他的主人所隐瞒的事情。

老上帝身上充满秘密。真的,即使去他儿子那里,他也总是偷偷摸摸的。在他的信仰之门的旁边,站立着'通奸'。

若是谁赞美它为爱神,那这个人就没有足够高地看待爱。这老上帝不也想要当判官吗?但是,爱者之爱远远超越了报答和复仇。

这位来自东方的神,当他年轻时,他冷酷无情、满腹的复仇心,为了让他的心爱者高兴,他为自己建了一个地狱。

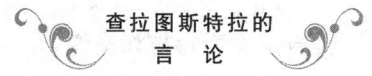

而后来他老了,变得仁慈,脆弱,富有同情心,就像仁慈的祖父和祖母一样。

此时的他枯瘦如柴,他坐在炉火边,为自己孱弱的双腿而苦恼,他厌倦了世界和意志,终于有一天,他因为同情过度而窒息,走向了他的地狱。"

这时,查拉图斯特拉打断他的话,说:"老教皇,这一切都是你亲眼所见吗?事情很可能是另一种样子。每个上帝的死因总是多种多样的。

不过我们无须在讨论他是怎样死的了,不管怎样,他都已经死了!他与我的视听趣味相违背,所以我不想再谈论他了。

我爱目光敏锐、说话诚实的所有人。可是你是知道的,他的身上有某种像你一样的教士一类的东西,他的态度不明确,没有自己的主见。

他脾气暴躁,只因我们没有很好地理解他,他就会对我们发火!可是他为什么不好好对我们说呢?

如果他怪我们的耳朵,那他为什么还要给我们不能很好听他说话的耳朵呢?如果他怪我们耳朵里有泥巴,那还不是他把泥巴放进我们耳朵中的吗?

他做砸了好多事,像是一个还未出师的学徒工!可是,只要他没把事情做完美,他就会对那些事情进行报复,这是违背礼仪的,这是一种罪孽。

在虔诚中也有礼仪:这一位最后说,'让这样的上帝走开吧!我宁愿没有上帝,宁愿自己建立自己的命运,宁愿做一个傻子,宁愿自己当上帝,我也不要这样的上帝。'"

这时,老教皇竖起耳朵说:"查拉图斯特拉,听了你这番话,我觉得你这样的无信仰,比你有信仰更加虔诚!你心中存在着一位神,他使你目无上帝。

正是你的虔诚让你不相信上帝,正是你的诚实将要领着你超越善与恶!

你的眼睛、手和嘴永恒地注定用于祝福。人们不单单只用手来祝福的。

尽管你愿意做最目无上帝者,但我却在你的周围闻到一种隐蔽的、庄严的、幸福的气息:这时,我既高兴又心痛。

啊,查拉图斯特拉,让我只做你这一夜的客人吧!我感觉,现在没有任何地方会比在你家里更为舒服!"

"嗯,确实应该如此!"查拉图斯特拉说道,"这条路直通我的洞穴。但是虽然我很想陪你一起到那里去,因为我爱所有虔诚的人。但是现在一个呼救声正在召唤我。

在我的国土里,不应该有人受到伤害,所以我不得不离开你;我的洞穴是一个良好的港湾。我非常愿意让每一个悲哀者重新坚定地站起来。

但是我太弱小了,所以不能将你肩膀上的忧郁除去。谁会是除去你的忧郁之人呢?真的,我们很是期待有一个人为你重新唤醒你的上帝。因为老上帝已经死了,彻底死了。"

查拉图斯特拉如是说。

最丑之人

查拉图斯特拉又越过丛山和森林,他仔细地寻找,但就是找不到那个呼叫声的主人。不过,他这一路上都非常高兴,心存感激。他说:"我在今天得到了许多好的事物,弥补了糟糕的开端!我找到了极为难得的说话者!

现在,我要慢慢地理解消化他们的言论,直到它们完全融入我的灵魂!"

可是,当查拉图斯特拉绕过一大块岩石时,地形突然改变了,出现了一个大峡谷。黑色与红色的岩石高高耸立,没有草木,也没有花与鸟,甚至都没有猛兽出没,有的只是一种丑陋不堪且又粗又长的绿色的大蟒蛇——这种蛇只有在年老后才会来到这里等死。这个峡谷就是牧羊人所称的:蟒蛇死神。

看到此景,查拉图斯特拉总感觉这个地方似曾相识,他好像曾来到过这个峡谷。对此,他感觉十分压抑:他开始缓慢地行走,而且越走越慢,最后站

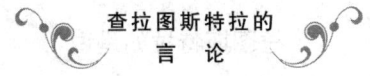

住,闭上眼睛停在了那里。

而当他睁开眼睛的时候,他发现有个似人非人的、奇形怪状的东西蹲坐在路上。查拉图斯特拉因为自己注视着这样的东西而感到既羞耻又愤怒,他红着脸将目光转向别的方向,转身要离开这不祥之地。

然而就在此时,这沉寂的荒芜之地发出了汩汩的声音:像是流水被堵在水管里的声音一样;最后,这种声音又变成了人的说话声。说话的内容是:

"查拉图斯特拉!你来猜猜我的谜吧!你说说,应该怎样报复目击者?

我诱导你回来,这里是光滑的冰!当心啊,别让你的高傲在这里摔断了腿!

你太高傲了,你不是自以为很聪明吗?那你就来猜一下这个谜吧,这个谜就是我!你来说说我是谁!"

可是,当查拉图斯特拉听到这些话的时候,他并没有生气,而是同情心发作;他像一棵抵挡了许多樵夫的橡树一样,突然间重重地倒在了地上,让那些想砍倒它的樵夫也大吃一惊。

但是他又马上站了起来,他正言厉色地大声说道:"我不仅认识你,而且还很清楚地认识你,你是谋杀上帝的那个人!让我走吧。

对于所有看到你的人,彻底看透你的人,你都难以忍受,你这最丑之人!你要报复目击者!"

查拉图斯特拉说完这些后,转身就要走;但是那奇形怪状者却一把拽住了他的衣角,再次发出汩汩的声响,他搜肠刮肚,想说点什么。但最终只是说:"留下来!不要离开!我已经猜到刚才是什么利器将你砍倒在地了:祝贺你,查拉图斯特拉,你又站了起来!

你猜到了那个杀死上帝的人是什么样的心情,请坐到我身边来,这不是徒劳无获的。

假如我不想去你那里,又会想去谁那里呢?坐过来吧!尊重我的丑陋,别再盯着我看了!

他们憎恨我，监视我，迫害我，而你是我最后的避难所。在我看来，这样的迫害并不是什么坏事，我反而为这样的迫害而感到骄傲和高兴！

古往今来，所有的成就不都是备受迫害者所创造的吗？一旦备受迫害者在后面，他就很容易学会追随！而让我逃避到你这里的原因却是他们的同情。

哦，查拉图斯特拉，请保护我吧，因为你是我最后的避难所，你是唯一将我猜透的人：你猜到了杀死上帝的那个人的心情。留下来吧！如果你对我不耐烦，真的要走的话，那你也不要走我过来时走的那条路，因为那是一条很糟糕的路。

你是因为我想说但又半天没说，因为我给予你忠告而生我的气吗？但是你应该知道，因为我这个最丑之人有一双最大最笨重的脚，所以凡是我走过的路就一定会坏掉的。我踩死了所有的路，我让所有的路蒙羞。

但是当你静静地从我身边走过时，我很清楚地看到你的脸红了：从这一点上，我认出你是查拉图斯特拉。

因为其他任何一个人都会同情我，给我以施舍。而我还不够资格做令人同情的乞丐，你猜到了这一点。

我是个富有的人，我有伟大的事物、可怕的事物、最丑陋的事物、最无可名状的事物！我对你以我为耻而感到荣幸！

我好容易才从同情者的人群中逃离，我想，今天我找到了教导说'同情是强加于人的'唯一之人，这个人就是你，查拉图斯特拉！

不管这是来自于神的同情，还是来自于人类的同情：都是与羞耻相对立的。也许，不愿意帮忙会比急忙上前帮忙的美德更加高尚。

可是在今天所有的小市民那里，同情就是美德。这些小市民不敬畏大不幸、大丑陋和大失败。

我对所有这些人不屑一顾，就像一条狗对和它挤到一起的羊群一样不屑一顾。他们都是渺小、温顺、好心、苍白的人。

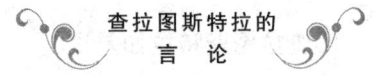

就像一只鹭鸶对浅水池塘不屑一顾一样,我对那些卑微的意志和灵魂也不屑一顾。

因为我们在很长一段时间都承认这些小市民是有道理的,所以我们最终也给了他们权力。而现在他们教导说:'只有小市民称之为善的东西才是善的。'

现在,来自小市民中的说教者,也就是小市民的代言人,他们所说的一切都被称为'真理',而且他还夸口:'我就是真理。'

这位夸口的不谦虚之人令小市民趾高气扬,而事实上,他说的'我就是真理',其实就是一个大大的谬误。

而你,查拉图斯特拉,你对这个不谦虚之人的回答却是:不!不!三倍的不!

你对他的谬误提出警告,你是针对同情提出警告的第一人,你警告的不是所有人,而是警告你和你的同类。

你以痛苦之人的羞耻而羞耻;真的,当你警告说'你们这些人,当心啊!从同情中产生出了一大块云'的时候,当你教导说'所有创造者都是无情的,所有伟大之爱都高于他们的同情'时,在我看来,你,查拉图斯特拉,你对天气的征兆是多么地熟悉!

可是你也警告过自己不要有你那种同情吧!因为许多痛苦者、怀疑者、绝望者、溺水者、受冻者都在前来找你的途中。

我也提醒你当心我。你猜出了我的最佳之谜,即我自己;你也猜出了我的最差之谜,即我的所为。我认识那把将你砍倒的利器。

可是上帝不得不死去:他用无所不能见的眼睛,看到了人类的内心深处,以及他所有隐秘的羞辱和丑陋。

他因为我的丑陋和肮脏而过于同情我,他看到了我最肮脏的一面。他太好奇、太爱强求、太爱同情人,所以他不得不死去。

对于始终能看见我的人,我一定要进行报复,否则我就会去死。

人类不能容忍一个看见人类的一切的上帝活在这个世界上，所以，这个上帝必须死！"

最丑之人如是说。听完这一番话，查拉图斯特拉起身就要离开：因为他觉得寒气逼入了他的五脏六腑。

同时，他又对最丑之人说："你这难以名状者，因为你曾警告我不要走你走过的路，我为此对你表示感谢，所以，我向你赞美我的路。你看，这条路的上面就是我的洞穴。

我的洞穴又大又深，有许多角落；最隐秘者在我的洞穴里找到了他的隐匿之处。在它周围，到处都是爬行动物、飞行动物和跳跃动物的隐匿之处。

既然你放逐了你自己，不愿意待在人们的同情中，那你就向我学习吧！

你首先要与我的动物们谈一谈！它们是这世上最高傲的动物和最聪明的动物，它们很愿意做我们的真正的顾问！"

查拉图斯特拉说完这些话之后，又陷入了沉思中，比以前更为深沉。他一边沉思一边慢慢地前行：因为他问了自己许多自知很难回答的问题。

他暗自心想："人类多么贫乏，多么丑陋，多么可怕地发出呼救声，充满了多少隐藏的羞耻！

有人曾对我说过：人类自爱。那这种自爱到底会有多大！它对自己有多少的蔑视！

人类自爱甚至如同其自我蔑视，我认为，人类既是伟大的施爱者，也是伟大的轻蔑者。

除人类之外，我还没有发现更为低下的自我轻蔑者。就连这一点，人类也要高于其他的事物。呵，或许那呼救声的主人就是更高之人吧！

我热爱人类这个伟大的轻蔑者，但是人类是一定会被超越的动物。"

自愿的乞丐

当查拉图斯特拉离开最丑之人时，他备感寒冷和孤独：因为他潜意识里就有许多寒冷和孤独，所以他的身体也就变得更加冰冷了。但是，他还是不停地攀登、下坡，穿过绿草地，穿过荒野的石头河床，以前这里曾经流淌着欢快的溪流。这时，他重新感到了温暖，潜意识里也突然暖和起来。

他问自己："我这是怎么了？有种温暖且有生命的东西使我恢复了精神，这东西一定就在附近。无意识的伙伴和兄弟正漫游在我周围，我的灵魂深深地被他们的温暖气息所触动。"

可是，当他四处寻找安慰他的孤独的安慰者时，他看到近处的高坡上有一些奶牛，它们散发出的气息使他的心无比温暖。但是这些奶牛好像正在专心地听一个人在说话，并没有注意到正在靠近它们的查拉图斯特拉。

而当查拉图斯特拉听到从牛群中传来的人的说话声时，他猛地跑上前去，推开动物，因为他怕这里有人受到了伤害，而奶牛的同情却对这种伤害无济于事。

但是他猜错了，因为在动物中间坐着一个温和的、来自山里的说教者，他正在对动物说教，让它们不要怕他。"你在这里找什么？"查拉图斯特拉吃惊地问道。

那人回答道："你这个捣蛋鬼！我和你找的是同样的东西，也就是大地上的幸福。

为达此目的，我很乐意向这些奶牛学习。我已经跟它们说了有半个早晨的话了，刚才它们正要作出决定。可你的突然出现却打扰了它们。

如果我们不返回去，变得像奶牛一样，那我们就进不了天国。因为我们应该从它们那里学会：反刍。

真的，虽然人类会征服整个世界，但却没有学会反刍，也是没有任何意义的。人类摆脱不了痛苦。

在今天，他的痛苦被叫作恶心。而现在，谁的心中、嘴上、眼睛里没有被痛苦所占据呢？你也不例外！但是你看看这些奶牛！"

说教者如是说，然后将目光从奶牛身上转向查拉图斯特拉，可是就在此时，他却变了一副模样。他很是惊慌地喊道："和我说话的是什么人？这是没有痛苦的人，是查拉图斯特拉，是大痛苦的征服者。这眼睛是他的眼睛，这嘴是他的嘴，这心是他的心。"与此同时，他猛地从地上一跃而起。

他一边说，一边含着热泪亲吻查拉图斯特拉的手，就像是一个捡了天上掉下的宝贝的人一般。而奶牛则很是惊奇地望着这一切。

"你真是个奇异可爱的人，不要说我了，"查拉图斯特拉克制住自己的温情，对他说，"先给我说说你吧！你不是那个曾经抛弃了巨大财富，自愿做乞丐的人吗？

你不是那个以自己的财富和富有而羞愧，从而逃到穷人那里，将你的富有和你的热心赠与他们的人吗？但是他们却不接受你。"

自愿的乞丐说："你已经知道了他们不接受我？事实的确如此。所以我最后才去了动物那里，与这些奶牛在一起。"

"在穷人那里，你知道了正当的给予比正当的索取更难，"查拉图斯特拉打断了自愿的乞丐，"适当的给予是一种艺术，是一种大善——最终、最巧妙的高深艺术。"

自愿的乞丐回答说："特别是现在，即今天，所有卑贱的事物都起来反叛，虽然胆怯，但却用其群氓的方式骄横傲慢。

因为，群氓与奴隶的那恶劣、长期、缓慢的大暴动时刻已经慢慢地在逼近！这一点你是知道的。

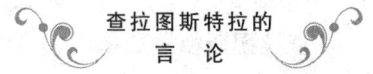

现在,一切的善举和小恩泽都会令卑贱者愤怒;所以,富有之人现在可得当心了!今天的人们就是要折断富人向外倾倒财富的瓶颈。

我的注意力都集中在这一切上:贪得无厌、妒火中烧、一心复仇、群氓之傲。所谓穷人有福不再是真实的了。而天国与奶牛同在。"

"那为什么天国不与富人同在呢?"查拉图斯特拉一边试探性地问那人,一边阻止信赖那人并朝那人跑去的奶牛。

"你为什么要试探我?"那人反问道,"这一点,你比我还要了解。查拉图斯特拉,是什么驱使我到穷人那里去的呢?难道不是因为我厌恶富有者吗?

我厌恶财富的囚犯,这些囚犯有着冷漠的目光,淫荡的邪念,不管从什么垃圾中,都能给自己捡出些好处;我厌恶这种臭气熏天的流氓,厌恶这种虚伪的群氓,他们的父辈曾是扒手、吸血鬼、乞讨者,他们的女人都像妓女一样顺从、贪婪且健忘。

无论如何都是群氓!现在还分什么'贫与富'呢!我已经将这种差别遗忘了。这时,我逃得远远的,且越逃越远,直到我来到这群奶牛这里。"

那人如是说,而且一边说,一边喘气不止,浑身都是汗:于是这些奶牛又重新惊讶起来。可是,在他高谈阔论的时候,查拉图斯特拉始终微笑着注视着他,静静地摇着头。

"你这来自山里的说教者,当你这么坚定地高谈阔论之时,你实则是在强制自己如此坚定。因为你生来就没有长用来表达这种坚定的嘴和眼睛。

我觉得你的肠胃也不够好:它难以承受这些怒火、仇恨与放纵。你的肠胃需要的是更加柔软的东西。在我看来,你不是屠夫,更像是一个素食者。你或许可以磨碎谷粒,但你厌恶了咀嚼肉食的快感,更喜欢不用咀嚼的蜂蜜。"

"你看透了我,"自愿的乞丐回答,很是轻松的样子,"我喜欢蜂蜜,我也磨碎谷粒,因为这些是既美味又能令口气清新的东西;

也是需要很长时间才能得到的东西,是游手好闲者和懒汉每天所做的工作和不停地动嘴的事情。而这些，正是我所寻找的。

当然，走得最远的是这些奶牛，它们自创了反刍和静躺在阳光下。所有让心脏胀气的沉重念头都被它们所抛弃。"

"好啦！"查拉图斯特拉说，"你应该见见我的动物们，也就是我的老鹰和蛇了，在今天的大地上，与它们一样的动物已经灭绝了。

看啊，那条路向上直通我的洞穴：今夜你就去我的洞穴做客吧。与我的动物们谈论一下动物的幸福，直到我回到家。因为现在正有一个呼救声在召唤我，所以我不得不马上离开你。在我的家里，你还可以找到新鲜的、冰爽的、金灿灿的蜂蜜，你可以放心地享用！

现在，马上与这些奶牛们告别吧！尽管这对于你来说会很困难。因为你早已将它们看作是你最热心的朋友和老师了！"

"哦，查拉图斯特拉！你自己很不错，比奶牛好多了，我宁愿要你这一个朋友和老师。"自愿的乞丐回答。

"快走吧！真是个讨厌的马屁精！"查拉图斯特拉大喊道，"不要用这样的赞美之词来拍我的马屁。"

"走开，从我身边走开！"他再次大喊，并冲深情的乞丐挥舞起他的棍子。乞丐迅速地跑走了。

影子

自愿的乞丐跑走后，查拉图斯特拉又是一个人了。谁知还没过多大会儿，他的身后就传来了一个新的声音，这声音大喊："站住！你等一下！查拉图斯特拉！是我，我是你的影子！"可是查拉图斯特拉却没有停下脚步，因为他为山中有这么多乱七八糟的事情而恼火。

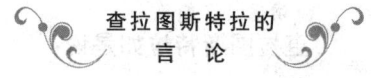

他说:"我的孤独呢?它去哪儿了呀?这些乱七八糟的事情实在是太多了,它们都将整座山都挤满了,我的王国不应如此,我需要新的群山。

是我的影子在喊我吗?它和我又有什么关系!让它追吧!我要逃离它。"

查拉图斯特拉一边在心中自语,一边飞快地跑走了。但是他的影子却总跟着他,这样一来,就出现了三个奔跑者你追我赶的状况。即跑在最前面是自愿的乞丐,然后是查拉图斯特拉,最后一个是查拉图斯特拉的影子。他们就这样跑了一会儿后,查拉图斯特拉突然意识自己的行为很愚蠢,所以,他心中所有的恼怒和厌恶全都释然了。

于是,他对自己说:"在我们这些老隐居者这里,历来不是就发生过最可笑的事情吗?

真的,我的愚蠢在山里已越来越多!现在我听见傻子的六条老腿啪嗒的声音!

可是,我是害怕一个影子吗?我终究认为,它的腿比我的腿更长。"

查拉图斯特拉如是说,眼睛与心里都笑眯眯的,他停住脚步,迅速转过身——几乎把他的追随者摔倒在地。这家伙跟得太紧了,而且还无比的虚弱。当查拉图斯特拉严肃地看着他的时候,查拉图斯特拉吓得惊慌失措。因为这个追随者是如此的枯瘦,如此的黑,如此的衰老,如此的陈旧。

查拉图斯特拉激动地问:"你是谁?你在这里做什么?为什么你说你是我的影子?我讨厌你。"

影子回答说:"即使你不喜欢我,那我也请你原谅我是你的影子。查拉图斯特拉,在这件事情上,你的品位真不错,对此,我表示赞美。

我是一个漫游者,已经跟随你的脚步走过很多地方了;我总是在走,没有目标,也没有停留的住所,所以我的身上不缺少成为永恒之犹太人的东西。

我不得不永远走在路上,四处漫游,像被风吹起的沙子一样,被带到别的地方。在我看来。大地已经是一个太圆太圆的大球了!

我曾像疲倦的灰尘栖息在镜子表面一样,我栖息在任何物体的表面上入睡,一切都只会从我身上索取,而不给我任何东西,最后导致我一无所有。所以,我才如此地枯瘦如柴,几乎像是一个影子。

可是,查拉图斯特拉,我跟随你的时间最长,跟着你,我跑得飞快;虽然我经常躲着你,但我却是你最好的影子,你栖息在哪里,我也就栖息在哪里。

跟着你,我像是一个在寒冷的冬天飞奔的幽灵一样,去过了最遥远、最寒冷的地方。

跟着你,我去过了所有禁区,所有最恶劣最遥远的地方。如果说我身上还有什么美德的东西,那唯一的美德就是我不惧怕任何一个禁区。

跟着你,我打碎了我所敬重的东西,推倒了所有的阻碍的藩篱和虚伪的雕像,对于我最危险的愿望,我也始终在追求,努力实现。真的,我突然间超越了一切的罪过。

跟着你,我不再信仰道、价值和伟大名分。魔鬼蜕皮时,他的名分不也在下降吗?因为名分也是皮,或许魔鬼本身也是皮。

'所有的东西都不是真的,而是许可的,'我对自己如是说。我把我的身心全都浸入冰冷刺骨的水中。我经常像红色的螃蟹那样赤身裸体地站在那里!

啊,我所有的善、羞耻,以及对善的信仰都去哪儿了呢!啊,我过去拥有的那种虚伪的无辜,那种善人及其高尚谎言的无辜都去哪儿了呢!

真的,我过于频繁地紧跟真理的脚步。这时,它却差点将我踢倒。有时候我想说谎,但最后我还是先说出了真理。

在我看来,已有很多的东西得以澄清。现在,一切对于我来说都是无所谓的。所有我所爱的东西都死了,我又怎能还自爱呢?

'除非像我喜欢的那样生活,否则我就不活。'我和最神圣者所希望的都是如此。可是,见是活见鬼了,我怎么还会喜欢呢?

我仍有一个目标吗?仍有一个可以让我的风帆前往的港湾吗?

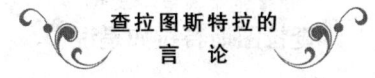

仍有一阵好风啊,只有明确目的地的人才会知道什么样的风是好风,什么样的风是顺风。

给我留下的只有:一颗疲惫而狂妄的心;一个狂躁的意志;一双振翅飞翔的翅膀;一个粉身碎骨的下场。

查拉图斯特拉,你可能知道,我对于我的家园的追寻曾经是我的灾难,它吞噬了我。

'我的家园在哪里啊?'我边问边找寻,但却没有找到。啊,永远都是无处不在,永远都只是徒劳!"

影子如是说,听完他的话,查拉图斯特拉耷拉着脸,最后十分悲哀地说:"你这个自由的精灵和漫游者,你是我的影子。你是多么的危险啊!你已度过糟糕的一天,当心别再遇上一个糟糕的夜晚!

像你这样一个不安分的人,监狱也许是你的好居所。过去你曾见过囚犯是怎样睡觉的吗?他们睡得很平静,因为监狱是他们安全的居所。

你要提防着狭隘的信仰,无情而严厉的狂妄,不要让它们将你俘虏!因为现在,任何一个狭隘、不变的东西都会来诱惑你。

唉,你该怎样摆脱没有目标的损失呢?你该怎样克服这种损失带来的巨痛呢?所以,你在你的道路上迷失了方向!

你这可怜的、疲惫的漫游者,你想在今夜好好地睡一觉,想有一个暂时的居所吗?那就走上去,去我的洞穴里吧!

那条小道直通我的洞穴。现在我要赶快离开你。现在,仿佛有个影子已经附在我的心中,让我感觉很是沉重。

我要独自前行,这样我周围就会重新明亮。所以我就不得不长时间地、快乐地奔忙。但在夜晚,我这里就会歌舞升平!"

——查拉图斯特拉如是说。

晌午

　　查拉图斯特拉一直奔跑着,他没有碰到任何人,一直是独自一人,他享受着、并陶醉在孤独里,想着美事——这种状态一直持续了好几个小时。可是,在晌午,也就是太阳爬上查拉图斯特拉头顶上的时候,他从一棵曲折而多节的古树边走过,发现这棵树与一根葡萄藤像爱人一样紧紧地缠在一起,它被葡萄藤遮蔽了起来:查拉图斯特拉以为这树上结满了黄澄澄的葡萄。此时,他萌发了一个念头:为自己摘一串葡萄解解渴。可当他伸手去摘时,他又突然很想做另一件事:在晌午,躺在树边美美地睡一觉。

　　查拉图斯特拉说做就做,他刚躺到地上的绿草丛中,立刻就忘记了干渴,很快便睡着了。这正如查拉图斯特拉之谚语所说:在很多事情中,只有一件事是最重要的。只是他的眼睛总是睁着,因为这双眼睛还没有看够那古树和葡萄藤之爱。可查拉图斯特拉却在睡梦中对自己的心说:

　　平静点!刚才的世界不是非常完美吗?可我正在发生什么事情呢?

　　睡意如一阵无形的和风轻盈地在我的身上跳舞,它不让我闭眼,它让我的灵魂保持清醒。它很轻盈,如羽毛一般轻盈。

　　它试图说服我,但最后,它还是用它的手触摸我的内心,它强制我让我的灵魂展开四肢。

　　在我看来,我的灵魂变得又长又疲惫!对它而言,不是第七天的夜晚正好在晌午时分到来了吗? 它不是已经兴奋地在善与成熟的事物中间漫游了太长时间?

　　它将四肢伸展得很长,而且越来越长!我那奇异的灵魂静静地躺着。它品尝的善已经太多了,它被用黄金做成的悲哀所挤压,以至于它扭歪了嘴。

它像一条驶入港湾的船一样靠近陆地，它对这漫长的旅行和变化无常的大海都感到厌倦。陆地不是比大海更忠诚吗？

当这样一条船向陆地停靠时，根本就不需要结实的缆绳，只需一只蜘蛛从陆地上吐出的丝就够了。

我就如宁静港湾中一条如此疲惫的船一样，也紧挨着陆地躺着休息，忠实、信任地等待一条最细的细丝将它与陆地相连。

啊，我的灵魂，你真幸福！此刻你一定很想唱歌吧？可是此刻没有牧童的笛声，显得那么的隐秘而庄严。

你要当心！炎热的晌午正在田野上睡觉。所以不要唱歌！要保持安静！这样，世界才完美。

草地里的家禽啊，不要唱歌，我的灵魂，不要窃窃私语！要保持安静！因为古老的晌午正在熟睡，它在动着嘴巴：难道它连一滴黄金般的幸福，连一滴黄金般的佳酿都不喝吗？有什么东西从它身边掠过，它的幸运之神笑了起来。安静！

我自以为很聪明，在过去曾说过这么一句话：为幸运之神干杯，一丁点的东西就足以带来幸福！但是我现在知道，这是一种亵渎，聪明的傻子说得更好。

正是最少、最小、最轻的东西，比如一条蜥蜴爬动时的响声，一次呼吸，一个瞬间，轻轻的一瞥，虽然微乎其微，但却造就了最佳幸福。安静！

在我身上发生了什么？听！难道时光飞逝了吗？我没有坠落到永恒之井里吗？

我正在发生什么？安静！我被刺入了心脏！啊，在这样的幸福和这样的刺痛之后，心碎了！

刚才，世界不是已变得非常完美、非常成熟了吗？它要飞往哪里去？我要追赶它！赶快！

安静——此时,查拉图斯特拉展开四肢,感觉自己还在睡梦中。

"起来!你这个在响午时分的睡觉者!"他自言自语道,"好了,你们这两条老腿!现在是时候上路了,因为你们落后了好长一段路呢。"

你们现在睡足了,可睡了多长时间了?一半的永恒!好了,我那古老的心,你经过这样的睡眠后,要多久才会彻底醒来呢?

(而此时,他又睡着了。因为他的灵魂与他唱反调,自行其是,再次躺下了。)

"别管我!安静!刚才世界不是已变得非常完美了吗?就像滚圆的金球那种完美!"

"起来!"查拉图斯特拉说,"你这女贼,白天无所事事的女贼!怎么?你还要伸展四肢、打哈欠、叹息、坠落到井里吗?

但,我的灵魂,你是谁啊!"这时,他慌乱起来,因为一道阳光直射在他的脸上。

"啊,苍天呀,"他坐了起来,叹息道,"你是在注视着我,倾听我奇异的灵魂吗?你何时啜饮这滴落在世间万物上的露水,何时啜饮这奇异的灵魂——你这永恒之井!你这快乐的、可怕的响午之深渊!你何时让我的灵魂回到你的体内呢?"

查拉图斯特拉如是说,从他休息的古树边站了起来,就像从醉态中清醒过来一样,看啊,太阳仍然正好爬到他的头顶上。由此可推算出,查拉图斯特拉当时并没有睡多久。

查拉图斯特拉的
言 论

问候

到了下午很晚之时,查拉图斯特拉在整日徒劳无果地寻求和奔波后,又重新回到他的洞穴。但是,当他走到离洞穴不到二十步远的地方时,却发生了一件最出人意料之事:那巨大的呼救声再次进入他的耳朵。而更令人吃惊的是,这个与上次相同的呼救声却来自他的洞穴。不过,这次的呼救声凄长而混乱,是一种很奇怪的声音。但查拉图斯特拉听得出这个呼救声由多种声音构成:不过从远处听的话,它像是从一张嘴里发出的喊叫声。

于是,查拉图斯特拉立即奔向他的洞穴,在这场听觉表演之后,又有什么样的视觉表演在等着他呢?他在这一天所碰到的所有人都紧挨着坐在那里:两位国王、老巫师、老教皇、自愿的乞丐、影子、精神上的认真者、悲伤的预知者、驴;最丑之人居然给自己戴上一顶王冠,腰间还缠了两条紫色带子,因为他和所有丑人一样,喜欢用装扮来美化自己。而查拉图斯特拉的鹰却闷闷不乐,它的羽毛直立,一副烦躁不安的模样。因为那些人问了它许多问题,而这些问题中有许多是它的自尊心找不到答案的问题;查拉图斯特拉的蛇则缠在它的脖子上。

对眼前的这一切,查拉图斯特拉感到十分惊奇;然后,他怀着好奇心,态度温和地审视他的每一位客人,分析他们的灵魂,并再次感到十分惊奇。在这期间,这些坐在一起的人都站了起来,很是敬畏地等待查拉图斯特拉发话。过了一会儿,查拉图斯特拉如是说:

"你们这些绝望的人!你们简直就是一堆垃圾!这么说,我听见的呼救声就是来自于你们?现在我才知道,今天我苦苦寻找的更高之人遍地都是,他们现在就坐在我的洞穴里!可是我现在为什么要惊奇呀!不正是我自己用蜂蜜祭品，用我的幸福发出的呼唤声将最高之人引到我这里的吗？

但是我觉得，你们不适合扎堆儿，因为当你们聚在一起的时候，你们就会使相互间不能心平气和，你们这些呼救者，我说的对不对呀？你们当中必须有一个人先来才可以。

一个让你们重新欢笑的小丑，一个伴随着风和鹰的舞者，任何一个傻子。你们又是怎么想的呢？

不过请你们原谅我在你们面前用这种卑微之词来形容你们，这的确是有失体面！可是你们有没有猜到，是什么让我会如此地想戏弄你们？是你们自己，是你们的样子！因为任何一个人只要注视着一个绝望者，他都会变得勇气十足。每个人都自以为自己有本事劝说一个绝望者。

是你们这些高贵的客人给了我这种本事，真是一件出色的礼物！你们给了我礼物，那我也要给你们礼物，只是你们可不要因为我送给你们礼物而生我的气。

虽然这里是我的王国和我的领域，但是只要属于我的东西，今夜它们也属于你们。我的动物们会为你们服务，我的洞穴就是你们今夜的住所！

你们就把这里当作你们自己的家，所以你们不应该感到绝望，在我的王国，我会保护每一个被野兽侵袭的人。这是我提供给你们的第一件东西：安全！

第二件东西就是我的小手指。如果你们已经有了它，那就请接受我的整只手，甚至连我的心也拿走！欢迎你们到我这里做客！"

查拉图斯特拉说完这些，钟爱而又心存不轨地笑起来。聆听完查拉图斯特拉的这些话，那些客人们再次向他鞠躬，并沉默不语；不过，右边的国王代表他们回应了查拉图斯特拉。

"查拉图斯特拉，凭着你向我们伸出的援助之手和给我们的问候，我们就知道你是查拉图斯特拉。你这样屈膝降尊地迎合我们，使我们的敬畏之情无地自容；

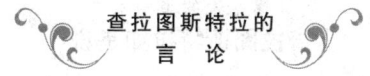

可是这世上再也没有人能像你一样如此高傲地屈膝降尊了。你的这一点就像是一剂提神的饮料一样深深地鼓舞了我们。

就为了看到这一点,我们就很乐意登上比此山更高的山头。因为我们就是为了看热闹的,我们就是想要看看,令暗淡的眼光变得明亮的东西是什么。

我们所有的呼救声都已过去了。现在,我们的感官和心灵很轻松,自由而神迷。我们没有任何遗憾,心情好得不得了。

哦,查拉图斯特拉,世间的万物中,没有什么比高贵而强大的意志更令人愉快了,它是大地上最美的植物。如果能背靠这样一棵树,看到的景色都会焕然一新呢!

它和你都像松树一样成长起来,高大、沉默、坚定、孑然一身、壮观、有着柔韧的最佳木质。可是最终,粗壮的枝干像张开了的手,迎向暴风骤雨,和高山上一切的事物。

更强有力地做回应的是一个命令者、一个胜利者。哦,没有人会不登上高山,来目睹一下这种植物。

在这里,只要看到你的树,甚至忧郁者和失败者都会信心百倍。只要能见到你,甚至惶恐不安的人也会变得异常坚定,他们心中的旧伤会慢慢愈合。

真的,现在有许多人在望着你的山和你的树;产生了强烈的渴望,有些人提出疑问:谁是查拉图斯特拉?

谁是曾经被你将你的歌曲和蜂蜜滴入耳朵里的人?所有那些藏匿者、隐居者、两栖者突然间都在心中问道:

'查拉图斯特拉还活着吗?再也不值得活下去,一切都是没有必要的:否则——我们就必须和查拉图斯特拉生活在一起!'

'早就宣告来临的人为何还不到呢?'许多人问道,'是孤独将他吞噬了吗,还是我们应该去他那里?'

现在发生了这样的事情:孤独粉碎了,如同一个碎了的坟墓,再也盛不下其中的死人。复活者处处可见。

哦,查拉图斯特拉,现在,在你的山周围,浪涛正在汹涌而涨。不管你的山有多高,高涨的浪涛也一定会升到你那里;你的小船不应该再躺在陆地上。

而如今,我们这些绝望者来到你这里,绝望已不复存在,这是更优秀者正在前往你这里的预兆。

因为所有那些有着大渴望、大痛苦、大厌倦的人就在前往你这里的途中,所有那些想死之人,他们或者学习重新燃起生存的希望,或者向你学习伟大的希望!"

右边的国王说完这些话,拉起查拉图斯特拉的手就试图献上他的吻,但查拉图斯特拉却像被猫抓了一样迅速向后退去,并沉默了好大一会儿。过了一会儿后,他又重新回到客人们中间,用炯炯有神的双眼审视着面前这一群客人,并对他们说:

"你们这些更高之人啊,我要坦率地告诉你们。我在这山里的目的并不是在等你们。"

这时,左边的国王说:"坦率?噢,上帝!大家应该察觉到,这个来自东方的智者根本不懂得可爱的德国人!"

查拉图斯特拉没有理会他,又继续说道:"也许,你们真的都是更高之人,但是对于我来说,也就是对于我心中那沉默着的、但是不会始终沉默的冷酷的心来说,你们还不够高,不够强。

而且,即使你们属于我,但也不会成我的右臂。因为你们的双腿柔弱而且残疾,它们在站立时,都特别想要被呵护。

但我从不呵护我的手臂和大腿,不呵护我的战士。你们说说,你们又怎会适合于我的战争呢?

我与你们在一起,还会让我的每一场胜利都受到败坏。因为你们中间有些人只要听到我响亮的鼓声,便会昏厥不起。

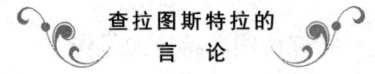

我觉得你们还不够漂亮,也不够高贵。唯有光洁平滑的镜子才能如实地反映我的学说;但是你们的表面粗糙不平,我的映像只会被你们扭曲。

你们的肩上担负着一些重负、一些记忆;你们的角落里蹲着一些下流的侏儒;你们心中隐藏着一些暴民。

即使你们再高大,你们也无法归属于高大之类型,因为你们身上的许多东西都是弯曲的、残疾的,即便是世上最强的铁匠也无法使你们平整。

你们只是桥梁:希望更高者将你们跨越!你们意味着台阶,那你们就不要对跨越你们而登上更高之处的人发怒!

在未来,从你们的种子里也会为我生长出一个真正、完美的继承人:但这太遥远了。因为你们根本就不是我的后辈,你们与我根本就不是同姓氏的人。

我在这山里等候的不是你们,我不能与你们一起最后一次下山。你们只是作为预兆来到我的洞穴,你们的到来只是表明更高之人正在来我这里的途中。

你们不是有着大渴望、大痛苦、大厌倦的人,你们不是上帝残余的东西。

不!不!非常肯定的不!我在山里等候别人,如果见不到他们,我甚至都不会从这里挪动一步。

我在等候更高之人、更强之人、有必胜信念和满怀信心之人,身心健壮之人。他们一定会来的!

哦,你们这些奇异之人,难道你们没听说过我的孩子们吗?难道你们没听说他们正在前往我这里的途中吗?你们还是给我说说我的花园、欢乐岛和美好的新物种吧,为什么你们不给我说这些呢?

我恳求你们来谈论一下我的孩子们,就算这是你们这些客人们给我的馈赠吧。我为他们奉献了一切。为了他们,我曾变得一贫如洗,而现在,我是富裕的。

没有什么是我不会奉献的,只要我拥有我的孩子们,这种生长茂盛的植物,我的意志和我的最高希望的生命之树!"

查拉图斯特拉说完这些后,突然停了下来:因为他的心头一下子又被渴望所占据,为了抑制住心中的激动,他闭上了眼睛和嘴巴。他那些客人们也全都沉默不言,一动不动,惊诧不已,只有那老预知者在使着眼色,比画着手势。

晚餐

就在查拉图斯特拉向他的客人们问候时,预知者突然打断了他们的谈话:他迫不及待地挤上前去,抓住查拉图斯特拉的手,大喊:"查拉图斯特拉!有一件事比其他的事更重要,你自己也这样说过。我现在应该问问你:你不是说过要请我来吃饭的吗?我们都长途跋涉好久了,你不会只想用谈话来宴请我们吧?

我觉得,你们关于各种死以及其他肉体上的危险想得太多了,但却没有人想过我的危险,即被饿死的危险。"

预知者如是说。查拉图斯特拉的鹰和蛇听完这些话后,都惊恐地跑走了。因为它们发现,它们白天寻觅回来的东西还不够预知者一个人吃呢!

"还有被渴死的危险,"预知者继续说,"虽然我听到这里有潺潺的,犹如智慧之言一般的潺潺流水声,但我想喝的是美酒!

不是人人都像查拉图斯特拉一样天生就是个饮水者。对于像我们这样的疲劳者和枯萎者来说,水并不适合于我们,我们应该喝美酒,只有喝酒才能让我们立即恢复元气,获得暂时的健康!"

就在这预知者渴望美酒的时候,左边一直沉默寡言的国王也说起话来:

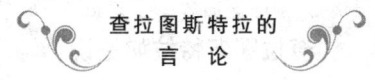

"我和我的兄弟,"他指了指右边的国王,继续说道,"我们已经准备好了足够的美酒,我们的驴背负了许多酒坛,所以现在我们只缺面包。"

"面包?"查拉图斯特拉一边说,一边笑了起来,"隐居者就是没有面包啊。但是人类并非只靠面包而活的,上好的羔羊肉也是不错的选择,我有两只羔羊,我们赶快将它们宰了,再加上香料好好烹制一下——我非常喜欢这样吃。除了羔羊肉,这里还有许多蔬菜、水果和各种坚果。我想,这么多的美食,即使是再爱好美食的人和饕餮之徒也够吃了。

我想在最短的时间内做出一顿美餐来,所以谁想要吃饭,那就得一起动手做,国王也不例外。因为在我这里,国王也可以做大厨。"

这个建议正合大家的心意,又有自愿的乞丐不喜欢酒、肉和香料。他开玩笑说:"你们都来听听这饕餮之徒查拉图斯特拉说的话吧!难道我们来到高山上,来到他的洞穴里,单单只是为了做一顿饭吗?

现在我的确明白了他曾经教导我们的那句话:愿小贫受到祝福!但是他为何要将乞丐排除呢!"

"你要高高兴兴的呀,"查拉图斯特拉回答他说,"就像我一样。遵从你的习俗、享用并赞美你的食物、喝你的水——只要自己高兴就行!

我的法则只适合我自己与我的同类,并不适合于所有人。但是谁要是属于我,那他就必须得有健康的身体和轻快的脚步。

他要好战,好欢庆,不愁眉不展,不做白日梦,健康无缺,高高兴兴地去做最难之事。

最好的东西属于我和我的同类,比如最好的食物,最纯净的天空,最强大的思想,最漂亮的女人;如果有人不给我们,那我们就拿过来。"

查拉图斯特拉如是说,但是右边的国王马上反驳道:"真是奇怪啊!你们曾听一位智者说过如此明智的话吗?

真的,假如一位智者无论在何时,在何事上都非常明智的话,那么这一

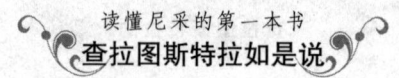

点应该是他身上最与众不同的东西了。"

右边的国王刚说完,驴就开始恶意地针对他"咿——呀"地叫了起来。

这些只不过是那顿历史上的"晚餐"的开始。而在用餐的过程中,他们除了谈论更高之人以外,其他的什么都没有谈论。

论更高之人

当我第一次走到人类中间的时候,我做了隐居者所做的巨大的蠢事:我去了市场。

我对人们说了半天的话,但却没有一人能理解我说的话。在夜晚,我的伙伴只有那走钢丝的演员的尸体,而我自己几乎也是一具尸体。

在第二天清晨,我收获了一条新的真理。这时,我学着说:"市场、群氓、群氓的噪声、长长的群氓的耳朵和我有什么关系呢!"

你们这些更高之人,向我学习这一点吧:远离市场,那里没有人相信更高之人。而如果你们还是很想在那里说话,那你们就尽管说吧!到时候,群氓会眨着眼睛说:"没有更高之人,在上帝面前,人与人没有什么区别,我们大家都一样!"

但是,现在上帝已经死了。然而我们不愿意与你们这些所谓的更高之人一样,你们赶快离开市场吧!

只可惜现在上帝已经死了!否则的话,上帝就是你们这些更高之人最大的敌人。

自从他死后,你们才又获得了新生,伟大的晌午才会到来,你们这些更高之人才会成为主人!

哦,兄弟们,你们明白这句话的意思吗?你们被吓坏了:难道你们没有感

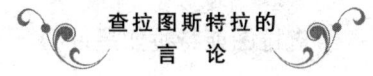

到阵阵眩晕吗?这里的深渊正在向你们张开血盆大口,这里的地狱之犬正在向你们狂吠。

好吧!你们这些更高之人!现在,人类未来之山才开始要出生,才刚刚有了临产时的疼痛。上帝死了,现在我们希望超人活着。

现在,最谨慎的人问道:"人类要怎样繁衍?"可是,查拉图斯特拉却问道:"人类如何被超越?"他是唯一一个,也是第一个这样问的人。

我心里想的是超人,我的第一和唯一就是他,而不是人类。人类不是最亲近的人,不是最贫穷的人,不是最痛苦的人,不是最好的人。

哦,兄弟们,我所爱的人类身上的东西是一种过渡和下沉。而在你们身上,也有许多令我喜爱和渴望的东西。

令我渴望的东西是你们的蔑视。因为伟大的蔑视者就是伟大的尊敬者。

虽然你们绝望,但在这方面有许多是令人尊敬的。因为你们不屈服,你们不耍小把戏。

因为现在的统治者是卑微之人——他们宣扬屈服、谦卑、明智、勤勉、体贴,还有许多其他的小美德。

尤其是那些群氓,他们身上有着许多女性的、奴性的东西,这些人现在竟要主宰整个人类的命运。唉,恶心!实在是太恶心了!

它们总是喜欢一遍又一遍地问:"人类怎样才能最好、最长久、最舒服地繁衍呢?"所以,他们是现在的统治者。

啊,兄弟们,超越这些现在的统治者,这些卑微的小人,他们是超人最大的危险!

你们这些更高之人,超越这些小美德、小明智、微不足道的体贴、微乎其微的廉价品、可怜的舒适感、"大多数人的幸福"!

你们要宁肯绝望,也不要屈从于他们。真的,正因为你们现在不懂得生活,为了使你们将来生活得更好,所以我才对你们付出了爱!

啊,兄弟们,你们有勇气吗?你们下定决心了吗?你们要拿出隐居者的勇气,拿出雄鹰的勇气。

在我看来,冷漠之人、骡子、盲者和醉汉是下不了决心的。有决心的人知道恐惧,并能对付恐惧;他面临深渊时,也会有高傲的姿态。

谁用鹰眼去看深渊,谁用鹰爪去抓深渊——谁就是有勇气的人。

所有最有智慧之人都对我说"人类是恶的"——他们以此来安慰我。但愿这话在今天仍然是实话!因为恶是人类的最善之力。

我教导说:"人类一定会变得更善或更恶。"要达到超人的最善必须得经历人类的最恶。

在小人的说教者看来,也许为人类承受苦难,分担罪过是很好的。但是我却觉得有大罪恶才是我最大的安慰。

不过我这些话并不是对只长耳朵但智商愚蠢之人说的,这些话也并不是适合于任何嘴巴。这些东西精妙而遥远,不该由傻子的笨手笨脚来攫取。

你们这些更高之人,你们是不是认为我在为你们弥补过错呀?还是我为了让你们这些病人在今后能更舒服地躺下?或者是为了给你们这些颠沛失所者的迷途者指出一条更好走的小路呢?

不!不!根本不是!你们应有更多、更好者会死掉——因为你们的生活应该过得越来越差、越来越难。所以,人类只有朝有闪电将其击中、将其粉碎的高处生长,使自己生长到足以接触闪电的高度!

我的意识与渴望向少量、长远靠近,你们这些短暂的小小的不幸和我又有什么关系呢!

我觉得你们受的苦还不够!因为你们只承受了自己的苦,还尚未承受人类的苦。如果你们想狡辩,那你们就是在说谎!因为至少你们都未承受过我所受过的苦。

我认为,闪电不再造成伤害是不够的。我没有想将它引开,而是想让它学习为我而工作。

我的智慧早已像乌云一样积聚了起来,变得更加宁静、更加黑暗。在将来,所有会诞生闪电的智慧都是如此。

我不想做当今之统治者的光,我只想用我的智慧之闪电将他们的眼睛刺瞎!

别要求别人做力所不能及的事情:因为力不从心者总觉得这是不着边际的事情。

特别是当他们想做大事之时!他们就会怀疑这伟大之事,直到最后,他们都会怀疑自己,用斜眼看人。不过他们会为自己空虚的内在挂起美德的招牌,用虚假的光焰来掩饰自己。

你们这些更高之人一定要当心了!因为在我看来,诚实是这世上最宝贵、最罕见的东西。

难道现在不是属于群氓的吗?但是群氓连伟大和卑微都分不清楚,连什么是正直和诚实都不知道,或许,这就是他们总是扭曲事实,总爱撒谎的原因吧。

你们这些更高之人,你们现在一定要有怀疑之心,不要将这个秘密泄露出去,因为现在是群氓当道。

群氓曾学会无理由地相信,谁又有理由推翻他呢?

在市场上,人用表情来说服人。但是,理由却让群氓产生怀疑。

一旦真理取得胜利,那你们就以彻底的怀疑自问吧:"当初,是什么样的强烈谬误在为它而战斗呢?"

你们也要留神学者!他们对你们充满了仇恨:因为他们长有冷漠而干枯的眼睛,不管什么鸟进入这种眼睛的视线内,都会被拔去羽毛。

这样的人以不说谎而自夸,但是不说谎就不会热爱真理。所以,留神着点吧!

摆脱发烧还不等于真知！我对彻底冷却的头脑并不相信。谁不能说谎，谁就不知道何为真理。

如果你们想要攀登得更高，那就好好利用自己的腿！不要利用别人将你们抬上去，不要骑在别人的背上和头上！

你骑过马吗？你想骑着马轻快地奔向你的目标吗？如果你真骑在马背上的话，你的跛足也会随你一起骑在马背上！

当你到达你的目标之时，从马背上跳下来之时，你这更高之人将会因为你的跛足而踉踉跄跄！

你们这些创造者，你们这些更高之人！不要被欺骗了。即便你们是"为邻人"行事，那你们也不是为他而创造！

你们这些创造者，给我把这"为"忘了吧——你们的美德要求你们不要与"为"、"为了"、"因为"有任何关系。你们应该堵上你们的耳朵，不去听这些小小的虚伪之词。

"为邻人"只是卑微之人的美德，他们将"为邻人"叫做"一视同仁"。他们没有权力也不能强制自己像你们一样自私自利！

在你们的自私自利中，你们这些创造者啊，只能孕育自己的孩子！没有人能看到那果实里拥有多少你们对它的爱。

在你们倾注所有的爱的地方，也就是你们的孩子那里，也是你们全部美德的所在之处。你们的作品与意志，才是你们的"邻人"。千万不要轻信虚伪的价值！

你们这些创造者，你们这些更高之人！必须得生育之人是有病的；但是已经生育过的人是不纯洁的。

你们问问女人吧，她们会告诉你们，她们生育的目的不是给人娱乐的，分娩是非常痛苦的。

你们这些创造者身上也是不纯洁的，因为你们得做母亲。

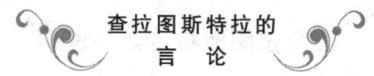

一个新生儿又为这个世界带来了多少新的污秽！到一边去吧！已经生育的人应该为他清洗干净灵魂！

你们不要超乎自己能力之外去讲究美德！不要用不可能的要求来要求自己！

循着你们父辈的路前行吧！循着你们父辈向上的意志登高吧！

可是，想第一个登上山顶的人要注意了，必须得不停地前进，否则就会被落到最后！你们不会想要暗示，在你们父辈恶习所在之处还有圣人存在吧！

其父辈喜欢女人、烈酒、肉。对于这种有一个、两个或者三个女人的男人来说，他若是要求自己有贞操那就是十分的愚蠢。

假如他建造了修道院，在门上写道"通往圣徒之路"，我依然会说，毫无用处！这是一种新的愚蠢！

假如他为自己建造了一座监狱和避难所——也许你们会受用，但我却不相信。

孤独中既会生长出后天的东西，也会生长出先天的野兽。所以，对于许多人来说，孤独是难以忍受的。

至今为止，没有比旷野的圣人更肮脏的了。在他们周围，不仅有横行的魔鬼，而且还有臭气熏人的猪猡。

你们这些更高之人，我经常看见你们羞愧地挪动着自己的身体悄悄溜到一边去，笨拙得像只难以跳跃的老虎。一次失败就将你们击垮了吗？

你们这些掷骰子的家伙，一次失败又有什么呢！你们又不是没有被人们玩耍和嘲弄过！我们不是一直都坐在一张人们互相嘲弄和赌博的桌子旁边吗？

如果你们在大事上失败了，难道你们就会因此而认输吗？如果你们失败了，那人类就失败了吗？那如果人类也失败了，那又会怎么样呢？

越是高级的事物，就越难成功，越少成功。你们这些更高之人不都失败了吗？

高兴起来吧,这些又算得了什么呢!有多少事情仍然存在有可能啊!学着像人们嘲笑别人那样嘲笑你们自己吧!

即使你们失败了或者没有完全成功,这又有什么好奇怪的呢!在你们的身上,不是潜藏着走向人类未来的能量吗?

人类最遥远、最深邃、最崇高的东西,以及人类最强大的力量,不都在你们的罐子里汹涌欲动吗?

虽然有些罐子破碎了,但这也没什么好奇怪的!学着像人们嘲笑别人那样嘲笑自己吧!有多少事情仍然存在有可能啊!

真的,有多少事情已经成功了!这大地上完美的小东西、好东西,发育良好的东西是多么多呀!

将完美的小东西、好东西放在你们这些更高之人的周围!它们完美的成熟将你们的心病治愈。完美的事物教给你希望。

至今为止,这个世界上最大的罪恶是哪一种呢?不就是那人说的那句:在这里嬉笑的那些人都要大祸临头了!"

他自认为在世上没有理由嬉笑吗?那是因为他的探索之路很不顺畅。即使是一个孩子都会认为这理由是很充分的。

那人还是爱得不够强烈;否则的话,他也会爱我们这些经常微笑之人的!但是他却憎恨并嘲讽我们,并预言说:我们会悲哀,会因恐惧而颤抖。

假如你不爱,那你就非要诅咒吗?在我看来,这种风气糟糕透顶。可是这个来自群氓的绝对者就是这么做的。

他只是爱得不够强烈;否则的话,他就不会因为人们不爱他而生他们的气。所有的大爱都不要求爱,它要求得更多。

给所有这些绝对者让路吧!这是一种可怜的病态物种,一种群氓之类;他们恶劣地看待此生,用邪恶的眼光来观看这个世界。

避开所有这些绝对者吧!他们步履沉重,内心淫荡,不懂得跳舞。大地也

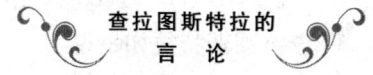

因这些人而变得沉重!

所有美好的事物都是经过曲曲折折的弯行后才能接近目标的。它们像猫一样弯着腰,内心在为将要达到的成功而欢呼,所有的好事都绽开了笑脸。

从脚步上就可以看出一个人是否已经走上了他自己的轨道:你们从我的脚步上就能得到证实!可是,靠近其目标的人在跳舞。

真的,我喜欢奔跑,我不喜欢像雕像一样,像石柱一样僵硬而麻木地站在那里。

尽管世上有沼泽地和沉重的哀伤,但步履轻松者仍然会奔跑着穿越沼泽,像是在冰上舞蹈一般。

兄弟们,将你们的心气抬得高一点!再高一点!再抬高你们的双腿,如果能倒立起来就更好了!

我为自己戴上这笑者之冠,这玫瑰花环之冠,我给我的笑声封圣。直到现在,我还从未发现有足够实力做到这一点的人,除了我之外。

舞者查拉图斯特拉如鸟儿般拍打着翅膀准备起飞,向所有的鸟儿致意;这个极乐世界的轻浮者,一切都已准备妥善。

查拉图斯特拉是个预知者,是个真笑者,是个喜欢越界跳跃的人。他不是不耐烦者,不是绝对者;我给我自己戴上这花冠!

兄弟们,将你们的心气抬得高一点!再高一点!再抬高你们的双腿,如果能倒立起来就更好了!

甚至在幸运中也有腿脚笨拙的笨重动物。奇怪的是,它们吃力地像是一只努力倒立起来的大象。

但幸运而愚蠢总好过于不幸而愚蠢;笨拙地跳舞总好过于跛行。因此,你们学习我的智慧吧,任何事物皆有可取之处,即使最糟糕的东西也不例外。它也有好的方面,也有善舞之腿。所以我恳求你们这些更高之人,学着用自己真正的腿站立吧!

那就将群氓的痛苦和哀伤都忘记吧！在我看来，群氓的小丑是多么哀伤啊！可是，今天是群氓当道。

像山中的空穴来风一样随着自己的笛声翩翩起舞吧，让大海也因之而颤抖和颠簸。

它像风暴一样来到今天和群氓这里，给驴子以翅膀，挤出母狮之奶，难以控制的优秀精灵为它所赞美。

它视冒尖儿之人、爱钻牛角尖的家伙，所有的枯叶杂草为仇敌，赞美这原始的优秀的自由风暴精灵吧，它在沼泽地和哀伤之上跳舞就像是在草地上跳舞一般！

它憎恨群氓中的病者，以及所有没有长好的阴沉的杂种。赞美所有自由的精灵吧！赞美将灰尘吹进所有盲者和嘴坏者眼睛里的风暴吧！

你们这些更高之人，你们做的最糟之事是：全都没有像人们必须得跳舞那样跳舞——超越自己而跳舞！你们失败了又算得了什么呢？

有多少事情仍然存在有可能啊！因此，学着超越自己而笑吧！将你们的心气抬得高一点！再高一点！别将那堂堂的笑遗忘掉！

啊！兄弟们，我把这笑者之冠，这玫瑰花环之冠扔给你们！我给笑封圣；你们这些更高之人，大声地笑吧！

忧郁之歌

查拉图斯特拉是站在靠近洞穴入口处的地方说这些话的，当他说完这些话后，他暂且离开了他的客人们，走到旷野中待一小会儿。

"哦，我爱这清新的空气，"他大喊道，"我爱这宁静的世界！我的动物在哪儿呢？快过来，我的鹰和蛇！

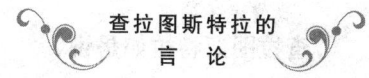

你们告诉我吧:所有这些更高之人的气味很难闻吧?啊!这清新的空气和纯净的气味多好啊!我现在才感觉到,我是多么爱你们,我的动物们。"

查拉图斯特拉又重复了一遍:"我爱你们,我的动物们!"就在他讲这些话时,鹰和蛇靠近他,抬起头望着他。他们三位就这样静静地依偎在一起,一起闻着这清新的空气,这纯净的气味。因为这外面的空气比与更高之人在一起时的空气清爽、纯净。

而在查拉图斯特拉刚刚走出去之后,老巫师就立即就站了起来,狡猾地四处张望,说道:"他走了!你们这些更高之人,让我和他一样来奉承你们吧!我已被施行欺诈和巫术的邪恶精灵和忧郁的魔鬼所侵袭。

它从内心深处就仇视查拉图斯特拉:请你们原谅它要在你们面前施巫术,现在正是它施展才能的最好时机;不管我怎样与这邪恶的精灵搏斗,都是徒劳的。

无论你们所有这些人用言辞怎样赞美你们自己,无论你们自称为'自由精灵',还是'诚实者',或者是'精神赎罪者'、'获解脱者'、'大渴望者'。

对于你们所有这些与我一样遭受巨大痛苦的人来说,老上帝已经死了,新上帝还未诞生,你们一定觉得,我的邪恶精灵和魔鬼非常可爱。

我认识你们这些更高之人,认识它,也认识我违背自己意愿而爱的查拉图斯特拉,我觉得他更像是戴着美丽的圣徒面具之人。

像一场奇异的戴着假面具的舞会,而我的邪恶精灵和忧郁的魔鬼对这样的舞会却很是喜欢。也正是因为我的邪恶精灵爱这样的舞会,所以我才爱查拉图斯特拉。

这邪恶的精灵和忧郁的魔鬼已经在袭击我,强制我。真的,它非常想袭击我。你们这些更高之人,请睁开你们的眼睛吧,放开你们的感官吧!它很想赤裸而来,我还不知道它是男还是女,但是它来了,它在强制我!

对于所有的事物来说,现在,白天已渐渐消退,夜晚已悄然来临;你们这些更高之人，请听吧、看吧，不管这黄昏忧郁精灵是男还是女，都请看看它是什么样的魔鬼吧！"

老巫师一边说，一边狡猾地四处张望，说完后，又伸手去抓他的竖琴。

"在黄昏的天空中，露珠无声无息地洒向大地，像一个安抚者一样轻盈无比；酷热的骄阳将青草烤得焦黄，这焦黄的草是多么地渴望天堂的眼泪和露珠啊！

夕阳之光恶毒地穿越我周围的树林，它幸灾乐祸地嘲弄着："你就是个真理的嫖客，不！你只不过是个诗人！是只不得不故意撒谎的狡猾、凶猛、虚伪的动物；你贪恋猎物，戴着面具，你就是个面具，就是个猎物。

你沉迷于华丽的言辞，从面具里发出华丽的叫喊声，你总是在撒谎，总是在虚假的天与地之间游荡。

你这个真理的嫖客，你只不过是个傻子！只不过是个诗人！不要变成僵硬而冰冷的塑像和神之石柱矗立在神庙面前，不要总是守护着神灵。

要仇视这样站立的真理塑像，因为不管是在什么样的荒野中都比在神庙前更加自由自在，像猫一样从窗户里跳出来，跳进所有的偶然，冲进所有的原始森林里疯狂地窥探。

愿你在原始森林里，在众多野兽中间飞快地奔跑，五彩缤纷而美好！口唇燃烧着渴望，带着极乐世界的讽刺和凶残，在掠夺中、逼近中、谎言中奔跑。

或者如长时间凝视其深渊的老鹰一般，突然之间，像利箭一般凶猛地扑向羔羊，陡然降落，渴望美美地享用羔羊之餐，怒向所有像羔羊一般温和、亲善的家伙。

诗人的渴望，面具下的你的渴望正如这雄鹰一般、豹子一般的渴望。你这傻子！你这诗人！你把上帝当作是绵羊。

你的天堂之幸福就是像撕碎绵羊一样，撕碎人类心中的上帝，而且还一边撕一边狂笑——这就是豹子和雄鹰的天堂之幸福！这就是一位诗人和一

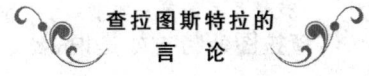

个傻子的天堂之幸福!"

在黄昏的天空中,弯弯的月牙从彩霞中悄悄前来,白天悄然流逝,夜幕开始下沉。

我自己也从我的真理癫狂中下沉,脱离,我脱离我的白日渴望,厌倦了白天,患病于光亮。

向着夜晚和阴影下沉,为获得一条真理而备受烤焦之痛苦,干渴之煎熬。

你再好好地回想一下,那火热的心曾多么地干渴?——但愿我被放逐,远离所有的真理,只是一个傻子!只是一位诗人!

论知识

巫师如是唱着他的忧郁之歌;在座的每一位都被他那狡猾而又忧郁的歌声所诱惑,进入了他的淫欲之网。只有精神上的认真者没有钻进网里,他立即夺过巫师手中的竖琴,大喊道:"新鲜的空气快进来!查拉图斯特拉快进来!你这下流的老巫师,洞里的空气都因你而变得闷热污浊!

你这个虚伪的家伙,你的能耐还真不小,你可以把人莫名其妙地引到欲望和荒野中。如果那些你的同类都像你一样大谈真理,那他们可真要大祸临头了!

让所有那些不提防你这种巫师的自由精灵倒霉去吧!他们的自由就此结束了:你这忧郁的老魔鬼,你教唆并引诱人们回到牢笼中,你的悲叹声就是诱惑他们的音乐,你就和那些以赞美贞洁为名,企图使人荒淫的人一样!"

精神上的认真者如是说。但是老巫师却仍然四处张望着,沉浸在他的胜利中,后来,他强作镇定,并谦虚地说:"大家请安静!好歌要有好的反响;大家在听完好歌后应该保持沉默,来好好地品味。

大家都这样做了，但是你这精神上的认真者却好像没听懂我的歌，你身上缺乏一种魔法精神。"

精神上的认真者回答说："哈哈，真好！在我听来，你是在夸我呢，因为你把我与你划清了界限！而我看到你们其他人仍然贪婪地坐在那里。

你们这些自由之魂，你们的自由去哪儿了呢！在我看来，你们与那种经常观看下流裸体舞女的人没什么区别：你们的灵魂也在跳着下流之舞！

在你们这些更高之人的心中，必然有更多那种巫师的邪恶魔法精神和欺骗精神的东西，我们注定是不同的。

真的，在查拉图斯特拉回来之前，也许是我与你们在一起说话和思考的时间太长的缘故，所以导致我都不知道：我们是不同的。

你们和我来这山上寻求的是不同的东西。我寻求的是安全，而查拉图斯特拉是最坚固的堡垒和最坚强的意志，所以我来到了他这里。

在今天这个一切都在动摇不定的时代，当我看到你们贪婪的目光时，我几乎可以确定，你们所寻求的是：更多的不安全。

也就是更多的恐惧、更多的危险、更多的震动。我几乎可以确定：你们很愿意如此。对此，我请你们原谅我的自以为是。

你们很想过那种使我感到恐惧的最糟、最危险的生活，就像野兽那种在森林里、洞穴里、悬崖峭壁、深渊里的生活一样。

最令你们喜欢的人不是使你们摆脱危险的指路人，而是将你们领向悬崖的误导者。不过我觉得，即使你们渴望的真是如此，我认为这也有点天方夜谭。

因为恐惧是人类最原始的基本情绪，恐惧说明了原罪和原德。我的美德——知识，就是来自于恐惧。

即对野兽的恐惧是存在于人类心中最长时间的情绪，这野兽包括人类内心深处感到恐惧的那种动物，这种动物被查拉图斯特拉称为是：内心的野兽。

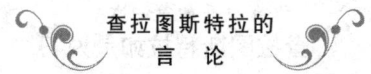

随着时间的流逝,最后,这种长期的恐惧变得细腻且理智——我称今天的它为:知识。"

精神上的认真者如是说;而刚回到洞穴里的查拉图斯特拉在洞穴外听到了这些话,并猜出了这些话的主人,他进入洞穴后,给精神上的认真者扔过去一大把玫瑰花,并"嘿嘿"地笑了笑。

他大喊道:"我刚才听到了你所说的话,不过我觉得,你真是一个傻子,否则我就是傻子:我可以将你的'真理'马上颠倒过来。

即恐惧是我们的例外。而勇气和冒险是对未知和未尝试事物的兴趣,我认为,勇气才是人类与生俱来的情绪。

人类对最有野性、最凶猛的动物充满忌妒,然后夺走了它们所有的美德:于是才变成了人类。

最后。这种勇气变得细腻而理智,在我看来,今天这种有着老鹰之翅膀和蛇之智慧的人类勇气叫作——"

"查拉图斯特拉!"所有的宾客都一起大喊道,并一起大笑起来;就像从他们那里升起一朵沉重的乌云。甚至巫师也大笑了起来,他机智地说:"好了!我的恶魔已经走了!当我说他是个骗子,爱撒谎的时候,我不是已经提醒过你们要提防他了吗?

特别是当他赤身裸体地展示自己的时候。但是我对于他的把戏一点辙都没有,并不是我创造了他。

好了!让我们重新好起来吧,充满希望!尽管查拉图斯特拉还在愤怒地瞪人,你们快看看他,他还在生我的气呢!

在夜晚降临之前,他必将会重新爱我并赞美我,他要是不做这种蠢事,他就活不长。

他爱他的敌人:没有人比他更懂这种艺术。可是他为此却去报复他的朋友!"

老巫师说完后，客人们一起为他鼓掌：无奈之下，查拉图斯特拉只好带着恶意和爱意与他的客人们握手，像是一个做错事后，乞求大家原谅并弥补自己过错的人一样。可是，当他与他们握手时，经过他的洞穴门口之时，他很想再到外面新鲜的空气中去，很想与他的动物们在一起，他想要溜出洞穴。

在荒漠之女中间

"别走！"这时，那自称是查拉图斯特拉之影子的漫游者大喊道，"和我们在一起吧，否则的话，我们的内心又会被哀伤和绝望所占据。

那个老巫师已经把他所有的最坏和最好的东西灌输进我们心里，不信你看，善良虔诚的老教皇的眼睛里全是眼泪，他已经完全被忧郁所占据了。

或许那两位国王还会在我们面前摆出一副好面孔：因为他们是我们这些人中学这一点学得最好的。但是我敢保证，即使他们没有目击者，他们也会开始耍鬼把戏。

如滚动的云头、泪汪汪的忧郁、乌云密布的天空、被偷走的太阳、呼啸的秋风之类的鬼把戏。

如我们的呼救声之类的鬼把戏。哦，查拉图斯特拉，还是和我们待在一起吧！这里想要倾诉的藏起来的不幸和夜间沉闷、污浊的空气实在是太多了！

既然你用真正的男人食物和强有力的格言哺育了我们，那就不要让女子气的柔弱幽灵在饭后再次侵袭我们！

你一个人就可以使你周围的空气变得纯净而清爽！我在世上还未曾见过像你洞穴里那么清新的空气。

我去过许多国家，我的鼻子嗅到过各种各样的空气，所以它学会了检测和评价空气；可是只有在你这里，我的鼻子才获得了它最大的乐趣！

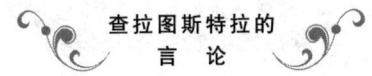

"除非,除非——"自称是查拉图斯特拉之影子的漫游者停顿了一下,又若有所思地继续说道,"哦,我想起了一个古老的回忆!想起了一支我以前在荒漠之女中间所创作的古老的歌曲,请原谅我在饭后唱出这支歌曲。

因为在她们那里,有与这里一样出色而纯净的空气;在那里,我远离被乌云遮掩的忧郁的心情!

我非常喜欢那里的东方少女和蓝色天国,那里的天空湛蓝湛蓝,没有乌云,也没有思想。

你们根本就想象不到,当她们不跳舞之时,她们坐在那里有多么的安静,多么的深沉,她们没有思想,就像是被装饰物包裹起来的谜团,像是餐后甜点里隐藏的果仁——

真是艳丽至极,而且充满异国风情!为了讨'没有云彩,但可以让人猜出谜底'之类少女的欢心,我为她们谱了一首餐后赞歌。"

还没等别人对他的话做出回应,他就一把抓起老巫师的竖琴,跷起二郎腿,朝周围的人看了一眼,然后深吸一口气,用一种吼叫的声音歌唱了起来。

"荒漠在扩大:正在拯救荒漠的人要大难临头了!一个庄严的开始!配得上一头雄狮,或者一只有道德的正在吼叫的猴子。

可是这对于你们这些讨人爱的少女们不算什么,我来自遥远的欧洲,第一次在棕榈树下坐在你们的脚边,对此,我感到十分荣幸。真的!的确是太美妙了!我坐在这里,距离荒漠既近又遥远,我甚至丝毫没有被荒漠化:也就是说,当那鲸鱼正打哈欠,张开它那可爱的大嘴时,我被这最小的绿洲吞下。我掉了进去,最后落到你们这些讨人爱的少女中间!那鲸鱼真是太好了!万岁!它的肚子让人感觉舒服,它的肚子万岁!

但愿它像这片绿洲一样,是个可爱的绿洲之肚。但是我对此深感怀疑,因为我来自欧洲,来自一个比略显老气的小媳妇都更爱怀疑的国度。

希望上帝能将它改善!

现在,我坐在这片最小的绿洲中,像一颗淌着浓汁的甜甜的海枣,在渴望着一张少女的樱桃小嘴,更渴望少女的一口洁白的利齿:因为所有热切的海枣打心底里都在渴望这样的利齿。我躺在这里,周围是正在玩耍嬉戏的小飞虫,当然也有更小、更愚蠢、更恶毒的渴望与念头,我被你们这些沉默的、预兆不祥的小雌猫所包围。你们就像是变形的狮身人面女妖,害得我为你们付出了许多的感情。

我坐在这里,闻着最好的、幸福的气息!真的,这气息光明而轻盈,还带着金色的条纹。这么美好的气息或许是从月宫中降临,当然,这种可能性很小,也或者就如老诗人说的那样,是由狂妄而产生。但是我对此深感怀疑,因为我来自欧洲,来自一个比所有略显老气的小媳妇都更爱怀疑的国度。

希望上帝能将它改善!

我深深地吸入这最美的气息,不去想未来,也不回忆过去,我就一直这样坐在这里,坐在你们这些讨人爱的少女中间,我看着棕榈树在跳舞,像一位舞女一样,扭动着身子和臀部。如果你看久了,你也会跟着它一起舞蹈!它像一位已跳了太长时间,却始终危险地金鸡独立的舞女一样在舞蹈。

所以,我觉得,她是不是已经忘记了另一条腿?我在苦苦寻找那另一条腿,在它最讨人爱、最妩媚的短裙周围苦苦寻找那另一条腿,但终究是徒劳的。

真是,希望你们这些美少女们完全相信我,她失去了它!那另一条腿没有了!多可爱的另一条腿啊!真是可惜!

现在,那条孤独的腿会停留在哪里呢?它会在哪里孤独地哀伤呢?

也许它此刻正处于恐惧中,也许它正处于一头凶猛的、有着金色卷鬃的狮子般怪兽的给它带来的恐惧中?也或许它早已被啃得干干净净了。不幸啊!可怜啊!倒霉透了!哦,你们这些软心肠的人,请不要哭泣!

你们这些有着海枣一般的心之人,你们这些有着乳汁的胸脯之人,你们这些软心肠的人,请不要哭泣!

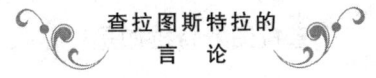

请不要再哭泣,像有勇气的大丈夫一样满怀勇气!

否则,或许在这里最适合有某种强心剂?有一种神圣的格言?或者有一种郑重的鼓舞?

啊!尊严,美德的尊严,欧洲人的尊严,向上吧!鼓风吧!再鼓风吧!

啊!再咆哮一次!作为道德之狮,在荒漠之女的中间咆哮!

你们这些讨人爱的少女们,因为道德的咆哮,超过所有欧洲人的热情,使欧洲人饿得肚子直叫!

而我是欧洲人,我站在那里没有丝毫办法,啊,上帝保佑我吧,帮助我吧!荒漠在一点点扩大:拯救荒漠的人要大难临头了!"

顿悟

当自称是查拉图斯特拉之影子的漫游者歌唱完之后,洞穴里骤然间喧闹起来;客人们开始议论纷纷,甚至连驴子也不再保持沉默,变得活跃起来。尽管查拉图斯特拉也陶醉在他的客人们的快乐中,但他还是难以抑制住内心对客人们的厌恶和蔑视。眼前的场景在他看来,是客人们康复的预兆。于是他又走出洞穴,对他的动物们说:

"你们的困顿去哪里了呢?"他说道,此时的他已不再有那么多对客人们的厌恶了,"我觉得,他们在我这里忘记了呼救!

虽然很可惜,不过他们还是没有忘记呼叫。"这时,驴子的"咿——呀"声混杂着客人们的喧闹声穿了过来,查拉图斯特拉赶紧捂住了耳朵。

"他们好快乐啊,"他重新开始说,"但是又有谁知道,他们的快乐是不是以他们的主人为代价所换来的呢;即使他们向我学习笑,他们现在的笑也不是我教给他们的笑。

不过这又有什么关系呢！他们都是些古老的人：他们用他们的方式康复，用他们的方式笑；比这更糟糕的声音我的耳朵都忍受过了，不是也没有变得乖戾嘛！

今天是胜利的一天：我的敌人——重力之神已经瘫软了，逃走了！虽然今天以糟糕和沉重开始，但没想到却以胜利而告终！

夜晚正在来临：它像一位出色的骑士，骑着马飞奔着穿越大海！一路上颠颠簸簸，它即将来临！

纯净的天空朝他观望，大地铺展在它的身下：你们这些来到我这里的人，在我这里生活是很值得的！"

查拉图斯特拉说完这些，洞穴里又传来更高之人的喧闹声和狂欢声，查拉图斯特拉又接着说：

"他们这些更高之人上钩了，我的诱饵起作用了，甚至他们的敌人——重力之神都避开了他们。他们现在学习自嘲：我没听错吧？

我的男人食物起作用了，我的富有生气的格言起作用了；真的，我喂养他们的不是饱满的蔬菜！而是武士的食物，胜利者的食物：新的欲望在我的心中点燃了。

他们的四肢充满了希望，他们燃起了新的希望，他们找到了新的言辞，不久后，他们的精神也会变得随心所欲。

但是这样的食物或许对于孩子和满怀期待的老少妇人并不合适。人们用别的方法将他们内心的灼热之火扑灭；我可不是他们的医生，不是他们的教师。

痛苦为这些更高之人让路：不错！这就是我的胜利。他们在我的王国里变得信心十足，不再羞耻，他们会互相掏心掏肺地倾诉衷肠。

他们的好日子又回来了，他们狂欢，回味，感激不尽。

我把他们的感激不尽当作是最好的预兆。过不了多久，他们就会想出一

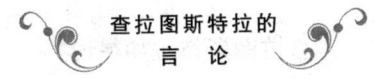

个节日,来为他们的老朋友竖立纪念碑。

他们是些正在痊愈的人!"查拉图斯特拉快乐如是说,看上去非常快乐。他向外看去,动物们靠近他,注视着他,以及他的快乐和沉默。

可是,查拉图斯特拉的耳朵一下子又变得惊慌起来:因为这么长时间了,原本喧闹的洞穴突然间死寂沉沉的,没有一点声响;而他的鼻子却闻到了一股好闻的味道,像是燃烧的松球发出的味道。

他自问:"发生了什么事?他们究竟在做什么呢?"于是,他悄悄潜回洞穴入口处,以便悄悄地观察他的客人们。可是,一个接一个的奇迹发生了!他在此时都看到了什么呢?

他惊讶地说:"这些人为何又变得虔诚起来?他们在祈祷,他们是不是疯了?"真的!所有这些更高之人——两个国王、老教皇、老巫师、自愿的乞丐、自称是查拉图斯特拉之影子的漫游者、预言者、精神上的认真者和最丑之人:这些人全都虔诚地跪在地上向驴子顶礼朝拜。此时,最丑之人咳了两声,清了清嗓子,他喘着粗气,像是要说出难言之隐似的;可是,你听他说出来的话,听啊,竟是一篇虔诚罕见的祷告词,他在赞美被大家朝拜的驴子。可是这祷告如是发出清脆的响声:

"我们的上帝认为,赞美、荣誉、智慧、感激、夸奖、实力都是从永恒到永恒!"

驴子却回答:"咿——呀。"

"它为我们运送货物,甘愿为奴,它内心充满耐心,从来不拒绝;谁爱自己的上帝,谁就惩罚它。"

驴子却回答:"咿——呀。"

"它只要说话,就总是说'是',它对它的世界只有赞美。它的狡黠之处就是沉默,因此,它的过错很少为人所指。"

驴子却回答:"咿——呀。"

"它周游世界,但它从不招摇。它身体的颜色是灰色的,自己的美德就被它裹在身体里。如果它有精神,那他的精神也是隐蔽的;但是人人都相信它的长耳。"

驴子却回答:"咿——呀。"

"它深藏不露的智慧就是:虽然长着长耳朵,但只说'是',从不说'不'!难道它没有尽可能愚蠢地创造出世界吗?"

驴子却回答:"咿——呀。"

"你从不在意人类的看法,只会走自己所认为的直路和弯路;你超越于善恶之外。你的无辜正是:你不知道什么是无辜。"

驴子却回答:"咿——呀。"

"你不会赶任何人,既不赶乞丐,也不赶国王。你让顽童到你这里来,即使坏男孩诱惑你,你也只会说:'咿——呀。'"

驴子却回答:"咿——呀。"

"你爱母驴和新鲜的无花果,你不蔑视食物。当你正好饥饿的时候,荆棘的刺儿就会刺弄你的心。其中还蕴涵着上帝的智慧。"

驴子却回答:"咿——呀。"

驴子的庆典

可是,在他们祷告之时,查拉图斯特拉再也忍受不了了,他大声"咿——呀"地叫起来,跳到他那些正在发疯的客人中间。"你们这些人在那里做什么啊?"他边喊边从地上拉起那些祷告的家伙。"除了我以外,如果还有任何人看见你们,那你们就大祸临头了:

任何人都会断定,你们有了新的信仰,你们是亵渎上帝的大恶人,就像

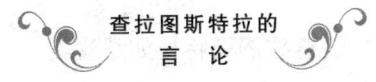

愚蠢的老妇人一样无可救药!

而你这个老教皇,你在这里把一头驴子当作上帝,并对它顶礼膜拜,向它祈祷,这怎能和你的身份相称呢?"

老教皇回答说:"哦,查拉图斯特拉,请原谅我吧,我比你更了解上帝的事情,我这样做是没错的。

与其膜拜完全无形的上帝,还不如膜拜这般形象的上帝呢!我的朋友啊,请你好好思考一下这句话,你立即就能猜到,这句话里蕴涵着智慧。

到目前为止,称'上帝是一种精神'的人开始了无信仰,并做出了最大的跨越:这样的言论在世上很难再更改!

我这颗年老的心跳得厉害,因为这世上还有可以向其膜拜祈祷的事物。啊,查拉图斯特拉,请你理解这一点,理解一颗年老而虔诚的教皇之心!"

"可是你呢,"查拉图斯特拉对自称是其影子的漫游者说。"你不是自称并以为自己是自由的精灵吗?那你为什么还要在这里膜拜这驴子,做教士所做的事情呢?

你在这里所做的事情比你在那些坏女孩那里做的事情更为恶劣,你简直就是一个恶劣的新教徒!"

自称是查拉图斯特拉影子的漫游者说:"你说得没错,我的确是够恶劣的,但是我没有办法啊,谁让老上帝又活过来了呢!哦,查拉图斯特拉,你爱怎么说就怎么说吧。

所有的一切都是最丑之人的罪过,因为他是让上帝复活的始作俑者。如果他说他曾杀死了他:那么死亡在诸神那里,也只不过是一种偏见罢了!"

"而你呢?"查拉图斯特拉说,"你这恶劣的老巫师又做了些什么呢?如果你相信神和驴,相信这种愚蠢之事,那么在现在这个时代里,又有谁会再相信你呢?

你是个聪明人,但你的所作所为却是多么的愚蠢,你怎么会做这种蠢事呢!"

"哦,查拉图斯特拉,"老巫师说道,"你说得没错,这件事的确很愚蠢,在我看来,这已经够沉重的了。"

"那你呢?"查拉图斯特拉对精神上的认真者说,"你把手放在你的鼻子上好好思考一下,你做的这件事是不是违背你的良心?你的精神不是比这种祷告和这种缭绕的香烟更为纯净吗?"

精神上的认真者把手放到鼻子上,回答说:"在这件事情中,确实有某种东西可以让我的良心得以慰藉。

或许我可以不信上帝:但是我可以肯定的是,这种有形的上帝是最值得我信仰的。

按照最虔诚者的见证,上帝应当是永恒的:谁有永恒的时间,那尽管慢慢来就是了。只要一个人能尽可能慢,尽可能愚蠢,那他才能走得很远。

有太多精神之人必然会沉湎于慢与愚蠢中。查拉图斯特拉,你还是好好考虑一下你自己吧!

真的!你自己甚至也会因为有多余的智慧和精神而变成一头驴。

那种最弯曲的道路不是最被完美的智者所钟爱吗?查拉图斯特拉,这不是你的亲眼所见吗?"

"我要问的最后一个人是你,"查拉图斯特拉边说边转过身去,朝着始终躺在地上,举起胳膊喂驴子喝葡萄酒的最丑之人,"你这难以名状之人,你又做了些什么呢?

看着你的眼睛炯炯有神,还披着崇高者的外衣,将你的丑陋遮掩得严严实实,我还以为你变了呢,可是你又做了些什么呢?

他们说是你让上帝复活了,这到底是真是假?你为什么要这么做呢?难道他不应该被杀死吗?有种种理由都足以让他死的!

我觉得是你自己被唤醒了。你这难以名状之人,你到底做了什么?你颠倒了什么?你又屈从了什么?"

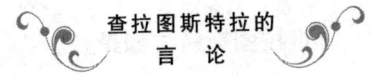

"哦,查拉图斯特拉,"最丑之人回答说,"你简直就是个无赖!

我问你,我们俩究竟谁最清楚上帝是不是一直活着,还是死而复活了,还是彻底死了呢?

但是至少有一点我是清楚的,而这一点我还是从你那里得知的,想要彻底将人杀死的人是笑着的。

我记得你曾说过这么一句话:人们杀人的工具不是怒火,而是笑。查拉图斯特拉,你这个深藏不露者,你这个从不发火的毁灭者,你这个危险之人,你就是个无赖!"

当最丑之人说完这些话之时,查拉图斯特拉恰巧跑到他洞穴的门口处,他回转身,用强有力的声音对他的所有客人们喊道:

"你们这些恶作剧的家伙,你们全都是丑恶之人!你们为什么要在我面前伪装呢?为什么要躲闪呢!

现在,你们所有人都是一副幸灾乐祸、欣喜若狂的表情,因为你们现在终于又变得像小孩子一样虔诚起来,因为你们现在终于又可以像小孩一样做事了,终于可以双手合十地向'亲爱的上帝'祈祷了!

但是,现在请给我离开我的洞穴,今天,这里权当作是一天的儿童院,权当作是一切的幼稚行为的家园。现在,去到外面将你们孩子般的狂热的内心喧闹冷却一下吧!

在你们看来,只要你们不变得如小孩子一样,你们就永远也进不了那天国。"查拉图斯特拉一边说,一边伸出双手指向上空。然后又接着说道:"但是我们根本就不想进天国:我们是人,所以我们要的是——大地之王国。

我的朋友们,你们这些奇异之人,更高之人,你们现在让我如何爱你们啊!

自从你们再次快乐起来,你们全都鲜花盛开:我觉得,像你们这样盛开的鲜花,很需要用新的庆典来纪念。

这真是一种大胆的胡闹,一种朝拜驴子的庆典。

你们这些更高之人,不要忘记今夜和这驴子的庆典!那是你们在我的洞穴里创造出来的,我把这当作是一种吉兆,只有正在痊愈的人才能创造出这种东西!

如果你们还要再为驴子的庆典而庆祝,那就为取悦你们、为取悦我、为纪念我而庆祝吧!"

——查拉图斯特拉如是说。

梦游者之歌

就在查拉图斯特拉说话期间,大家陆陆续续地走到外面,走到凉爽而发人深省的夜空下;而查拉图斯特拉则拉着最丑之人,带他看这宁静之夜、大圆月和他洞穴边的银色瀑布。他们这对老人安静地站在一起,都有着欣慰的坚强之心,为这世上的美好和神秘之夜而感到惊奇。查拉图斯特拉暗自心想:"你们这些更高之人啊,我是多么地爱你们啊!"

但是,他只是心想,却没把话说出来,因为他尊重他们的快乐和沉默。

而此时又发生了一件事,一件这漫长一天中最令人惊奇之事:最丑之人再次,不过也是最后一次开始嘀嘀咕咕和喘息,而当他把话说出来的时候,听,一个完整的、很棒的、极为深刻的、非常清晰的问题从他嘴里蹦了出来,所有倾听者都为这问题而为之一动。

最丑之人说:"我的所有的朋友们,我不知道你们是怎么想的,但是我在今天这一天中,就让我第一次觉得我的这一生是不错的,我对我的这一生感到满意。

即使我拿出再多的证明,我觉得都是远远不够的。人在世上活着是很值得的:只和查拉图斯特拉待在一起一天,还有一个对驴子朝拜的庆典,就教

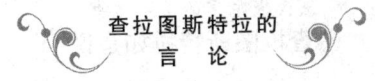

会了我热爱大地。

我要对死说:'那曾是——生吗?既然这样,那再来一次又何妨!'

朋友们,你们是怎么想的呢?难道你们不想跟我一样对死说:'那曾是——生吗?'只因查拉图斯特拉的缘故,好吧!再来一次吧!"

最丑之人说完这些话后,已经将近午夜时分了。你们能想到当时发生了什么事情吗?

那些更高之人刚听完他的这些话,突然之间就意识到他们的转变和痊愈,立刻就明白了使他们发生转变和痊愈的人是谁:他们马上飞奔向查拉图斯特拉,充满感谢、敬仰和爱亲吻起他的双手,大家表达的方式各不相同:有的哭,有的笑,有的舞蹈,老预知者就是舞蹈之人;他当时已喝了一肚子的甜蜜的酒,他的生命也是甜滋滋的,因为他将所有的劳累都摆脱了。甚至有人说,因为最丑之人给驴子喝了酒,所以当时驴子也跳舞了。事情也许是这样的,也许不是这样的;如果那夜驴子真的没有跳舞,当时发生的事情也比驴子跳舞更惊奇、更罕见。总而言之,就像查拉图斯特拉的口头禅那样:"这又有什么关系呢!"

可是,当最丑之人说过这些话后,查拉图斯特拉像个醉酒之人一样站在那里:他目光呆滞,结结巴巴,身体摇摇晃晃的。又有谁能猜出当时查拉图斯特拉在想些什么呢?可是很明显,他早已心不在焉,正如已经写过的那样:

"在两个大海之间高高的山峰里,在过去与未来之间像沉甸甸的乌云一样漫游。"然而,当更高之人将他簇拥在怀里之时,他稍稍有所清醒,他伸出双手用以阻挡那些最高之人的簇拥;但是此时他仍然保持沉默。可是,当他猛然转身之时,他仿佛听到了什么声音:此时,他把手指放在嘴边,说:"嘘!你们过来!"

周围又立即恢复了平静,显得是那么的神秘;这时,一阵阵钟声从低洼处传来。查拉图斯特拉与更高之人一样倾听着;这时,他又一次把手指放在嘴边,重复着说:"你们过来!你们过来!快到午夜时分了!"他的声音变了。

但是,他仍然站在原地:此时的一切都变得更加寂静、更加神秘,万物都在倾听,包括驴子、鹰和蛇,查拉图斯特拉的洞穴、清冷的大圆月,以及夜晚本身,所有的一切都在倾听。此时,查拉图斯特拉第三次把手放在嘴边说:

你们过来!你们过来!你们过来!我们现在该进入夜的漫游了!现在正是时候。

快到午夜了:现在我要像那口古老之钟对我说话一样,对你们这些更高之人说些事。

那口午夜之钟比一个人经历的事情还要更多,它如此神秘,如此恐怖,如此发自肺腑地对我说话:

它已经将你们父辈心脏的痛苦悸动的次数数清了。啊!它在叹息!它在梦中大笑!

嘘!安静!安静!在这深沉寂静的午夜,可以听到一些白天不可能听到的声音;可是现在,你们的心脏都停止了喧哗,安静了下来。

你们听!听见说话声了吗?它偷偷潜入了清醒的夜间之灵魂:啊!它在叹息!它在梦中大笑!

你这古老而深沉的午夜啊,你没有听见它多么神秘地、多么恐怖地、多么发自肺腑地跟你说话吗?

哎呀,一定要当心呀!

我真是倒霉透了!时间去哪里了呢?我不会掉落进深井了吧?世界入眠了——

啊!狗在狂吠,月光明晃晃地洒在大地上。我宁肯死去,也不愿意对你们说我的午夜之心声。

现在,我已经死去了,结束了。蜘蛛啊,你为什么在我的四周织网呢?你是想要血吗?啊!天空开始落下露水,我寒冷的时刻来临了——"谁有足够的勇气

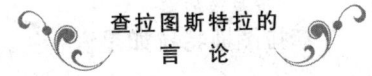

去主宰大地?谁想要说:你们这些大小河流应该奔腾"之类的言辞。

被一再提问的时刻临近了:哎呀,当心!你这更高之人!这话是说给你那精细之耳听的,深沉的午夜在说些什么呢?

我的灵魂必须得跳舞了。谁该主宰大地啊?

月色清冷地洒向大地,风儿悄无声息地飞过。啊!你们已经飞得够高了吗?你们在跳舞,但是一条腿毕竟不是翅膀。

你们这些善舞之人,现在所有的乐趣都已过去,美酒变成了残渣,每只杯子都极易碎裂,坟墓在张口结舌地说话。

你们飞得还不够高:现在,坟墓在张口结舌:"拯救死者吧!为什么有这样的漫长之夜?我们不是被月亮所沉醉吗?"

你们这些更高之人,拯救坟墓吧,唤醒尸体吧!啊,虫子在咬噬什么?时刻在迫近,越来越近,钟声在嗡嗡作响,心脏在怦怦乱跳,蛀虫在不停地咬噬。啊!世界是如此的深沉!

啊!音色动听的古琴!我爱你那沉醉的铃蟾之音调!你那优美的音调经过长时间地漂流、远距离地跋涉才来到我这里,远远来自爱的水塘!

你这口古老的钟,你这甜蜜的古琴声!你的心被每一种痛苦所撕裂,父辈的,以及祖先的痛苦,你的言语变得成熟如金秋和午后,成熟如我这颗隐居者之心。现在你说:世界日趋成熟,葡萄也由青变紫了。

现在它要死了,幸福地死去。难道你们这些更高之人没有闻到一种气味吗?一种永恒的芳香,一种美好的紫红色葡萄酒的气味,这气味来自古老的幸福,来自沉醉的午夜之死的幸福,这种幸福大声歌唱:世界之深,远比白天想象得还要深!

你给我走开!不要碰我!我太纯洁了,我们不适合交往。我的世界不是刚变得如此完美吗?

我的皮肤太纯洁了,你用那肮脏的手来摸我的手。你这愚蠢而沉闷的白昼,赶紧给我走开!午夜才是更明亮的。

主宰大地的人应该是最纯洁之人,应该是最被人知晓之人,应该是最为坚强之人,应该是比任何白昼都更明亮、更深邃的午夜之魂。

哦,白昼,你在摸索我,以及我的幸福吗?在你看来,我是不是很富有、很孤独,是一个满是珍宝的金库?

哦,世界,你想得到我吗?你觉得我世俗吗?你觉得我信教吗?你觉得我神圣吗?白昼和世界,你们太愚笨了。

你们用灵巧之手去抓取更深的幸福或不幸吧,甚至抓住任何一位上帝,但不要抓我。

我的不幸,即我的幸福,是极为深沉的,你这奇异的白昼,但我并不是上帝,也不是上帝的地狱:它的痛苦是很深的。

上帝的痛苦更深,你这奇异的世界!你去抓住上帝的痛苦吧,不要将我抓住!我只是一把沉醉的音色动听的古琴。

一把午夜之古琴,一口无人明白的钟,可是它不得不与鸟儿对话!因为你们这些更高之人不明白我!

啊!青春、响午、午后都已逝去!现在傍晚、晚上、午夜都已来临,狗在狂吠,风儿像一条狗似的在哀鸣和狂吠。啊!午夜在叹息,在大笑,在发出呼噜和喘息的声响!

这沉醉的女诗人,说起话来竟是如此地清醒!她是不是已过于沉醉?她是不是变得太过清醒?她是不是在反刍?

她在这午夜的梦中反刍她的痛苦与她的快乐,而快乐相对于痛苦来说更多一些。尽管痛苦很深:但快乐比痛苦还要更深。

你这葡萄藤!你为什么赞美我?是我将你剪断的!我是残酷的,此刻的你正流血不止。你赞美我的沉醉的残酷,大加赞美是为了得到什么呢?

"所有变得完美和成熟的东西马上就要死去!"你如是说。祝福葡萄种植

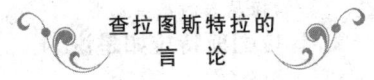

者的砍刀吧!可是,那一切不成熟的东西都还将继续存活!

痛苦说:"你这痛苦啊!走开吧!消失吧!"但是,受苦的一切都将继续存活,这样才会变得成熟、快乐、渴望。

渴望更远、更高、更光明的东西。受苦的一切如是说:"我要后代,我要孩子,但不要我。"

但是快乐却不要后代,不要孩子,它要的是它自己、重新和万物的永恒。

痛苦说:"心碎了吧!腿走起来吧!翅膀飞起来吧!你这痛苦啊,消失吧!"

你们这些更高之人是怎么看待我的?认为我是一个预知者,还是一个梦游者?一个醉酒之人?一个圆梦者?一口午夜的古老的钟?

一滴露水?一股永恒的芬芳?你们听见了吗?你们嗅到了吗?恰好我的世界已变得非常完美,所以午夜也是晌午。

痛苦也是快乐,诅咒也是祝福,夜晚也是白昼,走开吧,你们这些更高之人!否则的话,你们还会知道:一个智者也是一个傻子。

啊!朋友们,你们总是对一种快乐和所有痛苦都说"是"吗?万物均相互关联,皆相亲相爱。

你们总是想要重新再来,你们总是喜欢幸福、一瞬间、一刹那!你们想要让一切都重新再来,想让一切都永恒,一切都相互关联,一切都相亲相爱,哦,你们就是这样爱这个世界的。

你们这些永恒者永远爱它,每时每刻都爱它。你们甚至会让痛苦消失,但是还要它再回来!因为所有的快乐都要求永恒!

所有快乐都要求万物的永恒,要求蜂蜜、酵母、沉醉的午夜、金色的晚霞、坟墓以及墓边眼泪的安慰,快乐无所不要!它比所有的痛苦都更饥渴、更可怕、更神秘、更发自肺腑,它甚至想要自己,所以它咬噬自己,坏意志在它身上蠕动。

它要爱,也要恨,它非常富有,它既赠与也抛弃,它恳求别人取走它,并对将它取走之人感激万分,它还非常喜欢成为别人憎恨的对象。

快乐是如此的富有,乃至于它对痛苦、地狱、憎恨、羞辱、残疾者和整个世界充满了大渴望,这个世界就是你们所认识的世界!

这难以遏制的、极乐世界的快乐渴望你们这些更高之人,以及你们的痛苦,因为你们是失败者,而所有永恒的快乐都对失败者充满了渴望。

因为所有的快乐都想要自己,所以它也想要痛苦!哦,心啊,破碎吧!你们这些更高之人应该好好学学:快乐要的是永恒,是万物的永恒,是深至极限的永恒!

现在,你们学会我的歌了吗?你们猜到它想要说什么了吗?好啦!那你们这些更高之人现在就给我唱唱我的轮唱曲吧!

我这首歌的名字叫《再来一次》,它的意思是"进入永恒"!你们这些更高之人,现在就唱唱查拉图斯特拉的轮唱曲吧!

哎呀!一定要当心啊!深沉的午夜在说什么呢?

"我已经睡过了,我已经睡过了,我从深沉的梦中醒来。世界之深,远远超过白天所想象的深。它的痛苦很深,而快乐比痛苦还要更深,痛苦说:走开吧!消失吧!

可是,所有的快乐都要求永恒,那种深至极限的永恒!"

征兆

可是在第二天清晨,查拉图斯特拉从床上跳起来,系好腰带,走出洞穴,他容光焕发,精神抖擞,浑身充满活力,恰如一轮刚从黑暗群山中腾然升起的朝阳。

他像他曾经说过的那样说道:"你这伟大的太阳,你这深厚的幸福的源

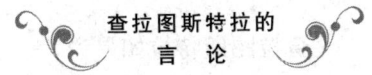

泉,假如没有了你所照亮的万物,你的幸福又在哪里呢!

假如当你清醒之时,当你散发你的光与热的时候,所有的万物都待在房间里:你高傲的羞耻感定会对此感到异常地愤怒!

好吧!在我醒来之时,这些更高之人还在熟睡中:他们不是我真正的同伴!我在山上等的不是他们。

我要做我的事情,我要去我的白昼那里;而他们却不知道什么是我的早晨之标记,他们的起床号也不是我的脚步。

此刻,他们仍然在我的洞穴里熟睡,他们仍在梦中回味那个午夜。他们没有长聆听于我、顺从于我的耳朵。"

当太阳升起之时,查拉图斯特拉在心中对自己如是说。

这时,他朝他的洞穴张望了一下,因为他听见头顶上有老鹰的尖叫声。"嗯,不错!"他冲头顶上喊道,"我很喜欢如此,也应该如此。因为我醒着,所以我的动物们也都醒着。

我的鹰像我一样在关注着太阳,并用它那尖锐的鹰爪去抓新的光芒。你们是我真正的动物:我爱你们。

但是直到现在,我还没有我真正的人类的同伴!"

查拉图斯特拉如是说。而这时,他突然听见一种许多鸟儿拍打翅膀的声音,好像自己被无数飞鸟包围着一般——他抬头张望,发现他脑袋周围的鸟儿成群结队,非常之多。他不得不闭上眼睛。真的,这么多的鸟儿就像一团云一样铺天盖地压来,像万发利箭一般朝他压来。可是,快看啊,这里居然还有一团充满爱的云朝一个朋友降临。

"我碰到了什么事?"查拉图斯特拉在心中想道,他对此感到非常惊讶,于是,他走到他的洞穴口,在一旁的石头上坐下。可是,就在他挥舞着双手,试图赶走这鸟群时,看啊,他遇上了更为罕见之事:因为他在挥舞双手之时,无意间抓到了一堆厚而软和的蓬乱的毛发;而与此同时,一声巨大的、长长的、温和的狮吼声传入了他的耳朵。

"征兆来临了，"查拉图斯特拉说，他心中已发生了变化。实际上，当他面前亮起来之时，他看见一只黄色的大狮子就躺在他的脚下，它的脑袋紧紧靠在他的膝盖上，对他依依不舍，像是一条重新回到老主人怀抱的狗儿一样。而鸽子也向这大狮子一样热切地表达它们的爱；每当鸽子从狮子鼻子上掠过之时，狮子总会晃晃脑袋，高兴地笑笑。

对于所见的这一切，查拉图斯特拉只说了一句话："我的孩子们很亲近。"然后，他陷入了完全的沉默中。不过，此时他的心很轻松，他的眼中淌下热泪，落在他的手上。他一动不动地坐在那里，对周围所有的事物都熟视无睹，也不再去管他身边的鸟和大狮子。

这时，鸽子温柔地飞落到他的肩膀上，满怀爱意地抚摸着他的白发，不停地发出温柔的欢呼声。而大狮子则一直在不停地舔着滴在查拉图斯特拉手上的泪水，羞怯地发出低沉的咆哮声。

查拉图斯特拉和动物们就这样待了很长一段时间，或者说是很短一段时间：因为，准确地说，对于世上像他们一类的事物来说是没有时间的。而就在这期间，睡在查拉图斯特拉洞穴中的更高之人醒了过来，他们自觉地排着队，走到查拉图斯特拉面前向他"问早安"。因为他们醒来时发现，查拉图斯特拉已不在他们中间了。可是，当他们走到洞穴门口的时候，狮子早已在他们到来之前就听到了他们的脚步声，狮子闻声后，猛地从查拉图斯特拉身边转过身去，咆哮着朝洞穴口扑过去；更高之人听到狮子的咆哮声时，全都吓得尖叫起来，赶紧逃了回去，消失得没有踪影。

而查拉图斯特拉则昏沉沉地、小心地站了起来，他朝四周望了望，十分惊讶地站在那里，他一边思考着，一边在心中自问，最后，终于慢慢地说："我刚才听到了什么？我又碰上了什么事呢？"

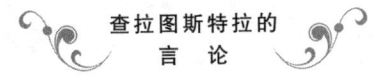

他终于想起来了，他突然之间就明白了昨天和今天之间所发生的一切事情。

他捋了捋胡须，说道："这就是我昨天早晨所坐过的那块石头。就是在这里，预知者向我走来；就是在这里，我第一次听到我刚才所听到的巨大的呼救声。

哦，你们这些更高之人，昨天早晨，那老巫师曾向我预言过你们的困境。

他要引诱我进入你们的困境，他对我说：'哦，查拉图斯特拉，我来这里是要引诱你犯你最后的罪过。'

'犯我最后的罪过？'当时我大喊道，并非常生气地嘲笑他所说的话。真不知道我犯的最后罪过是什么？"

查拉图斯特拉再次进入他的沉思状态，并重新坐到那块大石头上。没多大会儿，他突然跳了起来，并大声喊叫起来："同情！对更高之人的同情！好了！同情的时代已经过去了！

我的痛苦、我的同情又算得了什么呢！说我追求幸福，还不如说我追求我的工作更为合适！

好了！狮子来了，我的孩子们很亲近，查拉图斯特拉成熟了，我的时刻来临了；

这是我的早晨，我的白昼开始了，伟大的晌午啊，你来吧！现在就来吧！"

查拉图斯特拉如是说，然后离开了他的洞穴，容光焕发，精神抖擞，浑身充满活力，像是一轮刚从黑暗群山中腾然升起的朝阳。

——查拉图斯特拉如是说之终结。